Friedrich von Gentz, Karl August Varnhagen von Ense

Tagebücher von Friedrich von Gentz

Mit einem Vor- und Nachwort von K.A. Varnhagen von Ense

Friedrich von Gentz, Karl August Varnhagen von Ense

Tagebücher von Friedrich von Gentz
Mit einem Vor- und Nachwort von K.A. Varnhagen von Ense

ISBN/EAN: 9783742862877

Hergestellt in Europa, USA, Kanada, Australien, Japan

Cover: Foto ©Thomas Meinert / pixelio.de

Manufactured and distributed by brebook publishing software
(www.brebook.com)

Friedrich von Gentz, Karl August Varnhagen von Ense

Tagebücher von Friedrich von Gentz

Aus dem Nachlaß Varnhagen's von Ense.

Tagebücher

von

Friedrich von Gentz.

Mit einem Vor= und Nachwort

von

K. A. Varnhagen von Ense.

Leipzig:
F. A. Brockhaus.
1861.

Vorwort.

Der merkwürdige Mann, dessen in Deutschland seltene Begabung und seltenes Geschick ihn auf einen Standpunkt geführt, der in Deutschland ein einziger heißen muß; dieser Schriftsteller-Staatsmann, welcher in beiden Eigenschaften zweischneidig auf die Welt wirkte, der bürgerliche Pair der Vornehmen, mit ihnen Genuß und Ansehen theilend, mit einem Worte, Friedrich Gentz, über dessen Werth und Bedeutung bei uns lange Zeit so vielfach gestritten worden, wird gleichwohl noch lange nicht nach Gebühr erkannt. Noch fehlt ein großer, vielleicht der größte Theil der Belege, aus denen der Umfang seines Talents und seiner Thätigkeit, sowie die Eigenart seines innern Wesens gehörig zu ermessen wäre. Welch neues Licht für die Würdigung seiner gäben die zehn oder zwölf Bände, zu denen eine Auswahl seiner Staatsschriften — der Behandlung und dem Ausdruck nach lauter Meisterstücke — sich aufgehäuft hat, wenn die Zeit ihrer Veröffentlichung nicht als noch zu früh erachtet würde! Aber auch von der mensch=

lichen Seite her wäre noch mancher neue Einblick zu ge=
winnen, ließe noch manche Liebenswürdigkeit sich darlegen,
mancher bedeutsame Zug der Leidenschaft und der Stärke
wie der Schwäche des Gemüths sich verfolgen, wenn aus
der unermeßlichen Anzahl seiner Briefe gerade die vertrau=
lichen zahlreicher vorlägen!

Einen erheblichen Beitrag zur richtigen Erkenntniß des
Menschlichen in Gentz liefern auch seine Tagebücher. Denn
es gehört zu den Eigenheiten und Widersprüchen, die sich
in Gentz vereinigen, daß dieser im Schachte der Staats=
arbeiten unermüdet arbeitsame und zugleich in den Ge=
nüssen der Welt schwelgerische Mann, der stets nur in der
Gegenwart leben und die Vergangenheit wie die Zukunft
vergessen, der insbesondere an sein eignes früheres Leben
nicht erinnert sein wollte, — daß dieser selbe Mann von
früherer Zeit im Stillen die Gewohnheit hatte und bis in
sein Alter fortübte, von Tag zu Tag aufzuschreiben, was
er gethan hatte, und was ihm begegnet war! Dergleichen
Aufzeichnungen haben viele bedeutende Männer, einige in
der Jugend, andre im Alter angefangen, manche durch
ihr ganzes Leben durchgeführt; von Bonaparte kennen wir
solche Bemühungen, von Lessing und Schleiermacher, von
Goethe und Byron, — doch allen diesen stand die Sache
natürlich an, hatte genügenden Grund in ihrer Lebens=
energie, die keinen Theil ihres Bewußtseins aufgab, son=
dern mit dessen Gesammtheit wirkte, — bei Gentz dagegen

erscheint das Führen persönlicher Tagebücher als etwas Seltsames und Außerordentliches, das sich kaum erklären läßt, wenn man darin nicht einen neuen Gesichtspunkt für die Bestimmung seines Karakters gelten läßt. Denn es steht fest, daß ihm der Blick in die Vergangenheit zuwider war, daß sie ihn ängstigte und verwirrte, und wenn er sie dennoch mit getreuen Zügen beharrlich festhielt, so ist das ein Zeichen, daß er neben jener Schwäche zugleich den entschlossenen und anhaltsamen Muth in sich trug, sie zu überwinden; seine Tagebücher sind gleichsam das Recht, das er seinem Gewissen zugesteht, eine Selbsthingabe zu Schuld oder Rechtfertigung, je nachdem das Urtheil sich wenden möge. Demnach schrieb er, hauptsächlich vom Jahre 1800 an, jeden Tag in kurzen Worten dessen Begegnisse auf, und fügte wohl auch den Ausdruck seiner Empfindungen oder seiner betrachtenden Gedanken hinzu, wie gerade der Augenblick sie lieferte. Er schrieb mit rückhaltloser Aufrichtigkeit, und merkte auch solche Dinge an, die man sonst ungern dem Papier vertraut, deren Festhalten oft unnöthig scheint, und die, von fremden Augen gelesen, nothwendig den Schreibenden in ein nachtheiliges Licht stellen.

Wir lassen die psychologische Aufgabe, den Zusammenhang zwischen jener Abwendung von der Vergangenheit und diesem beherzten Aufschreibetrieb erklärend nachzuweisen, hier auf sich beruhen, sowie die Untersuchung,

welchen näheren Zweck Gentz mit seinen Aufzeichnungen
beabsichtigt, und welchen weiteren Gebrauch er sich davon
gedacht haben möge. Genug, er führte persönliche Tage=
bücher, und setzte sie über ein Vierteljahrhundert hinaus
beharrlich fort, theils in französischer, theils in deutscher
Sprache, in klarer freier Schrift, ohne Hehl oder Ver=
schleierung. Nicht so beharrlich, sondern nur zeitweise,
jedoch gar nicht selten, hielt er neben diesen persönlichen
Tagebüchern auch noch litterarische, in welche er die Ge=
genstände und den Ertrag seines Lesens einschrieb, ferner
solche, die er politische nannte, in welchen er bestimmte
Staatshandlungen in ihrer Abwicklung verfolgte, und von
denen die bekannte Denkschrift über die Oktobertage 1806
ein glanzvolles Beispiel ist.

Gentz bewahrte seine Anmerke sorgsam und legte von
jedem Jahre ein abgeschlossenes Heft zu dem wachsenden
Vorrathe. Jedoch scheint er geraume Zeit sie nicht wieder
durchgesehen zu haben; denn als er dies in spätern Jahren
einmal that, waren ihm viele der dort erwähnten Vor=
gänge gar nicht mehr erinnerlich, oder doch die nähern
Beziehungen entschwunden. Die Aufzeichnung so vieler
Einzelheiten, welche ohne ihren eigentlichen Zusammenhang
mit dem übrigen Leben allerdings nur wenig besagen
konnten, zuweilen auch wohl einen falschen Schein, einen
gar nicht gemeinten Sinn durch die Absonderung empfin=
gen, wurde ihm beim Wiederlesen mißfällig und in vielem

Betracht sogar bedenklich; er beschloß, diese ganze Masse
von Heften zu vernichten, jedoch vorher das ihm damals
noch persönlich Wichtige oder sonst Bemerkenswerthe da=
raus in gedrängter Kürze auszuziehen und zu bewahren.
Hierbei leitete ihn hauptsächlich der Zweck, die Masse des
jetzt Nutzlosen und Ueberflüssigen wegzuschaffen, auch manche
Verhältnisse und Menschen zu schonen, nicht im geringsten
aber die Absicht, seine eignen Fehler und Verirrungen zu
verdecken, und seine Vergangenheit in's Schöne zu ma=
len; die rückhaltlose Aufrichtigkeit in Betreff seiner selbst
verläugnete er auch in der neuen Abfassung nicht. Das
große Unternehmen, diese Auszüge zu machen, scheint Gentz
um das Jahr 1826 begonnen, und in kurzer Zeit, unter
allen Geschäftsarbeiten und Zerstreuungen, in denen er stets
befangen war, führte er dasselbe so weit, daß er die sol=
chergestalt ausgebeuteten, bis zum Schlusse des Jahres
1814 führenden ursprünglichen Tagebücher den Flammen
übergeben konnte. Bis zu dem genannten Zeitpunkt ist
daher nur der Auszug vorhanden, aus den folgenden
Jahren jedoch sind noch ganze Jahrgänge der ursprüngli=
chen Anmerke übrig, weil die ausziehende und dann zer=
störende Hand an sie erst kommen sollte. Herzensbeschäfti=
gung, mit welcher Gentz unerwartet in den letzten Lebens=
jahren auf's neue sich erfüllt sah, und gleich darauf die
neuen Erschütterungen der politischen Welt durch die
Julirevolution, haben ihm, wie es scheint, jene Arbeit

aus dem Sinn gerückt, und der Tod ließ ihm keine Zeit, sie wieder aufzunehmen.

Den Auszug schrieb er offenbar in der Absicht, daß derselbe bewahrt und einstiger Mittheilung zugewiesen würde. Er schrieb ihn am Abende seines Lebens, mit Wahl und Aussonderung, mit reifem Urtheil und geübtem Takte, mit der scheulosen Keckheit, die er bei gewissen Umständen, ungeachtet sonstiger Zagheit, auch im wirklichen Leben darzuthun pflegte. Wir erachten es daher ganz im Sinne des, nun schon seit vielen Jahren im Grabe Ruhenden, wenn wir jenen Auszug einem größern Kreise von Lesern mittheilen, der dieselben nur als ein angenehmes und werthes Geschenk empfangen wird. Die Einsicht in den Menschen Gentz, in das Werden und Treiben einer solchen Persönlichkeit, wird in jedem Fall dadurch gewinnen, durch die Einsicht aber auch die Billigkeit des Urtheils.

Von der zweiten Hälfte des Jahres 1814 ist neben dem Auszug auch noch das ursprüngliche Tagebuch erhalten, und wir können hiernach vergleichend abmessen, in welchem Verhältnisse dieses in jenen verarbeitet worden. Außerdem haben wir ein besonderes Tagebuch von einer Reise nach Weimar, dann aber ein wichtiges politisches Tagebuch vom Jahre 1809, die wir der Zeitfolge nach an ihrem Orte einschalten.

Aus der weiteren Folge der ursprünglichen Tagebücher, die der Verfasser ohne Zweifel auch noch in einem Aus-

zug bringen und dann zerstören wollte, geben wir beispiels=
weise einige Abschnitte, abwartend ob das Verlangen der
Leser und die Zeitumstände uns erlauben werden, später=
hin den gesammten Vorrath zu veröffentlichen. Besteht
ein großer Theil dieser Blätter auch nur in Anführung
von zahlreichen und immer wiederkehrenden Namen, so
geben doch selbst diese Listen dem Kundigen ein lebhaftes
Bild der Wiener gesellschaftlichen Mischung und Bewe=
gung, außerdem aber fehlt es nicht an bedeutenden An=
gaben über die politischen Arbeiten von Genz, sowie über
die persönlichen Verhältnisse, in denen die Politik des
Fürsten von Metternich sich abspiegelte. — Wir haben
vielfach überlegt, ob wir nicht aus dem Schwall so vieler
trocknen Angaben die bedeutendern herausheben und unsre
Mittheilung auf den Betrag von ein paar Bogen beschrän=
ken sollten, allein wir konnten uns nicht verhehlen, daß
damit der Eindruck des Ganzen zerstört und dem Le=
ser ein Ueberblick geraubt wäre, der doch wohl seinen
Werth hat und um dessentwillen einige Druckbogen mehr
gewiß verziehen werden. Es ist wenigstens merkwürdig zu
sehen, auf welchem Boden von Tagesleben und mit wel=
chem gesellschaftlichen Gerüst die Arbeiten des Wiener Kon=
gresses und der Karlsbader Berathungen zu Stande ge=
kommen sind.

Varnhagen von Ense.

Deutsche Journale.

1823.

Allgemeine Zeitung, 2. Oktober. Der zweite in der Bremer Zeitung erschienene Artikel aus P e t e r s b u r g wird hier als ein h a l b = o f f i z i e l l zu betrachtender gegeben. Diese höchst ungeschickte und hin und wieder anstößige Lobrede auf den Kaiser und die r u s s i s c h e P o l i t i k war dem Grafen N e s s e l r o d e völlig unbekannt. Er s c h r i e b mir sogar in Salzburg, er halte sie für sehr deplacirt. Wer d u r f t e nun eine solche Sprache führen?

Allgemeine Zeitung, 3. Oktober. Beilage. Zweiten Brief über die Griechen nach Wien geschrieben. (Er ist allerdings von der Art, daß er die Frage des Verbots der Allgemeinen Zeitung in Wien von neuen in Anregung bringen mußte.)

F. v. Gentz.

Murhard's Annalen. Siebenter Band. Erstes Heft.

Ueber die stellvertretenden Versammlungen im Jahre 1822 und die nassauische insbesondere.

Ein von einem Freunde der Repräsentations = Verfassungen ganz unerwarteter, äußerst unbefangener, den Gegnern dieses Systems äußerst nützlicher Aufsatz. (Unter andern ist S. 33 auch ein nassauisches Beispiel von der Sprache, die wohlgesinnte Landstände gegen den Souverain zu führen haben.)

Die Ständischen Verhandlungen im Königreich der Niederlande werden wohl niemanden ansprechen.

Der Einsiedler an den Einsiedler — ist ein unschuldiges Sendschreiben Wangenheim's an Gagern, worin die heilige Allianz, ob mehr aus Ueberzeugung, aus Ironie oder Schmeichelei — vielleicht alles zugleich — gerechtfertigt wird. — N. B. der Herausgeber, ungeduldig, wie es scheint, über so viel Höflichkeit, zieht am Schluß mit ein paar tüchtigen Zeilen bloß, um die Allianz wegen ihrer Unthätigkeit für die Griechen anzuklagen.

Zuletzt einige platte Aphorismen von Spaun, die die Lokal=Zensur hätte streichen sollen. Sonst ist gegen dies Heft nichts einzuwenden.

Zweites Heft.

Ueber den innern Zustand Frankreichs seit der Restauration. — Ein von Eckstein mitgetheilter (!) Aufsatz. In seiner gewöhnlichen, nachlässigen Manier, voll guter

Gedanken und Anekdoten. Vermuthlich ist er hier abge=
druckt, um ihm eine gewisse Anzahl kleiner Randglossen
mitzugeben, die nicht viel zu bedeuten haben.

Druckschrift des Generals Pepe. Kann heute keinen
Schaden mehr thun.

Benjamin Constant's Kommentar zu Filangieri.
Nur drei Seiten, aber frevelhaft und strafbar. Die
Kluft zwischen der Zeit Filangieri's und der seines Kom=
mentators wird dadurch herausgehoben, daß jener noch von
der Autorität die Verbesserung der gesellschaftlichen Ein=
richtungen erwartete, dieser alles durch das Volk allein,
welches der Autorität Vorschriften geben soll, erreichen
will.

Drittes Heft.

Die Revolutions=Theorie eines französischen Ideologen
Destutt de Tracy, den die deutschen Theoretiker über Mon=
tesquieu stellen — Pepe's Denkschrift — die Constitution
der Republik Hayti — das sind die Herrlichkeiten, womit
wir in diesem Heft bedient werden.

Viertes Heft.

**Die politische Reform und die neuen Interessen, von
Lindner.**
Voll anstößiger Stellen, aber für den tiefer Sehenden
reich an Kompensationen und deßhalb nicht absolut
verwerflich. Nicht Triumph, sondern große Unzufriedenheit
mit dem gegenwärtigen Schicksal der liberalen Sache, ja
eine gewisse Verzweiflung an ihrem Aufkommen ist durch=
aus sichtbar. Der größte Theil der Abhandlung ist eine

1*

Lobrede auf Napoleon, mit deſſen Untergange „das Centrum der neuen Intereſſen geſprengt iſt." Dabei herbe Klagen über die Blindheit der Freunde der Freiheit, die dieſen ihnen ſo wichtigen und unerſetzlichen Mann ſtürzen halfen. Höchſt ſonderbar iſt, was hier über die (auch von uns getadelte) Allianz zwiſchen den Ver= fechtern der Legitimität und den Volks=Organen geſagt wird. Freilich wird den rechtmäßigen Regenten gedroht, ſie würden ſpäter doch wohl den Folgen dieſer unnatür= lichen Allianz nicht entgehen; der ganze Zorn des V.'s fällt doch auf die Blindheit und Thorheit der Frei= heitsmänner, daß ſie ſich in dieſen Bund einlaſſen konnten. — Es wird ſogar für eine Thorheit erklärt, jetzt — im Angeſicht des ſiegreichen Feindes — im= mer noch an neue Repräſentativ=Verfaſſungen zu denken.

Mit einigen erläuternden Noten wäre aus dieſem Ar= tikel der größte Vortheil zu ziehen.

Geſchichte des Aufſtandes der Griechen. Lang, langweilig und gleichgültig.

Die Politik nach den Grundſätzen der heiligen Allianz. Eine meiſt ironiſche Anzeige der Schrift des ſeichten Schwätzers Schmidt=Phiſeldeck.

Zeitgemäße politiſche Wahrheiten, von Hornthal (wahr= ſcheinlich dem Jüngern), durchaus liberal, — Ausfälle gegen Haller — im Ganzen nichtsbedeutend.

Achter Band. Erſtes Heft.

Die Diplomaten. Dieſen Aufſatz hätte man vielleicht in Stuttgart, da er Anſpielungen auf Perſonen zu enthalten

scheint, nicht gestatten sollen. Für uns Andre ist er, zwar
voll lächerlicher Anmaßung, doch lustig zu lesen. — In-
fam aber, und nicht zu entschuldigen, wie S. 9 „von
den Unterzeichnern gewisser Beschlüsse" gesprochen
wird. (Dies ist z. B. einer der Fälle, wo die Bundes-
Kommission sich gegen die Lokal-Regierung hätte erklären
müssen, ohne zum Verbot zu schreiten, wenn anders eine
solche Modifikation in dem Preßgesetz von 1819 stattfinden
sollte.

Geschichte der Mainzer Untersuchungs - Kommission.

Wenn über diesen Aufsatz jemanden ein Prozeß zu machen
wäre, so würde es nicht der Herausgeber sein.

**Politische Betrachtungen über Obskurantismus und Mit-
telmäßigkeit.** — Ein mittelmäßiges Produkt, voll unver-
schämter Gemeinplätze, dessen Erscheinung allerdings die
Nullität der Lokal-Zensur stark anklagt. — Indessen obgleich Anspielungen genug auf Staaten, welche dem Obskurantismus huldigen, vorkommen, ist doch die Schneide
des ganzen Aufsatzes deutlich gegen würtembergische
Verhältnisse gerichtet. — Das Lob Napoleon's wird
abermals gesungen, aber — „alle Rücksehnungen nach
dem großen Mann können doch die Sache nicht anders
machen." Das Unglück ist nur, daß nicht „Eine große
Persönlichkeit" aufstehen will, — um „eine Diktatur
des Geistes an die Stelle der Panarchie (ein sehr
gut erfundenes Wort!) zu setzen, woran jeder seichte
Kopf Theil nehmen kann —" und der „Einheit ver-
spräche. —"

An diese Klagen reihen sich andere über die Behandlung, die in gewissen Ländern Ausländern widerfährt,

so zwar, daß man sich nicht wundern dürfe, „wenn sie sich dorthin wendeten, wo noch die meiste Konsequenz zu bemerken ist — sollte es auch die Konsequenz des Obskurantismus sein." Hinterher ist freilich wieder von der Möglichkeit einer Explosion die Rede; jedoch nur in der Hinsicht, „daß man solchenfalls vielleicht damit umgehen könnte, die Volks = Repräsentation los zu werden."

Kurz der ganze Aufsatz ist sichtbar in einem Gefühl von Unsicherheit, von Mißbehagen und böser Laune geschrieben — in einer Stimmung, wie wir sie unsern Feinden immer wünschen müßten.

Europäische Chronik — und Organische Miszellen — zu einzelnen Bemerkungen qualifizirt.

Zweites Heft.

Napoleon, von Weitzel. Mit Anmerkungen von X. W. — Veranlaßt durch das Buch von O'Meara. Weitzel, ein seichter Schwätzer, findet an dem Autor, wie an dem Helden manches auszustellen; dafür aber wird in den Noten Napoleon bis in den Himmel erhoben und das Buch auf die unverschämteste Weise gelobt.

Ueber Villele. Uebersetzung der bekannten französischen Broschüre mit Noten von Börne. In diesen Noten erscheint der Uebermuth und die Verwegenheit der revolutionären Parthei in ihrer höchsten Vollendung.

Vertrauliches Schreiben eines in Italien reisenden Deutschen. Voll Enthusiasmus für die Sache der Einheit der italienischen Völker und heimlicher Bosheit gegen ihre Unterdrücker.

Rede an die Aristokraten von Capitono Fragoso, aus dem Spanischen übersetzt. — Beweis, daß die Aristo= kraten die wahren Revolutionärs sind. Ein Lieblings= Satz der deutschen Jakobiner, hier mit der ganzen Wuth eines spanischen Jakobiners ausgeführt.

Drittes Heft.

Preußen's künftiges Verfassungswerk. — Seichte und hämische Glossen über die (Schmalz'sche) Schrift von der künftigen Preußischen Verfassung. —

Ueber die Nahrungslosigkeit in Deutschland. — Von Karl Murhard. Langweiliges Gewäsch. Gemeinplätze aus der National=Dekonomie.

Neunter Band. Erstes Heft.

Ueber des Deutschen Bundes Befähigung zur Zweck= mäßigkeit im Europäischen Staaten-Systeme. — Vermuth= lich von Wangenheim, wie sich unter andern aus einem lobpreisenden Artikel der Stuttgarter Zeitung er= gibt. — Es läuft alles darauf hinaus, die minder= mächtigen deutschen Staaten so viel als möglich von den großen zu trennen und in einen Separat=Bund zu locken. Die beiden Haupt=Mittel: die Bildung von Armee=Korps aus Truppen dieser Mächte allein und — der Handelsmarine. Bis auf wenige Stellen ist die mit= telmäßige Abhandlung wenigstens mit Anstand geschrieben;

unb ba teine Gefahr ift, baß fie bie beutfchen Höfe ge=
winnen könnte, fo kann fie vergeffen werden. — Die
Parlaments=Sitzung vom 4. Februar burfte nicht
fehlen, tonnte nicht fchnell genug gegeben werden. Welches
Labfal für bie beutfchen Demagogen!

1800.

Am 14. April — wird „eine angenehme Ueberraschung"
genannt, daß mir der Juden = Aelteste Hirsch für Verfer=
tigung ich weiß nicht welcher Vorstellung — 50 Thaler
brachte!

In den letzten Tagen des April: Reise zur Gräfin
Döhnhoff in Angermünde.

Am 28. Mai. Durch Baron Krüdener eine mit
(kleinen) Brillanten besetzte Uhr vom Kaiser von Rußland
zum Geschenk erhalten.

1. Juni. Durch Garlicke ein Schreiben von Lord
Grenville, nebst einem Geschenk von 500 L. St. — das
erste dieser Art! — erhalten.

7. Juni. „Den angenehmen Besuch eines meiner lieb=
sten Freunde, des jungen Adam Müller, aus Göt=
tingen gehabt."

6. Juli. Reise zum M. Lucchesini nach Meseritz.
Aufenthalt dort bis zum 19.

25. Juli. Erste sehr rohe Idee einer Reise nach Wien
mit Professor Hirt!

29. Juli. Die Bekanntschaft mit Madame d'Escars
rechnete ich damals „unter die schönsten Begebenheiten
dieses Jahres!"

Zu Ende des Jahres große Geldverlegenheit. Von Garlicke 100 L. St. erhalten und mit Carysfort unterhandelt. Uebrigens zwischen Arbeiten der diplomatischen Gesellschaft und dem bürgerlichen Leben meiner Eltern und Schwiegereltern die Zeit getheilt.

1801.

Februar. Sehr merkwürdig, daß mir Lord Carysfort von einer Seite die Ueberseßung in's Französische der Publikation der englischen Noten gegen Preußen und kurz nachher Graf Haugwiß die der preußischen gegen England in's Deutsche auftrug!

März. Bekanntschaft mit der Prinzessin Louise (Radziwill) und Einladung zu ihr.

Zu Ende März das Buch über den Ursprung des Revolutions=Krieges geendigt, und den Entschluß gefaßt, das von Hauterive zu widerlegen. Diese Arbeit wurde in Schöneberg unternommen. Adam Müller war damals von Göttingen zurück und ich sah ihn sehr oft.

April. Tiefe Rührung über den Tod eines Hundes. Beweis, wie sehr alles, was zu den häuslichen Verhältnissen gehört, bei aller Dissipation auf mich wirkte.

Nachricht vom Tode des Kaisers Paul. Eindruck, den erst die allgemeine Freude, und später die fürchterliche Publizität dieser Nachricht auf mich machte.

Juni. Beim Prinzen Ferdinand zum Essen geladen.

Fürst Karl Schwarzenberg bei seiner Durchreise nach Petersburg kennen gelernt.

11. Juni. Dreitägiger Aufenthalt bei der Familie Fink in Madliß. — Merkwürdige Reflexionen darüber.

Um diese Zeit fangen auch meine nähern Verbindungen mit S t a d i o n an.

Bekanntschaft mit dem Herzog F r i e d r i c h von B r a u n = schweig = O e l s. Bei ihm gegessen.

August. Eine unbegreifliche Reise nach Freienwalde — mit M ü l l e r! den ich aber dort in 5—6 Tagen gar nicht sah, während daß ich mich mit der sogenannten guten Gesellschaft vom Morgen bis in die Nacht in unerhörten Dissipationen, zweimal bei W o l f f's und W e s s e l b e r g, in rasenden Spiel = Parthien 2c. herumtrieb! Es war so arg, daß ich bei meiner Zurückkunft nach Berlin bedenk= liche Gerüchte über mich (worin sie eigentlich bestanden, ist nicht gesagt) vernahm, in meiner Familie sehr kalt aufge= nommen wurde, und selbst in's Tagebuch — wohl mit der gewöhnlichen Reserve — schrieb: que cette course sem- blait m'avoir fait plus de mal que de bien!!

Und das alles mitten im äußersten Geld=Derangement. Wo kamen die Mittel zu allen den hohen Parthien her? Ich weiß es durchaus nicht mehr zu erklären.

August, September. Verdrießlichkeiten mit der Zensur, die mich nöthigt, viele Stellen in meiner Schrift gegen Hauterive zu streichen oder abzuändern. Zugleich, so viel sich aus der trockenen und boutonnirten Erzählung ersehen läßt, täglich die fatalsten Geldgeschäfte! Ein halbes, zwar artiges, doch wüstes Leben mit der Frau! — Und dabei jeden Abend in Spiel=Parthien, bald in den diplomatischen Häusern, bald gar auf dem Casino versenkt!

H u m b o l d t kommt um diese Zeit von seiner großen Reise nach Paris, Spanien 2c. zurück. Am 13. September hatte ich mit ihm zwischen Mitternacht und 3 Uhr ein großes Gespräch „touchant de très - près les plus grandes affaires et les relations les plus intimes de ma vie — —" (Aber worin es eigentlich bestand wird nicht gesagt.)

Brinckmann war damals auch in Berlin.

24. Oktober. Abreise L. Carysfort's von Berlin. — Geständniß, daß ich selbst diese Personen über den unendlichen Dissipationen der letzten Zeit ziemlich vernachlässigt hatte.

Denselben Abend verlor ich bei O'Faril in der Macédoine — 74 Louisdor!

Den 2. November. Des Morgens mache ich bei einem Advokaten ein Arrangement (versetzte ein Manuscript, welches ich erst 20 Jahre nachher wieder einlöste), wobei ich 70 Louisdor erhalte. — Abends waren diese 70 L. bei O'Faril verspielt.

Anfang des Umganges mit der Levin. (Varnhagen.)

14. November. Mitten unter allen diesen Rasereien entschließe ich mich, mit meinem Bruder Heinrich nach Weimar zu reisen und bleibe dort 14 Tage. Eine Total-Revolution (so wähnte ich!) trug sich in meinem Innern zu. Aber meine Liebschaft mit Fräulein Imhoff — wozu konnte, wozu sollte sie führen?

Voyage de Weimar. Novembre 1801.

Samedi 14. Je suis parti avec mon frère à 2 heures après-midi, après avoir fait plusieurs visites, écrit plusieurs lettres et arrangé plusieurs affaires. — Nous sommes arrivés sans aucun événement remarquable vers 5 heures à Potsdam, vers 10 heures à Belitz, vers le matin à Treuenbrietzen. La nuit était calme, et assez tempérée, de sorte que je me suis passablement bien porté.

Dimanche 15. Après un voyage fort ennuyeux nous sommes arrivés à midi à Wittenberg, où nous avons fait un mauvais dîner. Voyant qu'il était impossible d'atteindre Leipzig, nous avons résolu de n'aller que jusqu'à Düben, où nous sommes arrivés à 10 heures, et où nous avons passé la nuit assez bien. Le temps a été couvert, mais doux, pendant toute cette journée.

Lundi 16. Nous sommes partis de Düben à 7 heures; le ciel était clair, et l'air froid et sec. — Nous avons fait dans un cabaret de village un excellent déjeuner, composé de plats que nous avions apportés; et nous sommes enfin arrivés à Leipzig vers 1 heure. Descendus à l'hôtel de Bavière nous y avons fait un dîner médiocre, après lequel nous avons un peu parcouru la ville, visité la belle église de St. Nicolas, et été voir

ensuite le libraire Göschen. — A 5 heures nous avons
quitté Leipzig, et trouvant une très-bonne chaussée,
nous sommes arrivés assez vite à Weissenfels, où nous
avons passé la nuit dans une très-bonne auberge.

Mardi 17. Partis de Weissenfels entre 7 et 8, nous
sommes arrivés à Naumburg vers 11; nous y avons
déjeuné et puis continué notre route; entre Naumburg
et Auerstaedt nous sommes descendus, et avons fait à
pied une partie du chemin, pour voir plus à notre aise
la beauté du pays, dans les environs des salines de
Kösen, où nous avons trouvé des vues extrêmement
pittoresques. Nous avons dîné à Auerstaedt; puis continué notre voyage. Le temps était délicieux, mais les
chemins détestables et toujours plus mauvais à mesure
que nous approchions de Weimar. Nous y sommes
arrivés entre 8 et 9 heures; mon frère est resté avec
moi à l'auberge, où nous avons été assez bien reçus.

Mercredi 18. J'ai voulu prendre un logement chez
mon frère; mais les chambres n'étant pas suffisament
préparées, j'y ai renoncé et je me suis fixé à l'auberge.
La première visite, que j'ai faite, a été celle de Mad. Wolzogen, où j'ai trouvé Mad. Schiller, et M. de Schilden.
Après le dîner nous avons d'abord été chez M. Böttiger,
ensuite chez Schiller, chez M. de Luck, chambellan de
service, qui s'est chargé de m'annoncer à la cour, ensuite chez Goethe, puis encore chez Böttiger. Rentré à
l'auberge, à 7 heures, j'y ai passé le reste de la soirée
avec mon frère.

Jeudi 19. Le duc m'a fait prier de passer chez lui
à 10 heures; j'y ai été, et j'ai eu avec lui une conversation de 2 heures, fort animée et fort intéressante.
De là j'ai été voir M. de Kotzebue, et puis le vieux

patriarche Wieland. A 2 heures je me suis rendu à la cour où j'ai dîné. Placé entre la duchesse regnante et la princesse sa fille, j'ai beaucoup parlé pendant le dîner, et la conversation s'est même prolongée au delà, entre le duc, la duchesse, le prince héréditaire et moi. — J'ai fait ensuite une visite à Mad. de Wolzogen, et à 6 heures je suis allé chez M. de Kotzebue, où il y avait un thé, et une petite représentation dramatique; on a exécuté le prologue de Jeanne d'Arc de Schiller, et un méchant proverbe. — La première de ces représentations m'a singulièrement frappé; le rôle principal a été joué par Mlle. d'Imhoff, que j'avais déjà vu superficiellement à la cour, mais que j'ai appris à connaître et à admirer ce soir. Il y avait, outre elle, la princesse, Mlle. de Wolffskehl, Mlle. de Göchhausen, deux comtesses d'Egloffstein, le prince héréditaire, MM. de Dankelmann, de Fritsch, Wieland, Kraus etc. etc., mais le fait est que Mlle. d'Imhoff seule m'a occupé. Malgré l'invitation de Kotzebue j'ai quitté à 9 heures, tout ce qui avait donné du lustre à sa soirée ayant disparu.

Vendredi 20. A 11 heures je suis allé chez Mlle. d'Imhoff, et j'ai passé avec elle deux heures des plus délicieuses. Dîné à l'auberge. Après le diner je suis allé avec mon frère me faire présenter à la duchesse douairière qui m'a bien reçu. De là nous avons été avec Böttiger chez M. Herder, dont j'ai été peu content; et nous avons passé la soirée jusqu'à 9 heures, chez M. de Goethe, où on a vu réunis Wieland, Herder, Schiller; soirée qui aurait dû être brillante, mais qui m'a paru froide, et presqu' insipide. — Cependant cette soirée m'a servi prodigieusement à développer mes idées, et à fixer mon jugement sur bien des objets intéressants; elle m'a produit des avantages négatifs.

Samedi 21. Je suis allé à 11 heures chez Mlle. de Göchhausen, dame d'honneur de la duchesse douairière, où j'ai déjeuné avec Mlle. d'Imhoff, Kotzebue, Mlle. d'Oertel et Mlle. de Wolffskehl. Après ce déjeuner j'ai dîné chez le conseiller privé Voigt, premier ministre du duc; avec son fils, sa belle fille et Böttiger. — A 5 heures je me suis rendu au spectacle; on a donné (pour moi exprès) la mort de Wallenstein; j'ai été dans la loge à côté de Schiller pendant toute la pièce, qui, en total, a été très-bien rendue. Les deux duchesses et les autres personnes de la cour ont fait la conversation avec moi. C'était en général une position assez piquante pour la vanité. — Après le spectacle j'ai soupé chez Schiller, avec Goethe, Mlle. d'Imhoff, le peintre Meyer et M. Riedel, ancien gouverneur du prince héréditaire. C'était une charmante soirée, qui a duré jusqu'à 1 heure; après quoi j'ai ramené Mlle. d'Imhoff, et j'ai été aujourd'hui très-content de Weimar.

Dimanche 22. Pendant la nuit, il est tombé de la neige. Malgré cela je me suis promené toute la matinée au parc et dans la ville, et j'ai ensuite fait visite à Mlle. Jagemann qui a été très-charmée de me voir, et que j'ai trouvé fort aimable. J'ai dîné à la cour que j'ai vu aujourd'hui dans tout son lustre, et j'ai été à côté du duc. — Ensuite je suis allé avec mon frère voir M. Bertuch, et de là nous sommes allés avec M. Böttiger, chez M. Gore, Anglais, qui fait à Weimar la meilleure maison. — J'ai soupé et joué avec mon frère.

Lundi 23. J'ai écrit beaucoup de lettres pour Berlin. — La visite du chambellan d'Einsiedel et du vieux grandveneur de Schönfeld m'a empêché d'aller chez Mlle. d'Imhoff à 11 heures. Mais j'y ai été à midi; et j'ai passé avec elle une heure délicieuse; une heure dont je me souviendrai. — J'ai dîné à l'auberge, et après le dîner j'ai parcouru avec mon frère le nouveau château etc. Ensuite j'ai continué et fini mes lettres. — A 5½ heures je me suis rendu au spectacle, où on a donné une pièce abominable, Bürgerglück, à laquelle je n'aurais certainement pas assisté jusqu'à la fin, si ce n'avait été à cause du voisinage de la cour, et de Mlle. d'Imhoff. — Après le spectacle j'ai soupé chez la duchesse douairière, avec Goethe, Wieland, Schiller etc. La conversation s'est extrêmement animée, elle s'est même absolument dirigée vers la politique; et ce souper a été un des plus remarquables que j'ai fait à Weimar.

Mardi 24. Je suis allé à 10 heures chez Mlle. d'Imhoff, où je suis resté jusqu'à 1 heure, étonné de moi-même et de toute les forces que j'ai retrouvées dans mon âme, ému et vivifié par la conversation de cette fille admirable. J'ai dîné à la cour, placé entre la duchesse et le prince héréditaire; j'ai eu surtout avec la première une conversation fort intéressante. — Après le dîner j'ai été chez Schiller, que je n'ai pas trouvé chez lui, et de là chez Böttiger, avec lequel je me suis entretenu jusqu'à 6 heures; alors nous sommes allés à l'église assister à l'exécution du Requiem de Mozart, qui m'a médiocrement amusé. Après la musique j'ai pris le thé chez Mlle. d'Imhoff, avec l'aimable princesse, Mlle. de Knebel, la mère et les deux sœurs de Mlle.

d'Imhoff. Après 9 heures je suis rentré chez moi et j'ai soupé avec mon frère.

Mercredi 25. J'ai passé ma matinée, comme toujours, chez Mlle. d'Imhoff; dîné à l'auberge; passé deux heures avec Böttiger; ensuite au spectacle, et puis soupé avec mon frère.

Jeudi 26. Après avoir lu et écrit différentes choses (car je me suis beaucoup occupé à Weimar) je suis sorti pour faire une visite à Mlle. Jagemann (la société de la charmante Amélie m'étant refusée pour ce matin) et je me suis amusé avec elle jusqu'à 1 heure. J'ai dîné au Club, où M. Bertuch m'avait invité, et où on a introduit aujourd'hui le petit prince Bernhard. J'ai vu beaucoup de personnes, que je ne connaissais pas encore de près. A 6 heures je suis allé chez M. de Kotzebue, où l'on a encore représenté plusieurs scènes de Jeanne d'Arc; Mlle. d'Imhoff et Mlle. de Wolffskehl jouant Jeanne et Agnès. Ceci fini, j'ai soupé chez Kotzebue, avec Schiller, Böttiger, Riedel et Kraus; et je suis entré avec Schiller dans une conversation des plus intéressantes et des plus profondes. C'était une des soirées notables.

Vendredi 27. J'ai eu la matinée chez Mlle. d'Imhoff; c'était une matinée remarquable, des heures dont je me souviendrai jusqu'à la mort. Je n'ai jamais éprouvé de sensation pareille à celle qui m'a enchanté ce matin; il me semblait même voir approcher le moment d'une grande révolution intérieure. — — J'ai dîné à la cour; après le dîner j'ai passé quelques heures chez Böttiger; et puis je suis retourné chez Mlle. d'Imhoff, où j'ai pris le thé avec sa mère et ses sœurs. — J'ai passé avec mon frère le reste de la soirée; mais la nuit a été remarquable pour moi, parce qu'après m'être couché à 2 heures, je me suis levé de nouveau pour écrire etc. etc.

Samedi 28. J'ai lu des productions de Weimar toute la matinée; j'ai ensuite été chez Mlle. de Göchhausen avec Amélie, Mlle. d'Oertel etc. Puis j'ai dîné chez la duchesse douairière, avec Wieland, Herder, Kotzebue, Böttiger, mon frère, M. d'Einsiedel et Mlle. de Wolffskehl. La conversation a été extrêmement animée. — Ensuite j'ai passé chez Schiller une heure fort intéressante, engagé dans une conversation très-grave, et de là j'ai été au spectacle où l'on a donné Nathan. J'ai passé le reste de la soirée avec mon frère, et j'ai lu jusqu'à 2 heures de la nuit le premier volume des aventures de Kotzebue.

Dimanche 29. Après avoir lu la moitié du troisième volume des Mémoires secrets sur la Russie, j'ai été chez Mlle. d'Imhoff passer avec elle des heures délicieuses. Ensuite j'ai dîné à la cour, à un grand dîner de représentation où la duchesse douairière, et environ 50 personnes ont assisté. J'ai été vis-à-vis du duc, qui s'est constamment entretenu avec moi. Je suis resté à la cour jusqu'à 5 heures; alors je suis monté chez Mlle. d'Imhoff, avec Mlle. de Wolffskehl; nous avons lu et causé jusqu'à 6 heures. — J'étais invité au thé chez Goethe; j'y ai trouvé Schiller, Riedel, Wieland, Kraus etc. etc., Mad. Voigt, Mad. Schiller, et les deux demoiselles Jagemann qui ont chanté. La société s'est dissoute à 9 heures.

Lundi 30. J'ai lu et écrit jusqu'à 11 heures. Je suis allé ensuite chez Mlle. d'Imhoff, où j'ai encore joui de tout ce qu'il y a de beau, de pur, et de grand dans le commerce des hommes. — J'ai dîné à la cour, où j'ai beaucoup causé avec le duc et la duchesse. — Après le dîner j'ai pris le thé chez M. de Wolzogen. J'ai été à la comédie, où l'on a donné pour moi Les frères de Térence et le Bürgergeneral de Goethe. J'ai peu entendu de cette dernière pièce, le duc s'étant placé à côté de moi et ayant entamé avec moi une conversation extrêmement intéressante. J'ai soupé avec mon frère, qui est parti à 11 heures; et de 11 jusqu'à 2 heures j'ai écrit une lettre à Mlle. d'Imhoff, dont j'ai été moi-même extrêmement content.

Décembre.

Mardi 1. J'ai fait des visites d'adieu, chez M. Voigt, Goethe, et Mlle. Jagemann. Vers 11 heures je suis allé chez Mlle. d'Imhoff, où j'ai joui jusqu'à 1½ heures d'un bonheur vraiment céleste. — J'ai dîné chez Böttiger avec M. Dankelmann, Wieland etc., mon frère, trois ou quatre Anglais, et je me suis bien amusé, les convives. ayant touché les cordes qui retentissaient le plus dans mon cœur. Après le dîner j'ai été dire adieu à la duchesse douairière et à Mlle. de Göchhausen; ensuite j'ai encore vu Mlle. d'Imhoff et sa mère, et j'ai fait visite à Mlle. de Riedesel, et puis à Mad. de Wolzogen, et à la maison Kotzebue. Le duc m'a fait inviter de venir chez lui à 6 heures; j'y ai été, et j'y ai pris le thé avec lui; la conversation s'est de plus en plus engagé, il m'a comblé d'honnêtetés, enfin il m'a retenu jusqu'à 10 heures, ce qui m'a empêché de dire mes adieux à Mlle. d'Imhoff, comme nous en étions convenus. J'ai tout de suite changé de résolution et de

retour chez moi j'ai ordonné de remettre mon départ
à Jeudi. J'ai copié une partie d'une pièce de vers de
Mlle. d'Imhoff, je lui ai écrit, et je me suis couché fort
tard. — Cette journée a été une des plus remarquables.
C'est une nouvelle ère qui commence!

Mercredi 2. Ne voulant plus faire des visites, je
suis resté chez moi jusqu'à 10½ heures. Alors je suis
allé chez Amélie, que j'ai quitté à 1 heure — pour la
dernière fois! J'ai dîné chez moi avec mon frère; et
après le dîner nous avons parcouru presque tout le
parc. — Après 3 heures je suis allé chez Schiller, avec
lequel j'ai eu jusqu'après 7½ heures une des conversations les plus soutenues et les plus profondes dont
je me rappelle. — Ensuite j'ai encore passé une heure
chez Böttiger; mon bon frère m'a quitté à 10½; et
alors j'ai écrit une lettre d'adieu à Mlle. d'Imhoff, qui
portait l'empreinte d'une âme bouleversée.

Jeudi 3. A 6 heures du matin j'ai quitté Weimar,
pleurant comme un enfant lorsque j'ai franchi la porte
de la ville, et me livrant aux réflexions les plus dou-
loureuses, mais en même-temps les plus salutaires et
les plus graves. Lorsqu'il a fait jour j'ai fini la lecture
du troisième volume des Mémoires secrets sur la Russie,
et j'ai commencé celle des Mémoires de Soulavie. J'ai
trouvé le chemin un peu moins mauvais que je ne me
l'étais imaginé, à l'exception cependant de la dernière
demi-mille avant Naumburg, où je suis arrivé à 4½.
Épuisé de toutes les fatigues d'âme que j'avais essuyées
dans les derniers jours à Weimar, je me suis endormi
immédiatement après avoir dîné; je me suis reveillé
à 8 heures; mais ne pouvant pas tenir contre le
besoin du sommeil, malgré mon désir d'écrire, je me

suis rendormi encore, et j'ai dormi jusqu'à 6 heures du matin.

Vendredi 4. A 8 heures je suis parti de Naumburg, et j'ai trouvé le chemin affreux, presque jusqu'à Weissenfels. Arrivé à Weissenfels vers midi, et descendu à l'excellente auberge de cette ville, je m'y suis mis à écrire une lettre de quatre feuilles à Mlle. d'Imhoff, et une autre à mon frère; j'y ai dîné, et j'ai continué la route sur Leipzig à 3 heures. Lorsque la nuit a mis fin à la lecture (c'étaient toujours les Mémoires de Soulavie) je me suis livré à mes réflexions, qui, cette fois-ci, ont pris une tournure extrêmement consolante. Le petit intervalle qui s'est passé à la station de Lützen, au lieu d'en arrêter le cours, les a au contraire rendu plus intéressantes, et je puis dire, que pendant les deux heures de 7 à 9, je suis parvenu à un degré d'exaltation, de force, de bien-être intérieur et de ravissement, qui n'a jamais été surpassé et rarement égalé dans tout le cours de ma vie. — Arrivé à Leipzig à 9 heures j'ai encore écrit deux feuilles à Amélie, et je me suis couché vers minuit.

Samedi 5. Je suis allé à 10 heures chez le libraire Göschen, et avec lui je me suis promené dans la ville, j'ai fait des emplettes etc. De retour chez moi j'ai fini ma lettre à Amélie, et je suis parti à 3 heures de Leipzig, rencontrant au sortir de l'auberge Czechtitzky et M. de Wulffen qui venaient d'arriver de Berlin. — Le chemin de Leipzig à Düben était détestable, quelquefois réellement dangereux, le temps ingracieux au suprême. Cette partie du voyage était désagréable, je suis enfin arrivé à Düben à minuit.

Dimanche 6. Je suis parti de Düben à 8 heures, et arrivé à Wittenberg à 3 heures après-midi. Résolu d'y passer la nuit, j'ai repris mes lectures; j'ai continué les Mémoires de Soulavie; j'ai lu tout le premier volume du livre intitulé: Essai sur l'art de rendre les révolutions utiles; j'ai écrit à Mlle. d'Imhoff; enfin je me suis continuellement occupé jusqu'à 11 heures. Pendant la nuit j'ai été troublé par le tocsin, il y avait un incendie dans la ville, mais il était peu considérable, et mon auberge étant d'ailleurs au faubourg j'ai passé outre.

Lundi 7. Je suis parti de Wittenberg à 8 heures. M'approchant de Treuenbrietzen j'ai balancé un moment, si je ne devais pas pousser mon voyage sans m'arrêter de nouveau. Mais une foule de motifs, dont le principal était sans contredit de jouir un jour de plus de la position unique dans laquelle ce voyage à jamais mémorable avait jeté mon âme — s'y sont opposés. Je me suis contenté du misérable cabaret que j'ai trouvé à Treuenbrietzen, et j'y ai passé une soirée délicieuse. J'ai lu jusqu'à 5 heures. Ensuite j'ai copié une charmante romance, dont Amélie m'avait confié le brouillon; j'ai lu et relu encore tout son admirable poëme: Les sœurs de Lesbos; et je lui ai enfin écrit une lettre de plusieurs feuilles. Tout cela m'a conduit jusque vers 11 heures. — Ainsi finit ce qu'il y a de plus beau dans la vie des hommes! Mais l'impression du voyage de Weimar durera, je l'espère, éternellement. Amen! Amen!

Mardi 8. Je suis parti de Treuenbrietzen avant le jour; le temps a été très-beau; je suis arrivé à Belitz à 11 heures et à Potsdam à $3\frac{1}{2}$. J'ai poussé la

lecture des Mémoires de Soulavie jusqu'à la fin du cin-
quième volume. — Parti de Potsdam vers 5 heures, je
suis arrivé à Berlin après 7 heures. — J'ai été bien
reçu; je n'ai appris aucune nouvelle désagréable; et
j'ai pu me livrer entièrement au sentiment de satisfaction que m'avait inspiré ce charmant voyage.

1802.

Effekt der Vorsätze von Weimar. — Am 23. Dezember verlor ich alles was ich hatte im Hazardspiel, so daß ich den ganzen folgenden Tag herumlaufen mußte, um einige Thaler zu Weihnachtsgeschenken aufzubringen.

Am 1. Januar soupire und spiele ich bei einem gewissen Buisson, gehe um 1 Uhr nach Hause, vergesse aber den Hausschlüssel und muß die Nacht anderwärts zubringen. Hier konnte ich doch nicht umhin zu notiren: „qu'après la résolution de Décembre c'etait une assez singulière manière de commencer la nouvelle année."

Doch wurden fortdauernd Briefe von 6—8 Bogen an Amalie Imhoff geschrieben.

Den 26. Januar finde ich bei Mlle. Levin die Eigensatz und sie gefällt mir.

Umgang mit den Prinzen Louis, August und vielen Offizieren.

Im Februar scheint eine ziemlich starke Rimesse durch L. Carysfort's Verwendung eingegangen zu sein.

Den 21. Februar, als ich um 2 Uhr Morgens nach Hause komme, finde ich einen Brief von meiner Frau, „qui a décidé du sort de ma vie". — „Et le lendemain — notre résolution a été prise". — Vermuthlich die, uns scheiden zu lassen. — Das hinderte mich jedoch nicht, des Abends auf einen Ball zu Pourtalès zu gehen, Trente-et-Quarante zu spielen 2c.

März. Obgleich ich äußerlich mit meiner Frau gut blieb, mit ihr bei Prillwitz aß, in's Theater ging 2c., so hebt doch jetzt die Liaison mit Christel Eigensatz recht ordentlich an; zwischen dem Prinzen Louis, Rahel und andern.

13. **März.** Die Passion für Christel wird förmlich deklarirt; und am folgenden Tage — erlaubt sie mir, die Nacht mit ihr zuzubringen. Aber gleich darauf, theils durch mein schlechtes Benehmen, theils durch die Ankunft ihres wahren Liebhabers (Zinnow) bricht der Teufel los.

Am 21. begegnet mir Scholtz auf einem einsamen Spaziergange mit Christel und erzählt es meiner Frau!

Die große Gesellschaft wird von nun an etwas weniger besucht. Der Prinz Louis, Kurnatowski, die Familie Cesar, Pauline 2c., die Levin, werden die Hauptfiguren. Alles bezieht sich auf Christel.

Aufenthalt von 3 oder 4 Tagen zu Tegel bei Humboldt's. Bei meiner Rückkehr nach Berlin am 31. April steht es äußerst schlecht mit mir. „En rentrant chez moi, la solitude que je trouvais dans la maison, tout ce que je savais, tout ce que je sentais, tout ce que je craignais, m'a jeté dans des transes de désespoir."

5. **April.** Sollte man es glauben? „Le plus pressant, le plus sensible de mes malheurs était l'impossibilité de faire un cadeau à Christel, qui avait aujourd'hui son bénéfice." — Und an demselben Tage führt dem Unwürdigen, der das schreiben konnte, das Schicksal eine Rimesse von 1000 £. St. aus England zu!!

Zwischen den Gasthöfen — Stadt Paris, Tarone, Courtois 2c. -- Rahel, Kurnatowski — und pro forma einigen Soireen bei Stabion und O'Faril, hatte nun die tolle Paſſion für Chriſtel ihren Gang. Mit Zinnow hatte ich Freundſchaft geſchloſſen. — Bei Chriſtel's Mutter in Treptow wurden tagelange Rendezvous gehalten. — Zinnow verliebt ſich in Pauline. Nun bin ich oben drauf bei Chriſtel. — Maintenant c'est le délire complet! Dabei die größte Intimität mit Zinnow. Wir freſſen und ſaufen in der Stadt Paris, fahren wie toll im Whisky durch die Promenaden, ſpielen Tarok 2c.

Am 4. Mai ſchlägt mir der Miniſter Voß die Er= laubniß zu einer Reiſe nach Töpliß ab. — Am folgenden Tage, nach einer Unterredung mit Grattenauer über meine häuslichen und Geld=Verhältniſſe, ſetzt der Gedanke, Berlin zu verlaſſen und meine Ehe zu trennen, ſich in mir feſt.

Am 13. ſagte ich meinem Schwiegervater, da er eine große Amtsreiſe antrat, nach einer ziemlich milden Unter= redung — „un adieu éternel." — So heißt es im Tage= buche. Mithin muß ich damals meine Trennung von Berlin ſchon für gewiß und für ewig gehalten haben. — Eben ſo ſcheint am 18. Mai eine Haupt=Explikation mit meinem Vater ſtattgefunden zu haben.

Am 21. kommt Lombard zu mir und ſagt mir, der König werde die Erlaubniß zu meiner Reiſe ertheilen.

Am 24. zieht meine Frau und Schwiegermutter ohne mich nach Schöneberg. Der Abſchied muß traurig geweſen ſein. — Weiter — eine höchſt fatale Erklärung mit dem Miniſter Voß über meine bevorſtehende Reiſe. — Endlich Abends ein herzzerreißendes Geſpräch mit meinem Vater, welches damit ſchließt, daß er, als wir uns verlaſſen, einen Anfall von Schwindel bekommt, fällt (ich mit ihm) und ſich am Kopf verwundet. — Und nach ſolcher Szene konnte

ich von Gott Verlaßner noch den Abend mit Christel,
Zinnow und Bohlen zubringen!

Indessen söhne ich mich am folgenden Tage mit meinem Vater, der sich besser befindet, Mutter und Schwestern aus. Und der redliche alte Mann giebt mir noch Geld zur Reise!

Unterdessen geht die Geschichte mit Christel ihren Gang; bald im Frieden, bald im Krieg, aber immer Christel und Christel! Nach unendlichen Wortwechseln bleibe ich endlich in der Nacht vom 17. zum 18. Juni bei ihr. Und — heißt es — „après cette nuit céleste, il ne me restait qu'à me jeter entièrement dans les préparatifs du voyage." — Und doch spiele ich an dem nämlichen Abend auf dem Casino Hazardspiele und verliere eine große Summe. An eben dem Tage hatte ich von meinen Eltern und Schwestern Abschied genommen!

Am 19. nehme ich von meiner Frau Abschied — und am 20. früh um 3 Uhr fahre ich mit Adam Müller von Berlin, um es nie wieder zu sehen. —

Am 20. Juni mit Müller von Berlin abgereist, bin ich am 23. über Torgau und Meißen in Dresden angekommen und hier bis zum 15. Juli geblieben. Dann mit Graf Frohberg, den ich zufällig bei Braunfeld's kennen gelernt, nach Töplitz. Sowohl in Dresden als Töplitz nichts als vornehme Bekanntschaften gemacht, Diners, Soupers, Landparthien, Spiel. — Endlich am 27. Juli, nachdem ich von Iglau bis Wien mit Frohberg ohne Unterlaß Pikét gespielt hatte, in Wien angekommen und die Stadt gräulich gefunden. Wie und wodurch eigentlich der Entschluß nach Wien zu gehen definitiv bestimmt wurde, davon sagt das elende frivole Journal kein Wort. Die eigentliche Geschichte meiner Anstellung in Wien — kenne ich selbst nicht. Meine damals äußerst geringe Terrain=Kenntniß und die unbegreifliche Magerkeit des Journals läßt mich im Dunkeln. Es scheint, daß von einer Seite Landriani (durch Colloredo und Cobenzl), von der andern Fasbender daran gearbeitet. Letzterer bewog mich, an eben dem Tage, wo er mich dem Erz=herzog Karl präsentirt hatte, eine Art von Memoire zu schreiben, wodurch ich meine Dienste anbot, der einzige positive Schritt, den ich je gethan. Das Schicksal dieses Memoire ist mir unbekannt. Nach 10 oder 12 Tagen werde ich durch Colloredo zur Audienz des Kaisers geführt, der, wie ich mich deutlich erinnere, keine Lust bezeigte, mich in seine Dienste zu nehmen. Nichtsdestoweniger ließ mich Cobenzl 5 Tage nachher (am 6. September) zu sich bitten, und meldete mir, daß der Kaiser mich mit 4000 Gulden als Rath in seine Dienste nähme. — Ich bat um die Erlaubniß, noch einmal nach Berlin zurück=zukehren, die ich auch gern gewährt erhielt. Hierauf ver=ließ ich Wien in der Mitte Septembers und ·reiste in 2 Tagen nach Prag, hielt mich hier aber 4 Tage und dann noch 2 Tage in Töplitz auf, bloß um mit Chotek und Wilczeck's, und Clary's, Rottenhan's und andern vornehmen Leuten Schnickschnack zu treiben; endlich kam ich am 22. in Dresden an. Hier faßte ich den Entschluß, nicht wieder nach Berlin zu gehen, sondern bat schriftlich um meinen Abschied (durch einen Brief an den König). Was ich nun weiter thun, wovon ich leben wollte (wovon ich bis dahin gelebt habe), das alles ist mir jetzt ein Räthsel. In Dresden trieb ich mich wie gewöhnlich mit der eleganten Welt, mit Metternich, Elliot und andern vornehmen Leuten herum, und ganz zufällig machte mir Elliot am 26. den Vorschlag, mit ihm nach England zu reisen.

Soviel ich mich erinnere, gab mir Metternich einen Wechsel von 100 L. St., und Armfeldt, dem ich noch am letzten Abend 200 Thaler abgewann, einen ähnlichen auf London mit. — Und am 1. Oktober reiste ich allein von Dresden nach Weimar ab. Dort lasse ich mir vom Herzog 40 Louisdor vorschießen, schicke meinen Bedienten mit einer Unzahl von Briefen nach Berlin und erwarte nun Elliot, der auch pünktlich am 6. ankommt. Mit ihm reise ich nun nach Frankfurt, von da zu Wasser nach Koblenz, nachdem ich in Frankfurt meinen Wagen verkauft hatte; dann über Brüssel, von Elliot aufs äußerste tyrannisirt, nach Calais.

1803.

In den Weihnachtsfeiertagen 1802 hatte ich England verlassen und war (über Calais und Paris) in der Nacht vom 30. zum 31. Dezember in Brüssel eingetroffen.

In Brüssel blieb ich bis zum 4. Januar 1803 und ging dann über Lüttich, Aachen, Köln, Bonn, Koblenz (bis dahin auf französischem Gebiet, und gewiß nicht ohne alle Gefahr, die ich aber leichtsinnig übersah), Limburg und Wiesbaden nach Frankfurt. Hier war ich 3 Tage, während welcher ich den kaiserlichen Gesandten Grafen Schlick und Herrn von Schwartzkopf und dessen artige Frau wieder sah. Auf der Reise von Frankfurt nach Weimar las ich mit dem größten Interesse die Delphine der Frau von Stael.

Zu Weimar, wo ich am 16. Januar ankam, erhielt ich die Nachricht aus Berlin von dem am 15. Dezember erfolgten Tode meiner Frau. Ich war tief gerührt von dieser Neuigkeit; doch genoß ich 4 Tage lang den Aufenthalt in Weimar und lebte dort mit dem Herzoge und seinem Hofe, mit Amalie Imhoff, die ich immer noch sehr liebte, mit Schiller, den ich zum letztenmale sah, mit Goethe, Böttiger, Mlle. Jagemann und mit meinem guten Bruder Heinrich, der den neuen Bau am herzoglichen Schlosse rühmlich vollbracht hatte, und den ich seitdem bis zu seinem Tode nicht wieder sah.

In Dresden, wo ich mich vom 22. bis 31. aufhielt, fand ich Adam Müller und Kurnatowski. Mit Adam hatte ich hier mehrere denkwürdige Gespräche; ich selbst war in tiefbewegter Stimmung, kräftig, lebendig religiös, und doch auch zur Ausschweifung sehr geneigt und sehr fähig. Müller's großer Geist hatte mir nie so eingeleuchtet. Unter anderm sagte ich ihm in einer nächtlichen Unterredung über die Unsterblichkeit der Seele, sein System habe an mir den Tod überwunden.

Außerdem lebte ich in Dresden hauptsächlich mit Graf Metternich, dessen Freundschaft mir schon damals in hohem Grade werth war. Mit ihm besuchte ich die diplomatischen Zirkel, die Gräfin Hohenthal, die Fürstin Czartoriska 2c.

Nach einer beschwerlichen Reise über das Gebirge und Dux, wo ich bei dem bizarren Graf Waldstein zwei Tage zubringen mußte, kam ich in Prag an, und hielt mich hier bis zum 12. auf. Die Häuser des gesammten hohen Adels waren mir offen, und ich wurde von den Lobkowitz, Kinsky, Clam, Schlick, Buquoi, Sternberg 2c. äußerst gut aufgenommen. Graf Wilczeck, gewesener Gouverneur von Mailand, und Graf Chotek, Obristburggraf von Böhmen, waren die, mit welchen ich am meisten verkehrte.

Am 16. Februar kam ich nach einer sehr mühsamen Reise — der Schnee lag in Mähren so hoch, daß ich meinen englischen Wagen auf einen Schlitten setzen mußte und doch häufig umgeworfen wurde — nach Wien zurück.

Mein erstes Gespräch mit Graf Cobenzl und besonders mit Collenbach hätte mir zeitig beweisen sollen, daß für

F. v. Gentz.   3

mich in Wien der Schauplatz wahrer Thätigkeit noch nicht eröffnet war. Man behandelte mich freilich mit großer Achtung, zugleich aber mit Mißtrauen und Eifersucht; und im Grunde konnten Männer wie diese nicht wohl anders gegen mich sein.

Wenig bekümmert um die ungünstigen Aspekten, auf meine Verhältnisse in England trotzend, zufrieden mit den Schmeicheleien, die mir von allen Seiten gesagt wurden, hielt ich mich in Ansehung der Geschäfts=Notizen haupt= sächlich an Fasbender, der damals eine große Rolle in Wien spielte, ob er gleich im Grunde auf einem sehr ge= brechlichen Fußgestell stand. Nächstdem stürzte ich mich wieder in die Gesellschaften der großen Welt und brachte bei Rasoumoffsky, der Gräfin Kinsky (nachmaligen Grä= fin Mervelodt), bei General Armfeldt, Fürst von Ligne, Clary rc. rc. Tage und Abende zu. Mit einigen vorneh= men Russen, die den Winter in Wien zubrachten, besonders Graf und Gräfin Panin, Fürstin Michel Gallizin und ihrer Schwester, der unglücklichen Fürstin Dietrich= stein, lebte ich ebenfalls in sehr genauer Verbindung. Landriani, O'Donnell und einige andere Schönredner dieser Art sah ich viel; mein Freund Montjoye (Froh= berg) war immer noch mein einziger eigentlicher Ver= trauter.

Graf Stadion, der von Berlin nach Wien zurückge= kehrt war, sah ich täglich. Auch mit den Ministern Graf Zinzendorff, Rottenhan, Trauttmansdorff, Zichy, war ich im besten Vernehmen, speiste bei ihnen, hatte konfiden= tielle Gespräche mit ihnen. Männer wie Mack, Marco= lini rc. suchten mich auf. Selbst der mächtige Colloredo behandelte mich mit Güte, und Cobenzl mit immer gleicher Zärtlichkeit und Falschheit.

In den letzten Tagen des März fing meine intime Verbindung mit dem englischen Gesandten Arthur Paget an. Wir hatten einander zwar oft gesehen, waren aber aus allerlei Gründen in einer mißtrauischen Entfernung geblieben. Auf einmal erkannte er mich und gewann mich lieb; und es schloß sich ein Verhältniß, dem ich viele Annehmlichkeiten verdanke, ob es schon auch seine Bitterkeiten hatte.

Johannes Müller sah ich nur selten. Ich war in der großen Welt zu vergraben, um zu einem ruhigen wissenschaftlichen Umgange Zeit zu behalten. Ueberdies ließ mir Paget, seitdem wir einander näher gerückt waren, wenig freie Stunden. Der wieder ausbrechende Krieg zwischen England und Frankreich gab meinem Verhältniß mit ihm noch größeres Gewicht; fast das einzige, was ich damals mit Eifer trieb, war meine Korrespondenz mit England, besonders mit Vansittart.

Die Namen der Personen, mit welchen ich damals in täglicher Verbindung stand, sowohl Einheimische als Fremde, würden ganze Bogen anfüllen. — Auch frequentirte ich noch zum Ueberfluß Frau von Eybenberg und machte einer gewissen Mlle. Rose, die bei ihr wohnte, und die dem Sohne des berühmten Frank den Kopf bereits verdreht hatte, sehr ernsthaft die Cour. (Sie hat später den Dr. Bojanus in Wilna geheirathet.)

Am 7. April ging Montjoye nach England. Ich begleitete ihn bis nach Mölk und habe ihn nicht wieder gesehen. (Er ist im Jahre 1807, am Tage vor der Schlacht bei Friedland, in einem Gehölz getödtet worden.)

Am 20. April habe ich bei Paget mit dem großen Grafen Maistre gespeist, der von Turin nach Petersburg reiste. Merkwürdig ist, daß ich diese Thatsache erst aus meinem ältern Journal wieder erfahren habe. Der Um= stand, daß ich diesen großen Mann gesehen, war ganz meinem Gedächtniß entschwunden. So wenig hatte er da= mals Eindruck auf mich gemacht. Wie ging das zu? Ich hätte ihn als Verfasser der Considérations sur la révo- lution doch sehr hoch halten sollen? War ich zu verwöhnt durch das tägliche Leben in den großen Zirkeln? Oder zu übersättigt von diplomatischem Gewäsch? Ich weiß es nicht.

Haller, der damals beim Hoffriegsrath angestellt und nur noch als historischer Sammler bekannt war, und Ba= ron Wessenberg sah ich oft bei mir. Pozzo di Borgo war Mitglied des Damen=Zirkels bei der Gräfin Rasou= mofssky, wo sich die Crême der guten Gesellschaft versam= melte, und Armfeldt, Pozzo und ich eine Art von politi= schem Kleeblatt bildeten.

Am 10. Juni kam Graf Metternich von Dresden nach Wien. (Sein Vater war gerade damals in den Für= stenstand erhoben worden.)

Um diese Zeit war auch der Erbprinz (nachmaliger König) von Würtemberg in Wien, den ich bei Rasou= mofssky, bei Armfeldt und in den großen Zirkeln fast täg= lich sah. Mit seinem Vater entzweit, schien er damals in Oesterreich eine Freistätte zu suchen; ein Projekt, das aber bald ganz andern mußte Platz machen.

Den ganzen Monat Juni hatten in Wien unaufhörliche Regengüsse gewüthet, sodaß die Gegend um Wien auf allen Seiten einer großen Ueberschwemmung glich.

Am 9. Juli reiste ich über Linz und Passau nach Re= gensburg und hielt mich hier bis zum 18. auf. Der Kur=Erzkanzler Dalberg überhäufte mich mit Güte; im

Hause des Baron Hügel, bei Graf Görz und andern bedeutenden Personen brachte ich meine Zeit zu. Drei interessante Damen, Frau von Diede, die Gräfin Ler= chenfeld, geborne Groschlag, und ihre Schwester die Gräfin Colloredo, beschäftigten mich viel. Die wichtigste neue Bekanntschaft war die mit dem Domherrn Stadion, Bruder des damaligen Gesandten in Petersburg und nach= maligen Ministers.

Von Regensburg ging ich über Karlsbad nach Töplitz, wo ich mehrere Wochen froh und guter Dinge zubrachte. Frau von Eybenberg war ebenfalls dort angekommen, und ob ich gleich weit weniger mit ihr als mit der Gräfin Rasoumoffsky, dem Clary'schen Hause, der Herzogin von Kurland mit ihren Töchtern lebte, so hatte sich doch, ich weiß nicht wie, das einfältige Gerücht verbreitet, daß ich sie heirathen würde. (Das Gerücht, dem auch nicht ein Schatten von Wahrheit zum Grunde lag — sie hatte viel= mehr mit Montjoye eine Art von Engagement, wovon ich der Vertraute war — ist später so gewachsen, daß es noch im Jahre 1811 in dem letzten Jahrgange des Var= rentrappischen Handbuches unter der Rubrik des Hauses Reuß als ein genealogisches Datum figurirt!)

Von Töplitz reiste ich einmal allein nach Dresden, um dort Geld zu erheben, und Kraus, der mir von London einen Koffer voll der herrlichsten Sachen mitbrachte, zu empfangen. Dann ging ich Paget nach Prag entgegen und mit ihm abermals über Töplitz nach Dresden, von wo er eine Reise nach England antrat.

Am 29. August kam ich nach Wien zurück. Hier war eines meiner ersten Geschäfte, an Grattenauer in Berlin eine Rimesse von 5000 Thalern abzusenden, womit meine dortigen Kreditoren, und zwar der schlechtere Theil der=

selben, befriedigt werden sollten. (Durch die Untreue
des Kommissionärs, der dies Geld zu seiner Flucht von
Berlin verwendete, blieb leider dieser gute Plan unvoll=
zogen.)

Nach dieser Reise, und da Paget's Abwesenheit mir
viel Zeit übrig ließ, wurde ich wieder etwas fleißiger, las
viel, redigirte mehrere politische Memoires, schrieb einen
Brief an Archenholz über einen für Ludwig XVIII. be=
leidigenden Artikel in der Minerva. Bei Stuart, der
Chargé-d'affaires in Wien blieb, und bei dem ich oft aß,
sah ich viele Engländer; bei mir O'Faril, Rosenstiel, Rö=
sel und andere aus Berlin. — Mit Graf Metternich
kam ich häufig zusammen; auch mit Armfeldt war ich
in beständiger Verbindung. Die Gräfin Lancoronska,
die Gräfin Tyszkiewicz, die Gräfin Schouwaloff,
Mutter der Fürstin Dietrichstein, waren die gewöhn=
lichen Abendgesellschaften. — Auch den Prinzen August
von Aremberg sah ich sehr viel; Fasbender 2c. Doch
machte ich große Lektüren und nahm lebhaften Theil an
den öffentlichen Angelegenheiten. Graf Cobenzl sah ich
wenig.

Am 7. November begab sich Graf Metternich, nach
einem sehr freundschaftlichen Abschiede von mir, auf seinen
neuen Posten in Berlin.

Aus einer Note am Schluß meines Journals von
1803 sehe ich, daß ich damals mit mir selbst, mit meiner
Lage, mit meinen Verhältnissen in Wien, mit der Art,
wie ich meine Zeit zubrachte (die letzten 4 Monate durfte
ich einigermaßen rühmen) sehr zufrieden war. Es findet
sich in dieser Note unter andern Bemerkungen, die ich fast
ungern vernichtet habe, noch die, „daß ich den Tod weit
weniger fürchtete, als vor der großen Katastrophe von

1802." — Mit meiner Familie in Berlin hatte ich mich zu dieser Zeit durch Bescheidenheit, Demuth und große Aufmerksamkeit wieder in ein sehr wünschenswürdiges Verhältniß gesetzt; ein Umstand, auf welchen ich schon damals, und mit allem Recht, großen Werth legte.

———

1804.

Polen und Ruffen waren damals meine Hauptgefell=
schaft. Gräfin Landoronsfa, Fürstin Lubomirsfa,
Cafimir Lubomirsfi (ein junger Mann, den ich sehr
liebte), das Haus der Gräfin Schouwaloff, wo ich alle
bedeutende Ruffen sah; diese, nebst den eleganten Häusern
des Wiener Adels, waren immer mein Haupt=Umgang. —
Ich schrieb sogar (und zwar für die Prinzessin Louise
Radziwill von Preußen) ein Memoire sur la société
de Vienne.

Im März kommt Paget von London zurück, wo meine
Sachen immer noch sehr gut standen. — Meine Intimität
mit Paget ward nun stärker als je zuvor. Es verging
kein Tag, ohne daß wir uns auf eine oder die andere Art
gesehen hätten; zur nämlichen Zeit beschäftigte mich die
unangenehme Geschichte der Fürstin Dietrichstein, ihre Reise
nach Warschau und der hierüber zwischen uns entstandene
Bruch auf's lebhafteste.

Ich schaffte mir einigermaßen Luft und Muße, indem
ich gleich zu Anfang des Mai ein in Hietzing gemiethetes
hübsches Haus bezog. Hier ließ ich mich wieder in viele
Arbeit ein, redigirte mehrere politische Aufsätze, schrieb
sehr lange und gründliche Rezensionen für die Jenaer
Litt. Zeitung, vertiefte mich in Tacitus, in Burke, war

zuweilen so mit mir zufrieden, daß ich mich selbst in meinem frivolen Journal mit Enthusiasmus lobte und glücklich pries.

Indessen wurde doch auch Hietzing bald der Sitz verschiedener Theegesellschaften, zu welchen ich die elegante Welt einlud. (Die Gräfin Fuchs, die so viel andere Bekannte und Freunde bei mir überlebt hat, wurde dort zum erstenmale von mir bewirthet.)

In den ersten Tagen des Juni schrieb ich ein an den Grafen Cobenzl gerichtetes Memoire, um zu beweisen, daß das österreichische Kabinet den von Bonaparte angenommenen Kaiser-Titel nicht anerkennen sollte. Ich war seit dem vorigen Jahre in beständiger Verbindung mit Ludwig XVIII., zuerst durch den Marquis de Bonnay, und seitdem dieser in Warschau war, durch den Bischof von Nancy, mit welchem ich täglich und sehr vertraut umging. — Als das Memoire übergeben war, arbeitete ich das Projekt einer Protestation des Königs aus, welches sammt dem Memoire nach Warschau geschickt ward und dort großen Eindruck machte. Der König schrieb mir damals verschiedene merkwürdige eigenhändige Briefe.

Während meines Aufenthalts in Hietzing wohnte die Gräfin Lanckoronska in Penzing. Dieser Umstand knüpfte das Freundschaftsband zwischen uns noch enger; ich war damals auch mit der Prinzessin von Würtemberg, gebornen Czartoriski, in sehr interessanten Verhältnissen; und in demselben Zeitpunkte hob meine nie wieder zerstörte Verbindung mit der Gräfin Wrbna, deren hohen Werth ich schon ganz schätzen gelernt hatte, an.

Im Monat Juli war Paget meistens in Baden, wo er den Wetzlar'schen Garten bewohnte. Er stand in einem gefahrvollen Verhältnisse mit einer liebenswürdigen Frau,

deren Unglück er bereitete. Ich wurde als Freund beider
Theile häufig als Rathgeber, häufig als Schiedsrichter in
diese fatale Sache gezogen, die mich in hohem Grade beunruhigte, und mir überdies durch die beständigen Fahrten
nach Baden und alle dortigen Vorfälle sehr viel Zeit
raubte.

Inzwischen blieb Hietzing mein Hauptquartier; und
da zu Ende des Juli die Liaison von Paget mit einer
Katastrophe abbrach, ward mir wieder mehr Freiheit zu
Theil. Am 2. August wurde ich auf einer Spazierfahrt
von Penzing, in dem Dorfe Mauer, aus einem hohen
Kabriolet geworfen, worin ich mit der Gräfin Lanckoronska
und ihrer (mehrere Jahre nachher gestorbenen) Tochter saß.
Dieser war der Arm ausgerenkt. Mir kam die Zunge
zwischen die Zähne und ich verwundete mich so, daß ich
noch heute (nach 16 Jahren) die Stelle an meiner Zunge,
wo diese Verwundung stattgehabt hatte, ganz bestimmt
fühle.

In diesem Sommer kam Mlle. Eigensatz, die in der
letzten Epoche meines Aufenthalts in Berlin eine so große
Rolle gespielt hatte, nach Wien, wo sie eine Zeitlang auf
dem Theater sehr glänzte. Auch ihr alter Liebhaber
Zinnow fand sich ein. Christel's Reize hatten ihre Kraft
an mir verloren; ich behandelte sie mit Freundschaft, lud
sie oft zu mir ein, blieb aber bei diesen unschuldigen De-
monstrationen. Mit Zinnow hingegen verlor ich viel Zeit
und viel Geld im Spiel.

Im September wandelte mich plötzlich die Lust an,
große Natur-Szenen zu sehen. Ich engagirte Meyern
(unter dem Namen des Dya-Na-Sore-Meyern bekannt),
mit mir eine Reise in's Gebirge zu machen. Wir fuhren
wirklich am 5. September von Hietzing über Baden, erst

nach Gutenstein und dann durch Steiermark nach Ober-
Kärnten über Villach, Sachsenberg in das Möll-Thal,
nach Heiligenblut am Fuße des Glockner, dessen Gletscher
ich bestieg, und dann über Radstadt und Salzburg bis zum
23. nach Wien zurück.

Zu Ende Septembers fing mit einer Person von nie-
drigem Stande und sehr geringen Reizen, die der Zufall
in mein Haus geführt hatte, eine Verbindung an, die
viele andere überlebt und mir, zwar keine bedeutenden
Uebel, aber doch vielfältige Unbequemlichkeiten und Verdrießlichkeiten bereitet hat. Ich gab dieser Person im
nächsten Winter eine Art von Existenz, die über ihren
Stand hinausging, und bezahlte das Vergnügen, welches
ich bei ihr fand, theuer. Indessen hatte sie zum Glück
mehr gute als böse Eigenschaften; und da sie die Mutter
eines Sohnes geworden ist, so habe ich sie bis auf den
heutigen Tag mit unausgesetztem Wohlwollen behandelt,
ob sie gleich seit dem Jahre 1809 nie mehr in unmittel-
barer Gemeinschaft mit mir lebte.

Paget war wieder mein Haupt-Umgang, seitdem der
Sturm von Baden sich gelegt hatte. Arbuthnot, zum
englischen Gesandten in Konstantinopel ernannt, hielt sich
lange in Wien auf, legte großes Gewicht auf seinen Umgang mit mir und leistete mir in England wesentliche
Dienste.

Um diese Zeit kam auch ein junger Pole, Namens
Kurnatowski nach Wien, mit welchem ich in Berlin sehr
vertraut gewesen war und den ich hier in den besten
Häusern präsentirte. (Er ist nachher in polnische Dienste
getreten und bis zum General avancirt.) Es war einer
der liebenswürdigsten Menschen, die ich je kennen gelernt.

Am 28. November kam General Armfeldt nach einer ziemlich langen Abwesenheit zurück, und brachte mir das Ritterkreuz des Nordstern=Ordens, die erste Deko=ration, die mir zu Theil ward, mit. Der König von Schweden war durch verschiedene meiner Aufsätze, welche seine persönlichen Diskussionen mit Bonaparte betrafen, sehr für mich eingenommen worden. Ich gerieth übrigens mit Cobentzl und Collenbach in große Streitigkeiten über diesen Orden und konnte die Erlaubniß des Kaisers, ihn zu tragen, nicht erlangen. Der König von Schweden und sein Repräsentant am Wiener Hofe waren beide gleich schlecht angeschrieben.

Im Dezember kam Brougham, damals nur noch als politischer Schriftsteller bekannt, nach Wien, und suchte mich mit vielem Interesse auf. Sein cynisches Wesen be=hagte mir nicht; doch konnte ich seinem Verstande, seiner Originalität und seiner Beredsamkeit nicht widerstehen. Wir sahen uns fast täglich; ich führte ihn, so wenig er auch für die gute Gesellschaft gemacht war, bei Paget ein, wo er sich aber gleich bei der ersten Einladung (bei Ge=legenheit eines Gesprächs über Mr. A'Court in Neapel) so unanständig benahm, daß man ihn aufgeben mußte.

Am 27. Dezember nahm mich General Armfeldt feierlich zum Ritter auf. Baron Sparre und Baron Reu=terswärd offizirten bei dieser Ceremonie; von meinen Freunden und Freundinnen waren dabei der Bischof von Nancy, Fürst von Ligne, Paget, Jenkinson (Lord Liverpool's Bruder), Kurnatowski, Gräfin Lancko=ronska, Gräfin Wrbna, Gräfin Tyszkiewicz, Fürstin Therese Jablonowska gegenwärtig.

In diesem Jahre war meine gute Mutter gestorben; eine Begebenheit, die mich in meinem wüsten Leben nicht so affizirte, als es recht gewesen wäre. Uebrigens war nicht alles das Gold, was glänzte; und wenn ich am Schluß des Journals von 1804 eine Bilanz zwischen Gutem und Bösem aufstellte, worin jenes entschieden das Uebergewicht hatte, so war das am Ende mehr Selbstbetrug als echte Ueberzeugung; denn ich fühlte mich in der That gar nicht so zufrieden, als ich mir glauben machen wollte, und es gab Stunden genug, wo das Ganze meiner Lage mir sehr ernsthaft mißfiel.

1805.

Im Anfang dieses Jahres verließ Armfeldt, mit schwerem Herzen, seinen Gesandtschafts=Posten in Wien, den theils seine eigene Heftigkeit, theils das kritische Ver=hältniß seines Monarchen gegen die großen Höfe durchaus unhaltbar gemacht hatte. Dieses Ereigniß affizirte mich lebhaft; er war das Orakel des engern Zirkels, in welchem ich lebte, und meine Verbindung mit ihm, ob ich ihn gleich weniger sah als Paget, hing an viel tiefern Wurzeln.

Inzwischen hatte ich mit Kurnatowski das Projekt ent=worfen, Adam Müller (der damals in Preußisch=Polen im Hause seiner nachmaligen Frau lebte) nach Wien zu citiren, und er kam wirklich am 9. Februar hier an. In der ersten Zeit hatten wir einige Mühe miteinander über viele wichtige Punkte einig zu werden. Später ward jedoch seine Gegenwart eine große Quelle von Erfrischung und Kräftigung meines Geistes.

Mit dem 1. April fing ich die zur Publikation be=stimmte Schrift über den Krieg zwischen England und Spanien an, wobei ich einzig vom Gefühl der Wahr=heit, so wie ich sie damals erkannte, und von keinem äußern Motiv geleitet war. Denn um die englische Re=gierung mir geneigt zu erhalten, war dies nur ein schwa=

ches Neben-Mittel, meine persönliche Stellung allein konnte
mir in ihren Augen Wichtigkeit geben, und Arbuthnot
hatte in der That sehr viel für mich gethan.
Zu Ende des April führte Adam Müller seinen
längst genährten Entschluß aus, sich zur katholischen Re-
ligion zu bekennen. Ich selbst konnte einen ähnlichen
Entschluß, so herzlich ich ihn auch billigte, aus mehreren
Gründen nicht fassen. Meine Freundschaft mit Müller
wurde aber durch dies Ereigniß im höchsten Grade ge-
stärkt. Ich machte mit ihm am 26., 27. und 28. April
eine unvergeßliche kleine Reise nach Gutenstein. Am 30.
verließ er Wien.

Es trug sich um diese Zeit eine große Veränderung
in der innern Administration zu, indem Fasbender zum
Geheimen Konferenz-Rath und Mack zum Chef des Ge-
neral-Stabes ernannt wurde. Dies bezog sich auf die
mit Rußland obwaltenden geheimen Unterhandlungen, die
einige Monate später zum Kriege mit Frankreich führten.
Zum Theil durch Fasbender, zum Theil auch durch den
Erzherzog Johann, den ich oft sah und bei dem ich
in großem Kredit stand, wurde ich von der Lage der Dinge,
soweit sie ihm selbst bekannt war, unterrichtet; hingegen
ließ mich Cobenzl in gänzlicher, treuloser Unwissenheit;
Collenbach (der in mir noch immer einen geheimen
Emissär von Preußen sah, sich noch über meinen großen
Kredit in England ärgerte) vermied mich vollends. Ich
theilte daher, da alle sichern Quellen mir verschlossen waren, des — ebenfalls geflissentlich getäuschten — Paget's
Irrthum über die fortdauernde Unthätigkeit unsres Kabi-
nets. — Uebrigens hatte mein Verhältniß mit Paget selbst,
weniger durch bestimmte Mißhelligkeiten als durch den
Wankelmuth und die Bizarrerie seines Karakters, bereits

manche harte Stöße erlitten; und ich fühlte mich in den
Monaten Mai und Juni oft so unendlich verstimmt, daß
selbst in mein gefälliges Journal die Spuren davon auf
jeder Seite übergingen.

In den letzten Tagen des Juni redigirte ich ein Send=
schreiben an den König von Schweden, als Kommentar
seines famösen Schrittes gegen den König von Preußen,
dem er seine Orden zurückschickte. Um diese Arbeit in
Ruhe zu vollenden und aus Lust nach den Bergen, machte
ich eine Reise von 6 Tagen über Baden nach Lilienfeld
und Mariazell, hielt mich aber meistens, und zwar einsam
in Lilienfeld auf.

Gegen Ende des August schwanden alle Zweifel über
den bevorstehenden Ausbruch des Krieges. Ich hatte den
Unglauben viel zu weit getrieben und fand mich im Grunde
sehr gedemüthigt, als ich mir eingestehen mußte, wie sehr
ich betrogen worden war. Ueber das in dieser Sache
gegen mich beobachtete Geheimniß konnte ich mich nicht
einmal recht beklagen; mein Verhältniß mit Cobenzl war
in der letzten Zeit, wohl eben so sehr durch meine als seine
Schuld, fast ganz aufgehoben. Auf mein Memoire über
die Gewaltstreiche Bonaparte's gegen Genua hatte ich
eine bittere Antwort erhalten; und man beobachtete mich
als einen entschiedenen Gegner der Regierung. Paget,
der an allen diesen Mißverhältnissen hauptsächlich Schuld
war, lohnte mir mit Undank, und selbst in England be=
kümmerte man sich schon weniger um mich, da man mich
vom Geheimniß ausgeschlossen sah. Es war eine höchst
fatale Epoche. Hätte ich mich im Monat Juni nur gegen
Winzingerode, der von Seiten Rußlands nach Wien
kam, um den gemeinschaftlichen Krieg vorzubereiten, und
der bereit war, mir sein ganzes Vertrauen zu schenken,

ruhiger und klüger benommen, ich hätte noch einen ehren=
vollen Rückzug machen und manches Gute stiften können.
Aber ich fiel von einem Mißgriff in den andern.

Am 14. Dezember fand endlich eine große Versöhnung
zwischen dem Grafen Cobenzl und mir statt. Ich ent=
schloß mich nun, für Oesterreich die Feder zu ergreifen,
und entwarf den Plan zu einem Werke über das politische
Gleichgewicht. Um diesen Plan, den Cobenzl höchlich
billigte, auszuarbeiten, ließ ich mich sogleich in meiner
vorjährigen Sommerwohnung zu Hietzing nieder, wo ich
mehrere Abschnitte mit gutem Erfolg zu Stande brachte.

Zu Anfang Oktober kam Graf Haugwitz von Berlin
an, wo sich, besonders seit General Merveldt's Sendung,
eine Haupt=Veränderung im politischen System zugetragen
zu haben schien.

Am 17. Oktober erhoben sich bereits dumpfe Gerüchte
von dem Unfalle unsrer Armee. Am 21. erfuhr ich die
Niederlage bei Ulm und ihre nächsten Folgen. Der
preußische Gesandte Graf Finckenstein und Fasbender
waren in diesem traurigen Zeitpunkte meine besten Stützen.
Am 29. Oktober gab ich Hietzing und vor der Hand auch
meine Arbeit auf.

Am 30. kam Graf Stadion, der den Kaiser von
Rußland bis Pulawy begleitet hatte, in Wien an.

Am 7. November eröffnete mir Graf Cobenzl mit
bittern Thränen, daß es Zeit sei, Wien zu verlassen.
Graf Fries, der mich überhaupt sehr freundschaftlich be=
handelte und in dessen Hause ich manche angenehme Stunde
verlebt hatte, und Fasbender, an dem ich einen treuen
Freund besaß, halfen mir meine Geldgeschäfte, soweit es
geschehen konnte, in Ordnung bringen. Am 8. Abends
verließ ich, mit Fasbender zugleich und in seinem Wagen,

Wien, und nachdem wir am 9. (mit Paget und andern Flüchtlingen) in Nikolsburg geblieben waren, kamen wir am 10. zu Brünn an.

Am 14. erfuhren wir den Uebergang der Franzosen über die Donau bei Wien, und am folgenden Tage die Verhaftnehmung des Fürsten Auersperg und die Verabschiedung des Grafen Colloredo.

Am 17. reiste ich, abermals mit Fasbender, durch die russische Armee, die wir bei Wischau antrafen, und von Schaaren anderer Flüchtlinge begleitet nach Olmütz, wo am 8. die beiden Kaiser von Oesterreich und Rußland zusammenkamen.

Nach mancherlei Zögerungen, durch falsche Hoffnungen veranlaßt, begab ich mich am 23. November von Olmütz nach Troppau, wo ich mich in sehr zahlreicher Gesellschaft niederließ. Fürst Lichnowsky, der in Troppau residirte, die Gräfin Lanckoronska, die unruhige aber liebenswürdige Fürstin Dolgoruki, später Paget, endlich sogar Armfeldt von Stralsund kommend.

Um 1 Uhr in der Nacht vom 3. zum 4. erhielt ich die Nachricht von der Schlacht bei Austerlitz.

Am 7. reiste ich in Gesellschaft der Fürstin Dolgoruki und der Gräfin Lanckoronska von Troppau nach Breslau, wo ich nach einer sehr langsamen Fahrt am 12. ankam und von dem Minister Grafen Hoym, einem alten Gönner und Freunde, vortrefflich aufgenommen ward.

Hier blieb ich bis zu Ende des Monats. An Gesellschaft aller Art fehlte es mir nicht. Graf Hoym lud mich fast täglich zu den seinigen; verschiedene bedeutende Personen aus Wien, wie der letzte Erzbischof von Salzburg, Graf Dietrichstein ꝛc., dann die Gräfin Lanckoronska, die Fürstin Dolgoruki, Armfeldt (den ich hier zum letztenmale sah), die Fürstin Bagration, die ich in Troppau kennen gelernt u. s. w. Ein Brief meines guten redlichen Vaters bestimmte mich zuerst, Breslau zu verlassen, wo ohnehin auf die Länge meines Bleibens nicht war. — Ich reiste am 31. Dezember von Breslau ab, mit Joseph und Anton Kraus, zwei meiner Getreuen, die beide nach und nach von meinen Kammerdienern zu englischen Kourieren avancirten, und mit Leopold, der mir lange nachher noch so gute Dienste geleistet hat; meine eigenen zwei Pferde und drei Wagen hatte ich bei mir. — Glänzend genug nach so großen Katastrophen; und in der That mit weit mehr Muth, als die Umstände zu rechtfertigen schienen.

1806.

Am 4. Januar kam ich nach Dresden. Außer Baron Buol, dem österreichischen Geschäftsträger, einem meiner treuesten Freunde, fand ich dort auch Adam Müller, der mit der Familie Haza seit mehreren Monaten in Dresden lebte; Graf (nachher Fürst) Dietrichstein und viele andere Bekannte. Mit den diplomatischen Personen — Graf Zichy, General Canikoff, Mr. Wynne, Brockhausen u. s. w. war ich ohnehin schon in den besten Verbindungen. — Die Prinzessin Wilhelmine von Kurland, damals Fürstin von Troubetzkoy, Graf d'Antraigues, die Familie des Grafen Stadion, General Stutterheim; es fehlte nicht an Stoff zu mannigfaltiger Unterhaltung.

Am 19. Januar reiste ich auf Einladung des Prinzen Louis von Preußen nach Zwickau, wo der Prinz sein Hauptquartier hatte, und blieb bei ihm mit Thielmann, Nostitz, Kleist ꝛc. bis zum 22. Am 23. reiste ich mit ihm über Altenburg nach Leipzig, und am 26. Abends war ich wieder in Dresden.

Ich trat mit Hartknoch in Verbindung, um meine beiden Werke, das über den Krieg zwischen Spanien und England, und so viel als von dem im Monat September angefangenen fertig werden konnte, drucken zu lassen.

Dies beschäftigte mich viel. — Indeffen brachte ich einen großen Theil des Tages in Gesellschaft zu.

Am 8. Februar erhielten wir während dem Essen bei dem englischen Gesandten Wynne die Nachricht von Pitt's Tode. — Merkwürdig ist, daß ich ungeachtet meiner Betrübniß über diese Nachricht doch die Komposition des neuen (Fox-Grenville'schen) Ministeriums nicht mit ungünstigen Augen betrachtete, vielmehr mir große Wirkungen davon versprach.

Die Fürstin Dolgoruki kam im Februar nach Dresden. Ich sah sie täglich und stand überhaupt mit den Ruffen in vieler Verbindung (Canikoff, Mohrenheim). Außerdem ging ich besonders mit Bose, der von da an einer meiner vertrautesten Freunde ward, mit Thielmann, Graf Bruges, Graf d'Antraigues, und Adam Müller, der damals seine ersten Vorlesungen hielt, war mir in den Abendstunden oft willkommen. Es ekelt mir, die ungeheure Menge der Namen anderer vornehmer Personen, mit welchen ich in beständigem Verkehr war, jetzt auch nur wieder ansehen zu müssen. Deßhalb allein vernichte ich meine Journale mit wahrem Vergnügen. Denn selbst der Gedanke, daß ich an die meisten dieser Verbindungen durch meine Lage einmal gebannt war, gewährt mir heute keine Satisfaktion. Doch arbeitete ich auch viel an meinen Manuskripten und an Memoiren für London.

Am 5. April kam Graf Metternich von Berlin und bestätigte alles, was ich von den politischen Zuständen und den Dispositionen der großen Mächte Trauriges wußte. Meine Gespräche mit ihm schmeichelten einigermaßen meiner Eitelkeit, weil ich mit sehr unvollkommenen Daten das Ganze doch sehr korrekt beurtheilt hatte.

Am 16. April vollendete ich die Vorrede zu meinem unvollendeten Werke über das europäische Gleichgewicht. Diese Vorrede ist in Hinsicht auf Kraft, Fülle und Schönheit des Stils unstreitig das beste größere Stück, das ich je für's Publikum geschrieben habe.

Ich las zu dieser Zeit täglich und oft mehrere Stunden der Nacht in der Bibel, lebhaft ergriffen von dieser Lektüre. Meine Stellung in Dresden war übrigens nicht erfreulich. Ich hatte mich ohne Erlaubniß dort niedergelassen, und das Stillschweigen meines Hofes bei diesem unbefugten Aufenthalt kränkte mich im Grunde mehr, als die heftigsten Vorwürfe gethan haben würden. Graf Stadion, seit dem Preßburger Frieden an der Spitze der auswärtigen Angelegenheiten, schien wenig Notiz von mir zu nehmen. Meine Geldverhältnisse waren nicht erbaulich; ich hatte drückende Schulden in Wien, und wie es ferner mit englischen Hülfsquellen stehen würde, war nicht zu berechnen. — Indessen ging ich mit muthvollem Leichtsinn vorwärts. Ich wohnte im Goldenen Engel und ließ es mir an nichts gebrechen. Durch Bassange, bei dem ich Kredit fand, machte ich so viel Geldgeschäfte, als zu meinem anständigen Auskommen nöthig war.

Zu Anfang des Juni verließ ich den Goldenen Engel und bezog eine Wohnung am Neuen Markt, der Frauenkirche gegenüber. In dieser Zeit reiste Adair als englischer Gesandter nach Wien durch. — Und Johannes Müller kam von Berlin, mit welchem ich einige sehr merkwürdige Wochen verlebte.

Am 23. Juni erhielt ich Briefe von Graf Stadion und vom Kaiser (dem ich mein Buch über das Gleichgewicht zugesendet hatte), die mich vollends bestimmten, nicht nach Wien zurückzukehren.

In den letzten Tagen des Juni ging ich mit der Fürstin Dolgoruki nach Töplitz, wo ich viel mit dem Fürsten von Ligne, dem Clary'schen Hause ꝛc. lebte. Hierauf kam im Juli der Herzog von Weimar nach Dresden, mit dem ich eine Zeitlang alle Tage zubrachte. — Paget ging durch Dresden nach England; unsere Verhältnisse waren fast zugleich zerstört; eine unglückliche Geldsache hatte ihm den letzten Stoß gegeben.

Zu Anfang August erhielt ich einen Brief vom Fürst Czartoriski mit einem Ringe (12 bis 1500 Thaler werth) vom Kaiser Alexander. Ich freute mich weniger über dieses Geschenk, da ich zu gleicher Zeit die Unterzeichnung des Friedens zwischen Frankreich und Rußland (den Traktat von Oubril) erfuhr, dem nachher der Kaiser die Zustimmung versagte. Ich arbeitete zwar gerade auch an einem projet de pacification générale; es war aber in einem sehr verschiedenen Sinne.

Freiherr vom Stein geht durch Dresden. Unterredungen mit ihm; er flößt mir großen Enthusiasmus ein. — Auch Ancillon besuchte Dresden, und der junge Esterhazy geht nach London, wo er später Botschafter gewesen. Mit diesem war ich schon damals in der freundschaftlichsten Verbindung. Frau von Berg aus Berlin, die Gräfin Lanckoronska, alle Lubomirski's aus Wien.

Ankunft (den 26. August) des Major Götzen aus Berlin. Der Ausbruch des Krieges zwischen Preußen und Frankreich entschieden.

Am 6. September Abends tritt der Prinz Louis von Preußen bei mir ein. — Kurz zuvor war die Fürstin

Bagration gekommen, die mit dem Prinzen-sogleich eine Liebesgeschichte anknüpft. — Merkwürdige Tage zwischen den Vorbereitungen zu den größten Ereignissen und tausendfältige Gespräche darüber, und dem zugleich ewigen Umhertreiben in der Gesellschaft, wo die Fürstin Bagration, Fürst von Ligne, die Gräfin Lanckoronska und unzählige Fremde und Durchreisende figurirten. Die Prinzessin Solms, Schwester der Königin von Preußen, vermehrte noch die Bewegung.

Diese unruhigen Szenen dauerten bis zum 23. September. An diesem Tage fuhr ich mit dem Prinzen Louis von Dresden nach Töplitz, und von dort am 25. nach Eisenberg, wo der Fürst Lobkowitz eine Jagd gab, und uns herrlich aufnahm. Der Fürst Karl Schwarzenberg (nachmaliger Feldmarschall), sein Bruder Ernst, Fürst von Ligne, die Fürstin Bagration und die Gräfin Sulkoff waren die Hauptpersonen der Gesellschaft. Am 26. Abends um 8 Uhr, nachdem wir unter den Bäumen vor dem Schlosse gespeist hatten, stieg der Prinz Louis zu Pferde und ritt das Gebirge hinunter nach Freiberg, um dort sein Kommando zu übernehmen. — Seit dieser Stunde sah ich ihn nicht wieder.

Am 30. September erhielt ich einen Brief von Graf Haugwitz aus Naumburg, der mich in's preußische Hauptquartier einlud. General Phull, ein alter Bekannter, war der Ueberbringer dieses Briefes.

Am 2. Oktober trat ich die Reise nach Naumburg und Erfurt an, wo ich bis zum 7. blieb. Von da begleitete ich Haugwitz und Lucchesini nach Weimar, und reiste sodann am 12. Abends über Alfeld, Sangerhausen, Mansfeld, Bernburg, Köthen, Dessau, Wittenberg, Torgau nach Dresden. Hier erfuhr ich am 17. beim Eintritt in die

Stadt, die bis dahin nur verworren geahndete Neuigkeit von der Schlacht bei Jena. (Ein eignes politisches Tagebuch erzählt die Geschichte dieser meiner Reise in's preußische Hauptquartier. Mein gewöhnliches Journal enthält noch einige so interessante Details, daß ich fast Willens war, sie zu konserviren; sie waren aber mit einigen Umständen vermengt, die mich zuletzt doch bestimmt haben, sie dem Feuer zu überliefern.)

Ich verließ Dresden am 20. Oktober und blieb hiernächst bis zum 10. November in Töplitz. Wynne, Canikoff, Bruges und viele andere Emigranten aus Dresden machten den Aufenthalt lebendig; ich lebte viel mit General Klenau, General Bubna und andern österreichischen Offizieren, und befand mich im Ganzen nicht übel.

Hierauf, da man mich in Wien nicht haben wollte, seitdem Bonaparte mich in einem seiner Berliner Bulletins auf's heftigste angegriffen hatte, reiste ich am 12. November nach Prag und ließ mich dort in einem elenden Quartier nieder. Ich war so arm, daß eine Anleihe von 400 Papiergulden, die mir ein gewisser Rembolde, Dietrichstein's Sekretair, machte, großen Werth für mich hatte. — Was weiter aus mir werden würde, wußte ich nicht. Jede Zeitung brachte die schrecklichsten Nachrichten von den Fortschritten der Franzosen, der gänzlichen Trennung Englands vom Kontinent u. s. f. Gleichwohl war ich fast durchgehends in der herrlichsten Stimmung, trieb mich den ganzen Tag in den besten Gesellschaften umher, und zugleich erwachte in mir die letzte Leidenschaft, die mich an ein Weib gefesselt hat. Die Herzogin von Acerenza, geborne Prinzessin von Kurland, war der Gegenstand. Diese Leidenschaft entstand bald nach meiner Ankunft in Prag, da ich fast alle Abende bei der Prinzessin, in dem angenehmsten Hause der Stadt, zubrachte. Im Monat Dezember stieg sie zu einem Grade von Wildheit, wovon mein Journal die merkwürdigsten Züge in Feuerschrift aufbewahrt hatte. Ich schrieb selbst an Adam Müller: „Die Reize dieser Frau machten mich ganz vergessen, daß es jenseits der Anhöhen um Prag eine Sonne und Sterne gebe." — Es lag doch eine gewisse Selbstständigkeit und Kraft in diesem mit den äußern Umständen so seltsam kontrastirenden Unsinn!

1807.

Der Anfang dieses Jahres ward durch meine rasende Leidenschaft für Jeanne von Kurland bezeichnet. Sie ward, nach kurzer Dauer, zuerst durch eine abentheuerliche Reise nach Nachod unterbrochen, wo ich mit Graf Gözen auf eigene Faust über die provisorische Besatzung der preußisch-schlesischen Festungen durch österreichische Truppen traktirte. (Dies geschah vom 10. bis 17. Januar.) Bei der Rückkehr fand ich alles geändert, Wallmoden im Besitz, meine Narrheit nach Verdienst belohnt. Doch dauerten die Schwingungen der Leidenschaft noch bis in den März hinein fort, wo sie endlich (unter Mohrenheim's Beistand) aufhörten. Die Schilderungen sind merkwürdig, konnten aber nicht aufbewahrt werden.

In der Zwischenzeit hatte ich von Adair aus Wien 500 L. St. erhalten.

Zu Ende März nach Töplitz gereist. Eine Entrevue in Peterswalde mit Buol und Bose.

Am 14. Mai erhielt ich vom Fürsten Czartoriski aus Petersburg, ziemlich unerwartet, 500 Dukaten, und nicht lange nachher einen Brillanten-Ring, der ungefähr 400 Dukaten werth gewesen zu sein scheint. Ich lebte damals überhaupt viel unter den Russen. General Canikoff war meine tägliche Gesellschaft. Die Großfürstin Konstantin und die Familie Koburg wollte mir besonders wohl.

Ich war überhaupt in Prag un personnage de conséquence, ohne daß ich selbst recht angeben kann, warum.

Zu Ende des Mai ging ich nach Töplitz, welches nun
für den Sommer meine Hauptresidenz wurde. Ich hatte
damals wieder Pferde und Wagen und einen Koch.
Am 25. Juni reiste ich nach Prag und erhielt von
Ballabene 9000 Gulden Wiener Währung per tratte auf
England. Anton Kraus hatte mir kurz zuvor gemeldet,
daß ich über 500 L. disponiren könnte.

Am 13. Juli mit Bose nach Karlsbad. Dort die
Nachrichten vom Tilsiter Frieden erhalten. Mit der Für=
stin Bagration, den Herzogen von Weimar und
Koburg und der ganzen vornehmen Welt in endlose Ge=
nüsse und Frivolitäten versunken.

Erst am 7. August von Karlsbad nach Prag gereist. —
Von da am 18. weiter nach Töplitz.

Den 26. August trat Siegmund Schweitzer zu mir in Dienst.

Meinen Aufenthalt in Töplitz bis in die ersten Tage
des November verlängert. Das Clary'sche Haus, der
Fürst von Ligne, die Prinzessin von Solms und die
Ompteda'sche Familie scheinen hieran den vorzüglichsten
Theil gehabt zu haben. Zu Ende Oktober war ich bei=
nahe acht Tage lang, erst an Halsentzündung, dann Fie=
ber 2c. sehr krank.

Den 5. November bin ich von Töplitz nach Prag zu=
rückgegangen. (An diesem Tage habe ich beim Heraus=
fahren aus Töplitz zum erstenmale Therese im Vorüber=
gehen gesehen.)

Den Schluß dieses Jahres habe ich in Prag ziemlich
einförmig, im gewöhnlichen gesellschaftlichen Train, am
meisten im Hause der Prinzessin von Kurland zugebracht.

1808.

Aufenthalt in Prag. Ich wohnte damals unfern der Thomaskirche bei Eichler, wo ich nicht übel aufgenommen war, und beschäftigte mich, ungeachtet das gesellschaftliche Leben einen großen Theil meiner Zeit wegnahm, viel mit der höhern Politik. Sie war für mich ein nicht wenig schlüpfriges Terrain. Ich wollte mit Rußland, ich konnte mit Oesterreich nicht brechen, und beide waren durch die verschrobene Lage der Welt im Kriegs=Zustande mit Eng=land. Ich schrieb abermals ein starkes Memoire über das russische Kriegs=Manifest, welches ich an Canning adressirte, und welches, wie ich Ursache habe zu glauben, mit Beifall aufgenommen ward.

Im Monat Mai wurde mir (der Herzog von Port=land war an der Spitze des Ministeriums und mein großer Gönner) ein bedeutender Kredit in England eröffnet, der mich auf einmal allen drückenden Sorgen entzog.

Zu Ende des Mai reiste ich nach Töplitz, mit dem Vorsatz, mich den Sommer über dort aufzuhalten. Dort machte ich sogleich, und als noch wenig andere Fremde angekommen waren, Bekanntschaft mit Frau von Stael (die mit August Wilhelm Schlegel und Sismondi in's nördliche Deutschland reiste), verlebte mit ihr einige merkwürdige Tage, begleitete sie bis nach Pirna — denn

Dresden zu betreten, wagte ich nicht — und ließ mich von ihren geistreichen Schmeicheleien, die zuletzt einen wirklich leidenschaftlichen Karakter annahmen und ihrer beiden Begleiter Eifersucht rege machten, in hohem Grade berauschen. Sie schrieb nach Wien (wo sie den Winter zugebracht hatte) que j'étais le premier homme de l'Allemagne.

Eine zahlreiche Gesellschaft von Preußen, Exilirten und Napoleons-Hassern, an deren Spitze die vortreffliche Prinzessin von Solms, Schwester der Königin, stand, belebte in diesem Sommer Töplitz. Baron Ompteda (hannöverscher Gesandter zu Berlin), seine Frau und deren zwei liebenswürdige Söhne (Grafen Solms, von welchen der jüngste und interessanteste 1814 bei der Einnahme von Paris geblieben ist) waren für mich Hauptpersonen in dieser Gesellschaft; auch verschiedene meiner Dresdener Freunde, Adam Müller, Carlowitz, Buol, besuchten mich. Tettenborn, Windischgrätz und andere distinguirte Militairs sah ich täglich.

Unter andern kam auch der Kabinetsrath Lombard nach Töplitz, wurde aber von der preußischen Koterie wie ein Aussätziger geflohen. Es gereichte mir zur großen Befriedigung, diesem Manne, der mir in den Zeiten seiner Macht wesentliche Dienste geleistet, und mit dem ich im Jahre 1806 so wichtige Geschäfte (in Erfurt) getrieben hatte, hier, unter so ganz veränderten Umständen, Trost erweisen zu können; und es gelang mir wirklich, ihm seinen Aufenthalt sehr zu erleichtern und zu versüßen.

Im Monat August verbreitete sich ein gewaltiger falscher Alarm von einem angeblichen Marsche der Franzosen gegen unsere Länder. Die Unruhe war durch einige Tage sehr lebhaft. Die Prinzessin von Solms, mit welcher ich

damals schon in sehr freundlichen Verhältnissen war,
verließ gerade in dieser Krise Töplitz. — Nach einigen
Tagen klärte alles sich auf. Die französischen Truppen
verließen Schlesien, um sich nach Spanien zu begeben.
Um diese Zeit kam der Engländer Johnson, mit dem ich
nachher so lange in freundschaftlichen Verbindungen ge=
standen, als geheimer Agent von London, und brachte mir
die ersten Nachrichten von den Unfällen der französischen
Armee in Spanien, denen ich anfänglich so wenig Glauben
beimessen wollte, daß ich Johnson sogar für einen Aben=
theurer hielt. Bald aber waren alle Zweifel gehoben.
Graf Stadion schrieb mir zur nämlichen Zeit einen sehr
freundschaftlichen Brief, und gab mir deutlich zu verstehen,
der Augenblick, wo man mich brauchen würde, sei näher
als ich es meinte. Es war die Epoche, wo man in Wien
den wichtigen Beschluß gefaßt hatte, die Landwehr zu or=
ganisiren.

Hierauf blieb ich bis gegen Ende des September in
Töplitz, wo der Herzog von Weimar, die Prinzen
Ferdinand und Leopold von Koburg, der Herzog
Alexander von Würtemberg und seine Gemahlin sich
aufhielten, deren täglicher Gesellschafter ich ward.

Ich war während dieses Sommers einigemale krank
und glaube, daß damals der erste Keim meiner nachherigen
chronischen Uebel sich entwickelte. Ich litt an einigen hef=
tigen Koliken, weiterhin an einer langwierigen Diarrhöe,
die mich jedoch (da ich alles dieser Art noch sehr leicht=
sinnig nahm) nicht hinderte, im Spätherbst eine ziemlich
gewagte Lustreise zu machen.

Ich ging nämlich am 22. September von Töplitz zuerst
nach Weltrus und besuchte dort die Chotek'sche Familie;
dann über Weltrus und Hünerwasser — durch scheußliche

Wege nach den Clam'ſchen Herrſchaften im Bunzlauer Kreiſe. Unterwegs lag ich zwei Tage zu Höflitz, einem elenden Orte, wo der Stab des Blankenſtein'ſchen Huſaren-Regiments im Quartier lag und wo ich von dem dama-ligen Obriſt Wartensleben auf gut militairiſch, aber mit vieler Zärtlichkeit und Sorgfalt aufgenommen ward. Vier-zehn Tage hielt ich mich bei Graf Clam-Gallas, theils in Tſchernhauſen (von wo wir unter andern eine Exkurſion nach Herrnhut in der Lauſitz machten), theils in Reichen-berg auf, und fuhr am 11. Oktober, ebenfalls wieder auf ſchrecklichen Wegen und immer noch an der Diarrhöe lei-dend, nach Prag. Doch damit noch nicht zufrieden, reiſte ich zu Ende des Oktober wieder nach Neuhoff (in der Gegend von Czaslau), um die neuen Anlagen, mit welchen Graf Chotek (den ich immer ſehr ſchätzte und liebte) dort beſchäftigt war, in Augenſchein zu nehmen, und mehrere Tage mit ihm und ſeiner Familie zuzubringen.

Um dieſe Zeit kamen mir eine Menge wichtiger Nach-richten über die in Erfurt ſtattgehabten Zuſammenkünfte des Kaiſers von Rußland mit Napoleon zu. General Winzingerode, der den Kaiſer Alexander in Leipzig, und die Prinzeſſin von Kurland, die ihn in Löbichau bei ihrer Mutter geſehen hatte, waren für's erſte meine Hauptquellen. Bald aber nahmen die politiſchen Verhält-niſſe eine andere Geſtalt an und eine große Thätigkeit ward in mir rege. Dieſe dauerte denn auch die Winter-monate hindurch unausgeſetzt fort, und meine Korreſpon-denz mit Wien ward immer lebhafter, bis endlich die wiederholten Reiſen von Wallmoden, Weſtphalen ꝛc., die beſtändig zwiſchen Wien und Prag hin und her gingen, mich an die Schwelle der Begebenheiten führten, die im nächſten Februar zur Reiſe gelangen ſollten.

Unterdessen hatte ich im Monat **November** eine sehr anständige und sogar ziemlich elegante Wohnung im Kolowrat'schen Hause, der Post gegenüber, bezogen, wo ich bei wesentlich verbesserten Geld- und Kredit-Verhältnissen ein Etablissement, wie ich es kaum in den besten Zeiten in Wien gehabt hatte, formirte.

———

1809.

Am 18. Februar erhielt ich von Graf Stadion ein Schreiben, welches mich nach Wien berief. So ehrenvoll auch die Veranlassung und die Aussicht war, verließ ich doch Prag nicht ohne Betrübniß. Ein mehr als zweijäh= riger Aufenthalt hatte mich dort fast einheimisch gemacht. Ich hielt ein sehr gutes Haus, lebte in der besten Gesell= schaft; in vertrautem Umgange mit den angesehenen Fa= milien Kolowrat, Clam=Gallas, Clam=Martiniß, Sternberg, Lobkowiß, dem angenehmen Zirkel der Prinzessinnen von Kurland ꝛc. — unter andern auch viel mit ausgezeichneten Militairs, wie Graf Wartensleben, Graf Meusdorff, Prinz Ferdinand von Koburg, General Scheibler, Fürst Windischgräß, Graf Hein= rich Hardegg, zwei Fürsten Reuß, wovon Heinrich XIX., ein höchst ausgezeichneter Mensch, in spätern Zeiten durch unglückliche Misantropie meiner und fast jeder Gesellschaft entzogen. Meine politischen Verbindungen wurden haupt= sächlich im Umgange mit General Wallmoden, Graf Westphalen (ein frühes Opfer des Krieges) und dem damals für mich sehr interessanten Winßingerode unter= halten und belebt. Minister Stein kam im Januar nach Prag, wo er sich niederlassen wollte, indeß der Hof be= schlossen hatte, ihm Brünn zum Aufenthalt anzuweisen.

So lange er in Prag war, kamen wir tagtäglich zusammen. Die Zeit gab Stoff genug zu Gesprächen und Plänen aller Art.

Im Ganzen denke ich an die in Prag verlebten Jahre (wozu 1809 und 1810 noch einen Nachtrag liefern sollte) mit Wohlgefallen zurück; dies Wohlgefallen würde ungemischter sein, wenn ich mir nicht gestehen müßte, daß ich zu viel Zeit auf die Gesellschaft, und was ich noch viel mehr bedaure, auf das unglückliche Spiel verwendete.

Am 21. Februar Abends reiste ich von Prag ab und kam am 24. in Wien an. Der Krieg war entschieden. Gleich am Abende meiner Ankunft erfuhr ich in einer wichtigen Unterredung mit Graf Stadion den damaligen Stand der Dinge. Die (durchaus nothwendige) Vernichtung meines politischen Journals würde es mir schwer machen, heute ausführlich und gründlich davon zu sprechen, wenn auch diese Blätter nicht ohnehin einzig dazu bestimmt wären, die Hauptsachen, die mich selbst betreffen, von der Vergessenheit zu retten.

Alles, was mein Leben in der großen Welt betrifft — denn dies blieb im Krieg und Frieden immer dasselbe — übergehe ich; obgleich das vor mir liegende detaillirte Journal mir Menschen und gesellschaftliche Verbindungen in großer Anzahl in's Gedächtniß ruft. Das Haus des Grafen Stadion, der Fürstin Bagration, der Gräfin Ferraris, des Fürsten von Ligne, des Grafen Rasoumoffsky, der Gräfin Wrbna, des Generals Stutterheim (Wallmoden war in der Zwischenzeit nach England gesendet worden) und viele andere interessante und damals bedeutende Personen sah ich täglich. — General Grünne und General Bubna, die beiden Hauptgehülfen des für den Krieg ganz entbrannten Erzherzogs Karl, beehrten mich mit ihrem Vertrauen, der eine — so viel er es nöthig glaubte — der andere als einer meiner aufrichtigsten Freunde bis an seinen Tod (1825).

Am 26. Februar nahm ich Besitz von dem auf der Staatskanzlei für mich bestimmten Zimmer, wo ich das Kriegs=Manifest ausarbeiten sollte und wo ich seitdem die meisten Stunden des Tages zubrachte.

Am 1. März hatte ich ein langes Gespräch mit dem Erzherzog Johann, bevor er sich zur Armee nach Italien begab.

Ich bezog eine Wohnung auf dem Graben, am Eck der Dorotheengasse.

Am 18. März — Graf Friedrich Stadion aus München. Ich war bei der ersten merkwürdigen Unterredung der beiden Brüder gegenwärtig.

Am 24. März. Erste Lektüre des Manifestes, mit den beiden Grafen Stadion.

Am 30. Vollendung des Manifestes; der schmeichelhaf=teste Beifall der Gebrüder Stadion wird dieser Arbeit zu Theil. — Noch am nämlichen Tage schritt ich zur Ueber=setzung in's Französische, wobei mir der Marquis de Bon=nay, abermals Emigrirter, in spätern Zeiten Pair von Frankreich, mit gutem Rathe sehr behülflich war.

Am 9. April verließ der Graf Stadion Wien, um sich zum Kaiser nach Schärding zu begeben. Fürst Stah=remberg, der mich fast täglich in meinem Bureau besucht hatte, ging nach London ab. Der preußische Gesandte Graf Finckenstein und der hannöversche (insgeheim eng=lische) Gesandte Graf Hardenberg gehörten zu meinen Vertrauten. — Charles Stuart (der dies gerade nicht war, obgleich ich viel mit ihm umging) war damals von Cadix nach Wien gekommen.

Ich mußte meine Wohnung verändern und zog in den sogenannten Sternhof, einen Ort, an welchen ich, da er in eine so böse Zeit fiel, nicht ohne Grauen denke. Ueber die nur allzu merkwürdigen Tage vom 24. April bis 7. Mai habe ich ein Separat=Journal geschrieben. Wenn dieses sich auffinden läßt, behalte ich mir vor, die Hauptmomente hier einzuschalten.

Am 8. Mai verließ ich Wien als Flüchtling; am 11. kam ich in Ofen an, wohnte die ersten Tage in einem Gasthofe zu Pesth, nachher in der Raizenstadt, nahe an der Donau, später in einem nicht unangenehmen Quartier in der Christinenstadt, nahe an der Festung. — Meine Ge= sellschaft waren hauptsächlich Graf Hardenberg, die Engländer Bathurst (der noch in demselben Jahre so traurig um's Leben kam), bei dem ich in der Regel täglich speiste, Charles Stuart, Walpole; dann der spanische Gesandte Bardaxi, Ruffo, Graf Finckenstein, Mo= ritz O'Donnell (Adjutant des Erzherzogs Maximilian), Ferdinand Palffy, der durch seine Verbindungen mit der damaligen Kaiserin, wie durch seine rastlose Thätigkeit eine Rolle spielte. — Pozzo di Borgo war ebenfalls unser Genosse im Exil.

Der Aufenthalt in Ofen war nicht ganz unangenehm, und ich war daher sehr betroffen, als die Nachricht von dem fatalen Tage bei Raab uns nöthigte, den Wanderstab weiter zu setzen. Am 16. Juni verließ ich also meine Wohnung in der Christinenstadt; und da ich durchaus nicht (wie die meisten meiner Freunde) in Pesth bleiben wollte, so fuhr ich bis Hatvan. An diesem traurigen Orte — wo ich jedoch wieder in dem Hause eines gast= freien Salz=Inspektors eine recht behagliche Wohnung fand — brachte ich beinahe vierzehn Tage zu; die Gräfin

Stabion mit ihrer Familie bewohnte das halbveröbete Schloß des Fürsten Grassalkowitsch; ich erhielt täglich Nachrichten aus Pesth, lebte übrigens fast ausschließend mit Salluſt, Tacitus, Seneca und Lucretius. Durch Zu= fall kam gerade das nachgelassene hiſtoriſche Werk des Herrn Foy mir in die Hände, welches ich mit großer Indignation las und kommentirte.

Ein Wink des Grafen Stabion, der ſich im Haupt= quartier des Kaisers in Wolkersdorff befand, beſtimmte mich am 28. Juni nach Peſth zurück zu reiſen, von da ich — nach einem ſechstägigen Aufenthalt, während deſſen der Umgang mit Moritz O'Donnell einen ganz beſondern Reiz für mich hatte — am 4. Juli über Waitzen, Körmend, Neutra und Freiſtädtel nach Tyrnau ging, woſelbſt ich am 6. um zehn Uhr Abends ankam. Zu meiner großen Hülfe und Freude ſuchte ich hier gleich am folgenden Mor= gen den Fürſten Ernſt Schwarzenberg (nachmaligen Domherrn von Salzburg, Schöpfer von Eigen, als Biſchof von Raab geſtorben) auf; doch weder von ihm, noch aus irgend einer andern Quelle, ſo ſorgfältig wir auch forſch= ten, war etwas von dem eigentlichen Hergange der Schlacht bei Wagram zu erfahren. Wir begaben uns miteinander am 7. gegen Abend nach Joanka, einem Schloſſe eine Meile von Preßburg, wo die Fürſtin Grassalkowitſch und die Fürſtin Karl Schwarzenberg ſich gerade auf= hielten, die eben von Schloßhoff zurückkamen und — wun= derbar genug — nicht mehr wußten als wir. In der fol= genden Nacht lehrte uns jedoch die Kanonnade bei Preßburg, daß die Sache unheimlich für uns ſtand. Am 8. fuhren wir daher nach Tyrnau zurück, von wo ich am 9. einen meiner Leute auf gut Glück über Mahalska mit Briefen an Graf Stabion und General Bubna abſendete (der

Brief an Stadion wurde aufgefangen und obwohl wenig
bedeutend, im Moniteur abgedruckt; der an Bubna er-
reichte ihn — in Austerlitz). Da mir die Gefahr nicht
dringend schien, blieb ich noch bis zum 10. Mittags in
Tyrnau, fuhr dann nach Freistädtel, brachte zwei höchst
angenehme Tage auf dem herrlichen Schlosse des ungari-
schen Kanzlers Erdödy und in seiner Gesellschaft zu; und
als ich hier endlich am 11. aus General Bubna's Ant-
wortschreiben die Geschichte der vergangenen Tage und
zugleich die nahe Ankunft des Kaisers in Ungarn erfuhr,
entschloß ich mich in der Nacht vom 12. zum 13. nach
Pesth zurück zu reisen, wo ich am 15. zu Mittag ankam.
Da hier alles wieder vollkommen ruhig war, so bezog ich
noch am nämlichen Abend mein voriges Quartier in der
Christinenstadt bei Ofen.

Hier fand ich mich wieder in derselben Gesellschaft,
wovon ich oben die Hauptpersonen bezeichnet habe. Fürst
Esterhazy, Vater und Sohn, der Kanzler Erdödy, das
Haus Ferraris 2c. sah ich ebenfalls täglich. Zwei angenehme Besuche machte ich in Gödölö, dem prachtvollen
Landsitze des Fürsten Grassalkowitsch. Der Kaiser
hielt sich damals in Komorn auf, und Graf Metternich,
aus französischer Haft befreit, war bei ihm. — An Graf
Metternich adressirte ich mehrere Briefe und Memoires. —
Ungeachtet der Krisis, worin wir uns befanden, beschäftigte
ich mich immer sehr lebhaft mit dem, was in England
vorging; und meine Gedanken über das Foxische Posthu-
mum zu Papier zu bringen, lag mir sehr am Herzen.
Ich fing auch eine Uebersetzung der Letters on a regicide
peace an.

In der Mitte des August kam Oberst Knesebeck aus
Berlin und (der nachmalige englische Konsul in Genua)

Johnson an; mit diesen beiden unterhielt ich mich oft und viel. Sonst waren Graf Hardenberg, Graf O'Donnell, Vater und Sohn, Pozzo, Ruffo, Roger Damas, einer der interessantesten Emigrirten, den ich viel in Wien gesehen hatte, Baron Binder, Bathurst (immer noch der tägliche Wirth aller seiner Freunde, obgleich damals schon, als wenn er sein Schicksal ahndete, tief melancholisch und oft schwer zu behandeln), mein beständiger Umgang. Auch Hudelist (später ein Mann von Wichtigkeit!). Mit Graf Finckenstein, dem preußischen Gesandten, wohnte ich in Einem Hause.

Am 26. August kam der Prinz von Oranien (jetzt König der Niederlande) mit Fagel und dem preußischen Major (nachher General und Kommandanten von Glogau) Valentini, in Ofen an. Mit diesen Herren, die mich bereits in Wien, kurz vor meiner Abreise, aufgesucht hatten, war ich damals in dem freundschaftlichsten Verhältniß. — Auch Parish (der Aeltere, nachher Baron Senftenberg genannt) sah ich in dieser Zeit zum erstenmale und mit nicht geringem Interesse, da ihn sehr günstige Dispositionen für Oesterreich zu uns führten.

Am 13. September kam General Wallmoden, nachdem er seine Reise nach England zurückgelegt, doch bereits an der Schlacht bei Wagram, und zwar mit ausgezeichnetem Ruhm theilgenommen hatte, nach Ofen, und kehrte in meine Wohnung ein.

Am 16. reiste ich mit Wallmoden nach Dotis, wo der Kaiser mit der Kaiserin, den Hauptpersonen des Hofes und der Armee sich befand. Nachdem ich am 18. und 19. zwei Tage mit Wallmoden in Komorn, in Surany beim Fürsten Karl Schwarzenberg, und in Romaty bei Ge-

neral Wartensleben zugebracht, blieb ich nun vom
20. September bis 6. Oktober in Dotis.

Diese höchst merkwürdigen Tage kann ich nur dadurch
hier einigermaßen bezeichnen, daß ich die Namen der Män=
ner, mit welchen ich sie größtentheils verlebte, angebe.
Graf Stadion war von Prag, wohin er sich zur Zeit
des Waffenstillstandes von Znaym (bereits zur Niederlegung
seiner Stelle ganz entschlossen) begeben hatte, auf besondere
Aufforderung des Kaisers nach Dotis gekommen. Ihm
gehörte natürlich der größte Theil meiner Stunden, und
bei Frühstück, Mittagsmahl und Abendthee war ich sein
täglicher Gesellschafter. Außerdem aber fand ich dort die
Chefs der Parthei, welche am Frieden arbeitete: Fürst
Johann Liechtenstein, Feldmarschall Bellegarde, Ge=
neral Bubna; und auch diese schenkten mir ihr ganzes
Vertrauen, weil sie in mir, wenngleich keinen Liebhaber
eines schlechten Friedens, doch auch keinen fanatischen
Herold der Fortsetzung eines allerdings verzweifelt schwierig
gewordenen Krieges erblickten. — Dann wieder die leiden=
schaftlichen Rathgeber zum äußersten Widerstande, die (ins=
geheim von der Kaiserin, in manchen Augenblicken auch
wohl vom Kaiser ermuntert), jedes Pazifikations=Projekt
mit Abscheu betrachteten. Unter diesen war der Graf
Ferdinand Palffy — bei dessen Leichtsinn man dies
weder früher noch auch später für glaublich gehalten hätte
— ein Hauptakteur. Das geringe Vertrauen, welches er
mir einflößte, ward aber durch die mir vollkommen be=
kannten, mit verschiedenen Freunden (wie Barbari,
Johnson u. s. w.) geschmiedeten geheimen Kabalen, an
denen auch wohl verschiedene bedeutende Oesterreicher, deren
Namen ich nicht aufschreiben mag, theilnahmen, vollends
aufgerieben. — Der Prinz von Oranien mit Fagel

und Valentini, und Oberst Knesebeck hatten sich eben=
falls in Dotis niedergelassen.

Die zu Altenburg zwischen dem Grafen Metternich
(mit General Nugent) und Champagny eine Zeitlang
gepflogenen Unterhandlungen führten zu keinem Resultate.
In der Zwischenzeit hatte aber General Bubna in Wien,
durch seine häufigen und langen Gespräche mit Napoleon,
das Terrain so geebnet, daß der Abschluß des Friedens
immer wahrscheinlicher ward.

Graf Stadion fuhr inzwischen fort, den Wiederaus=
bruch der Feindseligkeiten, wiewohl er selbst nur schwach
daran glaubte, als Basis anzunehmen. Am 23. September
trug er mir die Redaktion eines neuen Manifestes auf,
die ich auch sogleich mit großem Eifer unternahm und
schnell vollendete. Aber am folgenden Tage kam Bubna
von Wien zurück; am 25. hielt der Kaiser eine Konferenz,
und es ward entschieden, daß nicht allein Bubna, sondern
der Fürst Johann Liechtenstein mit ihm nach Wien
gehen sollten, um den Frieden zu unterzeichnen. Am 26.
kündigte mir Graf Stadion bei einem langen und merk=
würdigen Frühstücks=Gespräch an, daß er seine Demission,
diesmal unwiderruflich, eingegeben habe. Graf Metter=
nich, der an demselben Tage von Altenburg zurückkam,
übernahm das Portefeuille.

Für mich war nun in Dotis nichts mehr zu thun, und
da Graf Metternich, ob er mich gleich mit vieler Freund=
schaft, selbst mit Vertrauen behandelte, mir doch keinen
bestimmten Antrag für die Zukunft eröffnete (auch unter
den Umständen des Augenblicks wirklich nicht eröffnen
konnte), so bat ich dringend um die Erlaubniß, mich vor
der Hand wieder nach Prag begeben und dort die weitere
Entwickelung der Dinge abwarten zu dürfen. Dies konnte

mir um so weniger versagt werden, als der Zeitpunkt, wo die Franzosen Wien und die von ihnen besetzten Provinzen räumen würden, damals noch kaum abzusehen war.

Ich fuhr daher am 6. Oktober Nachmittags mit Graf Stadion, und in seinem Wagen, nach Komorn, wo wir über Nacht blieben; am folgenden Morgen setzte der Graf seine Reise nach Prag fort, und ich kehrte für's erste nach Ofen zurück, wo ich meine Leute, Pferde und Habseligkeiten gelassen hatte. Diese Trennung von Graf Stadion war in jeder Hinsicht ein trauriger Moment meines Lebens.

Am 8. in Ofen fand ich die meisten der Freunde und Bekannten, die ich hier zurückgelassen hatte, wieder. Auch der Fürst von Ligne befand sich hier. Mit den Engländern, dem Prinzen von Oranien, Fürst Reuß-Köstritz (den ich außerordentlich liebgewonnen), Hardenberg, Pozzo, Graf O'Donnell rc. rc., brachte ich die vierzehn Tage hin, die ich noch in Ofen verlebte. Bereits am 16. Oktober hatten wir die erste Nachricht von der Unterzeichnung des Friedens.

Am 21. Oktober begab ich mich nach Dotis, wo ich von Graf Metternich Abschied nahm, und lange Gespräche mit Fürst Johannes, Fürst Schwarzenberg (zum Botschafter in Paris ernannt, wohin Tettenborn, einer meiner intimsten Freunde, ihn begleitete), Hudelist, Ferdinand Palffy, Binder, Lebzeltern rc., hatte.

Hierauf folgten in Ofen drei Tage, die ich größtentheils mit General Bubna verlebte, von welchem ich die wahre geheime Geschichte des Wiener Friedens jetzt erst in ihrem ganzen Umfange kennen lernte.

Am 1. November verließ ich Ofen, und machte eine — durch schlechtes Wetter, Mangel an Pferden, unergründliche Wege, und oft elende Bewirthung höchst

beschwerliche Reise über Gran, Neuhäusel, Tyrnau, Ho=
litsch, Brünn (welches die Franzosen eben verlassen hatten),
Iglau, Czaslau u. s. f. nach Prag, wo ich am 14. ankam
und meine alte Wohnung (die ich zum Glück nie aufge=
geben hatte) im besten Zustande wieder fand.

Das Leben, welches ich diesen Winter über in Prag
führte, war in hohem Grade eintönig und unbedeutend.
Ich fand dort die Gesellschaft wieder, die ich früher besucht
hatte, lebte mit den Häusern Kolowrat, Clam, Lobko=
witz, Schlick, den Fürsten von Rohan, Windisch=
grätz 2c. In der ersten Zeit war ich der tägliche und
sehr willkommene Gast der Fürstin Bagration, die sich
hier niedergelassen hatte und erst am 17. Dezember wieder
nach Wien ging. Bei meinem alten Freunde General
Winkingerode machte ich fast alle Abende eine Parthie
L'hombre. Einen andern alten Freund, Baron Buol
(Chargé d'affaires in Dresden, frühzeitig und unerwartet
gestorben, ehe seine Verdienste recht anerkannt waren) und
wie sich von selbst versteht, Graf Stadion und seinen
Bruder Friedrich (viel unglücklicher als er) sah ich häufig.
Baron Bildt, gewesener schwedischer Gesandter zu Regens=
burg, und seine sehr verständige Frau, die beide großen
Werth auf meinen Umgang legten! Viele Durchpassirende!
Baron Wessenberg, Gesandter in Berlin, mehrere Tage
mit mir! — Wenn es bloß auf eine lange Liste vor=
nehmer Namen ankäme — wie leicht könnte ich eine solche
liefern!

Statt dessen will ich hier lieber wörtlich copiren, was
ich am Schlusse dieses Jahres in mein altes französisches
Journal schrieb: — „Année, à jamais mémorable, d'abord
brillante d'espérances, puis orageuse, malheureuse, sombre au-delà de ce que j'avais pu imaginer — enfin

calme, mais morne, sans couleur, sans intérêt, sans perspective, déjouant les projets, détruisant les rêves de la plus belle partie de ma vie, ouvrant une nouvelle époque, qui ne m'annonce qu'une existence stérile, monotone, et qui, si j'en crois mes pressentimens, me rapprochera bien sensiblement de la dernière."

Dies schrieb ich 1810. — O vanas hominum mentes, o pectora coeca!

Journal politique.

Juin 1809.

Je commence ce volume dans un singulier moment. Les premières pages du précédent expliqueront, comment je me suis trouvé à Hatvan, depuis le 16 Juin. Sequestré de toute société, ce ne sera que par les lettres, par les papiers publics, et par mes propres réflexions, que tant que continuera ce nouveau genre d'exil (moins désagréable que beaucoup d'autres) je pourrai suivre les affaires publiques.

Dimanche 18. Palffy est revenu de Erlau, où il a vu l'impératrice. Il l'a trouvée et laissée dans les dispositions les plus élevées, ne craignant que la paix (quoique certainement il n'en soit pas question), et écrivant à l'empereur: „Tout souffrir plutôt que de se sauver par des démarches humiliantes." — Voilà notre partie forte. — Palffy n'est pas également content des détails du quartier-général de l'empereur. Il y voit de la fluctuation, du décousu, toujours les mêmes difficultés, quand il s'agit de dire la vérité à l'empereur, trop de légèreté pour des conjunctures aussi tristes et aussi menaçantes. — Ils sont sur le Danube, comme s'ils étaient sur le Rhin!

Samedi 24. Après avoir passé toute la semaine dans une solitude absolue, et dans un dénuement de toute nouvelle quelconque, j'ai vu enfin arriver Palffy, parti du quartier-général avant-hier, et qui dit que rien ne se passe. — On parle toujours de reprendre l'offensive. — On compte beaucoup sur Chateler et Giulay qui doivent être réunis, et qui doivent chasser les Français de cette partie de la Hongrie. — Les Russes ont enfin sérieusement déclaré la guerre; et la Gallicie est en insurrection! — Les Czartoriski, les Zamoïski, les Lubomirski — tout s'est déclaré contre nous. — Le quartier-général est le même; on paraît në pas sentir, au-moins ne pas prendre à cœur l'honneur de notre situation; on se flatte, on se berce d'illusions — Dieu sait ce que nous deviendrons. — J'ai bien employé mon temps à Hatvan. Outre les lectures suivies que j'y ai faites, et les plans de travail que j'ai ébauchés, j'ai écrit des lettres très-étendues au comte Kolowrat, à Adam Müller, et à Bubna et à beaucoup d'autres personnes; et ces dix jours de solitude ont été au-moins un bon remède contre le dépit qui commençait à s'emparer de mon âme!

Mercredi 28. Ce jour je suis rentré à Pest. J'ai trouvé les choses de ce côté-ci à-peu-près dans leur ancienne situation; excepté qu'on a scandaleusement laissé tomber Raab. Chateler était toujours du côté de Stuhlweissenburg; Giulay de retour de Grätz, dont il avait ravitaillé le fort; l'archiduc Palatin à Komorn avec l'insurrection, et l'archiduc Jean à Presbourg.

J'ai appris que le prince Schwarzenberg venait d'arriver de Pétersbourg (par un grand détour, par Kaminiec, Chotim et Clausenbourg!) J'ai été chez lui. Il m'a longuement parlé sur les affaires de la Russie. Le fond était absolument conforme à ce que je savais; mais des détails curieux. Le prince Schwarzenberg s'est certainement conduit à merveille. — L'empereur lui paraissait fort attaché; et je crois, qu'il l'était autant qu'un homme aussi louche et aussi faux peut l'être. Dans les nombreuses et intéressantes conversations qu'il a eu avec lui, l'empereur lui accordait ordinairement tous ses argumens. „Mais — comment voulez-vous lutter contre un homme d'une telle supériorité?" — voilà le refrain éternel. Romanzoff est un homme si fort au-dessous de tout ce qu'on peut imaginer de misérable que le prince Schwarzenberg était toujours dans l'étonnement de ce qu'un être de cette trempe pouvait jouer un rôle quelconque. — Il est au reste persuadé que l'occupation de la Gallicie est le non plus ultra des hostilités, que la Russie se permettra; les généraux qui commandent le corps qui est entré dans cette province (Suworoff, Lambert, Doktoroff etc.) sont tous ennemis jurés du système actuel, et plus ou moins amis de l'Autriche. — Le prince Schwarzenberg approuve parfaitement mon opinion, qu'on ne doit rien entreprendre de notre côté contre les Russes, ignorer autant que possible tout ce qu'ils font etc., et il m'a dit, qu'il avait écrit dans ce sens à l'archiduc Ferdinand, en y ajoutant littéralement mon grand argument que tout engagement entre les troupes produit plus ou moins de l'irritation, chose que l'on ne saurait éviter avec assez de soin. — Il m'a expliqué comment Tettenborn avait pu me donner la fausse nouvelle de la mort du roi de Suède, et m'a parlé sur l'état des relations entre la Russie et ce pays. Il me disait que le gouvernement suédois actuel avait fait proposer la cession de la Finlande, sous condition qu'on ne lui demanderait pas de rompre ses relations commerciales avec l'Angleterre. Mais ceci, à ce que j'ai appris ensuite par Binder et aussi par Hudelist, était le fond de ces anciennes insinuations, pour lesquelles M. de Schwerin avait été envoyé à Pétersbourg; et il paraît sûr qu'en ce dernier lieu le gouvernement suédois s'était tout-à-fait jeté dans les bras de la France, que par conséquent il sera très-difficile d'échapper à la rupture avec l'Angleterre, quelque ruineuse qu'elle puisse être pour la Suède.

Jeudi 29. J'ai eu aujourd'hui une conférence avec Hudelist, et j'ai reçu une lettre du comte Stadion sur la nécessité urgente de rompre ce silence funeste que nous gardons depuis si longtemps. — Le résultat de cette conférence est, que je quitterai Pest et même la Hongrie pour chercher un point plus convenable à ce projet.

Aujourd'hui est arrivé M. de Binder qui avait précédé le prince Schwarzenberg à Pétersbourg et qui l'y a dignement secondé. — Le prince est parti pour l'armée; Binder est resté; et j'ai eu avec lui une conversation de quatre heures, une des plus intéressantes que je puisse imaginer. C'est un homme de beaucoup de moyens, d'excellens principes, d'une âme forte et élevée. Il m'a demandé mon avis sur notre situation; je l'ai pleinement satisfait; depuis longtemps je n'avais été aussi éloquent; tout coulait de source.

Après que Binder m'eut écouté avec beaucoup d'attention, nous sommes retournés aux affaires de la Russie. Comme il a beaucoup plus l'habitude des affaires que

le prince Schwarzenberg, ce qu'il m'a dit, quoique
foncièrement conforme aux données du prince, était
beaucoup plus avancé et beaucoup plus correct; un ta-
bleau de main de maître. L'état de la Russie est très-singulier. Romanzoff
est le dernier des hommes; depuis son retour de Paris,
il est devenu complètement ridicule, l'objet des épigram-
mes de tout le monde. Il a dit par exemple chez
l'impératrice douairière: „On dit que Talma viendra
ici; dans ce cas je suis obligé de mettre ma démission
aux pieds de Sa Majesté; car quelque chose qui arrive,
je ne puis pas manquer une représentation de Talma“;
sur quoi le grand-chambellan Narischkin: „J'annonce
à Votre Majesté que je pars pour Paris.“ — Pourquoi
donc? — „Pour chercher Talma.“ (Une autre fois le
comte Romanzoff paraissant à la cour dans un habit de
velours rouge richement brodé en or, ce même Narischkin dit: „Ah! J'ai vu quelquefois la bible reliée
comme cela, mais jamais Dom Bougre.“) Le seul homme
de quelque mérite dans le ministère est le ministre de
la marine Tschitschakoff, mauvais par système, par
mépris des hommes, et par ambition, mais instruit et
capable de raisonner. — Tout le reste est si faible
qu'on a de la peine à concevoir comment un gouvernement pareil peut se soutenir dans un si grand état.

L'histoire de la Suède, comme celle de la Turquie
et tout le reste revient au principe de Bonaparte, de
susciter et de nourrir à l'empereur de Russie autant
de tracasseries, de tourmens et de guerres qu'il peut
en imaginer. C'est ainsi que depuis la paix de Tilsit
il l'a leurré par l'espoir d'une paix avec les Turcs, tandis qu'il l'entravait lui-même; c'est ainsi qu'il saisit

aujourd'hui avec empressement la révolution de Suède, pour perpétuer les difficultés; c'est ainsi qu'il a favorisé les Perses, dans l'armée desquels on a trouvé 500 artilleurs et 50 officiers français qui dirigaient le canon contre les Russes au siége d'Erivan; c'est ainsi, que tout en pressant l'empereur d'entrer en Gallicie, il a fait exhorter les Polonais à le gagner de vitesse, et leur a fait comprendre, que, ce pays devant être à eux, ils n'avaient qu'à se hâter de s'en mettre en possession. L'empereur connait toutes ces trames; lorsque le prince Schwarzenberg lui en a fourni des preuves, il en est presque toujours convenu; mais la grande objection de la peur sert de réponse à tout.

Quant à la Turquie le prince Schwarzenberg m'avait dit que l'explication que Tolstoi me donna un jour à Vienne (voy. avril ou mai) était parfaitement juste, que l'empereur avait lui-même imaginé et désiré cette rupture, pour être mieux à l'abri des persécutions qu'il prévoyait par rapport à la guerre autrichienne. — Il faut avouer qu'il y avait dans une telle conduite un fond de raison et de générosité au milieu d'une honteuse faiblesse, et que c'était travailler pour un but louable par des moyens indignes et même insensés. — Mais Binder, plus correct que le prince, accorda seulement, que ce motif a concouru à fixer la conduite d'Alexandre, que Bonaparte et Caulaincourt y étaient pour beaucoup; que fidèle à son principe général, Bonaparte indépendamment même de sa colère contre le traité de M. Adair et de la nécessité de relever son crédit à Constantinople, en faisant travailler les Russes pour lui, n'avait d'autre désir que celui de rallumer cette guerre; car, — et voilà le grand secret,—

6*

il se soucie très-peu de l'alliance réelle avec la
Russie; il n'a pas besoin, et il n'a aucun désir, d'employer les troupes de cette puissance, ni contre l'Autriche, ni contre qui que ce soit; il veut simplement
s'en servir dans l'opinion; c'est un épouvantail de plus
qu'il ajoute à tant d'autres dont il dispose; c'est par
là que tout doit s'expliquer.

L'amitié entre lui et sa victime paraissait très-re-
froidie dans le dernier temps; depuis son retour de la
campagne d'Allemagne il ne lui avait pas écrit une
fois; Caulaincourt était presque sans nouvelles; l'empereur disait lui-même à Schwarzenberg: „Vous voyez
qu'il me boude déjà." — Ainsi l'entrée en Gallicie était,
dans le système d'Alexandre et de Romanzoff, une démarche absolument indispensable; mais Binder est aussi
persuadé que le prince, que rien au monde ne les en-
gagera à aller plus loin, et que, comme la Gallicie
était l'objet qu'on leur avait designé dès le commencement comme celui sur lequel ils devaient agir, ils s'y
trouveraient, quelque chose qui arrivât. (Jusqu'à - présent cette opinion s'est bien confirmée; car les Russes
ont agi comme s'il existait une convention secrète entre
eux et nous, et comme si la Vistule et la Wisloka
servait de ligne de démarcation; ils nous ont même
permis de rétablir les autorités détruites par les Polonais, dans les endroits même que leurs troupes oc-
cupent.

Binder, en allant à Pétersbourg l'année dernière,
avait vu à Königsberg le roi et la reine de Prusse,
et les avait trouvé dans les dispositions les plus rigou-
reuses, tout-à-fait résolus de prendre les armes si l'Autriche leur en donnait l'exemple. Le voyage qu'ils

firent à Pétersbourg (comme je l'avais toujours cru)
abattit leur courage. Ils paraissaient ne pas avoir su
à quel point l'empereur était enchaîné par Bonaparte.
Cependant il est de fait, qu'alors déjà il dit au roi de
Prusse, qu'il ne le gênerait point dans ses résolutions;
et ce qui est plus remarquable, c'est qu'il chargea le
major de Schöler, Prussien, homme de beaucoup de
mérite, qui avait été longtemps à Pétersbourg, jouis-
sant d'une faveur particulière près de l'empereur, et
qui en partit à la même époque où Schwarzenberg et
Binder quittèrent cette capitale, de déclarer au roi
„que, quelque soit sa détermination, il pouvait être assuré, que lui (Alexandre) n'agirait jamais contre lui."
    Le résultat de tout ce que Binder m'a dit sur les
rapports entre l'Autriche et la Prusse, est que la politique de notre cabinet vis-à-vis de la Russie a été
constamment marquée au coin de la plus grande sa-
gesse. On a évité tout ce qui pouvait aigrir; on a
évité toute espèce d'explication par écrit; on a laissé
à la Russie tout le tort de la rupture; on est resté
envers elle dans une position si adroitement choisie,
que, si la fortune vient à nous favoriser, les négociations peuvent être renouées, sans avoir l'air d'avoir été
suspendues; et nous pouvons employer, soit les représentations amicales, soit les menaces, selon que les
conjonctures le permettront, sans que les mains nous
soyent liées par aucune fausse démarche. — Ceci est
un article extrêmement honorable pour le comte Stadion; mais Schwarzenberg et Binder y ont eu leur
bonne part.
    Binder est parti pour le quartier-général. Son
arrivée sera très-agréable au comte Stadion, qui,

comme je sais de Vienne, lui veut un bien tout particulier.

Vendredi 30. Ferdinand Palffy est enfin arrivé de Erlau, et va de nouveau au quartier-général. J'ai appris par lui quelques faits assez intéressants. — Pergen, envoyé avec Hardegg par Bonaparte, pour négocier avec la cour par rapport aux subsistances de Vienne, a été assez froidement reçu; et lorsqu'il a voulu glisser quelques mots sur des négociations plus importantes, n'a pas été écouté du tout. Entr'-autre il a parlé de Vincent, et de la manière honorable, dont Bonaparte en faisait toujours mention. Cette insinuation a si fort effrayé l'impératrice, que dans sa dernière lettre à l'empereur elle a cru devoir la relever.

Ce soir, en me promenant seul avec Mad. de Zichy, née Ferraris, elle m'a raconté, que le prince de Ligne (qui est à Pest, sans que je l'aie vu plus d'une seule fois et encore par hasard — tant ces grandes crises dérangent les liaisons autrefois les plus tendres —) venait de recevoir une lettre de la princesse Jean Liechtenstein du 25, dans laquelle elle lui écrit: „Vous savez, que mon mari ne voit guère l'état de nos affaires en couleur de rose; cependant il me dit (et N.B. elle l'avait vu à Feldsberg le 21) que nous ne devions point renoncer à l'espoir d'arriver bientôt à la fin de nos malheurs, et en effet, si nous demandons pas des choses trop au-dessus de notre situation, il sera moins difficile qu'on ne le croit de parvenir à ce moment tant désiré.“ — Cette lettre paraît très-effrayante; mais quand on sait, que le prince Jean est aujourd'hui sans aucune influence politique, et que tant que le comte Stadion sera en place, on ne lui deman-

dera certainement pas son avis, la chose perd toute
son importance. Il est probable, que Pergen, voyant
qu'il perdait son latin avec le cabinet, se sera adressé
au prince Jean, pour lui parler de la possibilité d'une
paix supportable, et que c'est sur ce que ce triste envoyé lui a dit, qu'il aura fait cette communication à
sa femme.

———————

Juillet 1809.

Dimanche 2. Avant de partir de Pest, j'ai encore appris bien de choses intéressantes. Hudelist m'a beaucoup parlé de la Prusse. Il m'a dit, que quoiqu'on fut encore sans nouvelles de Steigentesch, les espérances qu'on avait eues, étaient considérablement diminuées, et que l'on craignait fort que les éclaircissemens donnés par le prince d'Orange (à son retour de Königsberg) et sur lesquels on s'était déterminé à cette mission de Steigentesch, n'eussent été exagérés. — Sans dire positivement, que tel était le cas, Hudelist m'a fait entendre que Bonaparte avait fait à la Prusse les propositions les plus brillantes et que l'on devait être préparé à tout. (Les dernières dépêches de Finckenstein étaient du 15, et ne faisaient aucune mention, ni de ceci, ni de l'autre côté d'aucun changement de système quelconque.) — Il m'a dit, lorsque je lui ai raconté l'histoire de la lettre de la princesse Jean, qu'il était persuadé, comme moi, que tant que le comte Stadion tiendrait les rênes du gouvernement, il ne serait jamais question de négocier sur une base déshonorante. — Il a cependant ajouté une chose, qui m'a extrêmement frappé. Il a dit qu'il faisait un mérite particulier à l'empereur de ce que, consultant tout plein de personnes (en secret) il avait jus-

qu'ici constamment préféré et conclusivement suivi l'avis
du comte Stadion. Je lui ai témoigné ma surprise.
„Comment? L'empereur consulte d'autres personnes?
Aujourd'hui? où je le croyais absolument hors de toute
connexion avec des conseillers secrets?" — Lui, en
riait: „Ho! ho! L'empereur ne prend jamais une résolution sans consulter une dixaine de personnes; si
ce n'est pas auprès de lui, ce sera par lettres. Soyez-
sûr, que sur la question même, si on doit continuer la
guerre, ou demander la paix, il aura rassemblé une
bonne quantité de conseils; ceci est toujours son train;
mais enfin, pourvu qu'il adopte ce qu'il y a de mieux,
laissons le faire. Il est vrai toutefois, que cette mé-
thode n'augmente pas peu les difficultés, dont déjà la
situation du comte Stadion est hérissée."
J'ai ensuite dit adieu à Hudelist très-cordialement.
Il y a eu des moments, où il m'a impatienté; mais en
général nous nous sommes parfaitement comportés l'un
avec l'autre.

Ce même jour est arrivé à Pest le fils du comte
O'Donnell, jusqu'ici capitaine au bataillon de Steigentesch, maintenant nommé major et aide-de-camp de
l'archiduc Maximilian, qu'il rejoindra en Transylvanie;
officier très-distingué, qui s'est couvert de gloire dans
cette guerre; homme de beaucoup d'esprit, de jugement, et de lumière et dont la conversation a été pour
moi d'un intérêt majeur. Je tâcherai de me rappeler
ici ce qu'il y a eu de plus marquant dans la quantité
de choses curieuses et instructives, qu'il m'a communiquées pendant les deux jours (2 et 3) que j'ai passés
avec lui presque sans interruption.

Il envisage la situation générale de nos affaires

militaires à-peu-près comme moi; et quoique je me serais bien volontiers passé de la triste satisfaction, dont il m'a fait jouir, je n'ai pourtant pas pu ne point être frappé de l'accord parfait entre ses jugemens (fondés sur les bases les plus incontestables) et ceux que j'avais portés jusqu'ici (voy. surtout ma lettre à Canning du 28 mai) sur les élémens beaucoup moins complets que les siens.

Il est persuadé, que sans que le ciel fasse des miracles pour nous, l'archiduc Charles ne nous sauvera pas. „Il a étranglé la monarchie" — „il a creusé un abîme dans lequel il va s'ensevelir lui-même" — Comment voulez-vous changer, comment voulez-vous réformer un homme, chez lequel vous ne trouvez aucun fond, aucune base sur laquelle vous puissiez travailler! Il est sans âme; il ne connait que les petites passions; l'égoïsme, la gloire factice, la jalousie. Depuis qu'il peut se dire qu'il a battu Bonaparte, il croit que sa tâche est remplie, et il verrait tomber la monarchie, sans en éprouver une grande émotion.

Sa conduite dans la première partie de la campagne s'explique par une seule circonstance. Aussitôt qu'il a su que Bonaparte était à l'armée, il a perdu toute contenance, il est tombé d'une faute dans l'autre. — Sa retraite sur la rive gauche, et la lenteur avec laquelle il l'a effectuée, est un scandale du premier ordre. Le général Hiller, qui ne ménage pas ses expressions, lui reproche tout haut d'avoir perdu dix jours! par cette lenteur. Il peut y avoir de l'exagération à cela, mais il est de fait, que cette retraite était impardonnable!

Nous savions, qu'il a été forcé le couteau à la gorge

de livrer et de gagner la bataille d'Aspern. O'Donnell ne connaissait pas la fameuse anecdote de Bubna; mais il m'en a fourni d'autres qui m'ont fait dresser les cheveux. La veille de la bataille, en faisant le tour de ses avant-postes, il trouva O'Donnell sur une des îles (Auen) de la rive gauche, où celui-ci était posté. Le poste n'était pas tenable; O'Donnell le savait bien lui-même, de sorte qu'il ne fut pas étonné lorsque l'archiduc lui dit, qu'il faudrait l'abandonner. Mais il tomba de son haut, lorsqu'il l'entendit ajouter „Le Bisamberg est la clef de toute la position“, — et lorsque ce propos, répété plusieurs fois, lui fit entrevoir qu'il avait le sinistre dessein de se replier sur ces hauteurs, où Bonaparte, moyennant une de ses manœuvres savantes, l'aurait bientôt achevé. — Mais ce qui est tout-autrement fort, c'est que même au milieu de la journée du 22, il a eu un tel moment de faiblesse, qu'il a donné l'ordre de la retraite. Alors Jean Liechtenstein, et d'autres généraux ont fait les derniers efforts pour le dissuader. Et comme par le plus grand des bonheurs, au moment même où il allait prononcer ou avait prononcé cet ordre fatal, l'ennemi a évidemment plié, il n'en a plus été question. O'Donnell me garantit la vérité de cette anecdote, que les généraux cachent mutuellement comme un crime. — J'ai appris aussi avec une véritable peine, que l'histoire que Bonaparte nous a raconté dans son bulletin des dégâts que lui avait fait le Danube, est en grande partie vraie, qu'effectivement une partie considérable de son artillerie, et même de ses troupes avait été retenue par la destruction du pont; et que c'est au moins autant à cette circonstance qu'à la bravoure de nos troupes, qu'il doit la perte de la bataille; il est cependant faux que cette destruction du pont ait été l'affaire du hasard; nos efforts y ont plus fait que le Danube. Depuis la bataille nous avons vu, comment il s'est conduit. Notre grand malheur, dit O'Donnell avec beaucoup de pénétration, notre grand malheur est cette dépendance honteuse de chaque mouvement de l'ennemi, dans laquelle nous avons placé le principe de toutes nos opérations. Il nous mène, comme bon lui semble; es giebt keine Freiheit, keine Selbſtſtändigkeit in unſerm ganzen Verfahren. Il dit que c'est un vrai scandale de voir une superbe armée comme la nôtre tenir les yeux secrètement fixés sur ce qui se passe dans cette maudite île de la Lobau, se mettre sous les armes au moindre soupçon de déplacement dans cette île, pâlir devant tel chiffon rouge, ou blanc, ou noir, qu'il leur plait d'enlever à leurs sots télégraphes, pour se moquer de nous; tandis que, grâce aux deux observatoires, qu'ils ont sur la tour de St. Étienne et sur le Léopoldsberg, nous ne pouvons pas relever une sentinelle, sans qu'ils s'en apperçoivent.

Il est persuadé, que tout autre général que l'archiduc, aurait mis fin depuis longtemps à ce triste état de choses. Un mouvement prompt et vigoureux du côté de Stockerau, de Krems etc., forcerait bientôt Bonaparte à abandonner la Lobau et toutes ses positions, et Vienne par-dessus, et le mettrait dans la nécessité de passer le Danube sur un point qu'il n'aurait pas choisi, ou de s'attendre à nous le voir passer. Mais il ne le fera pas; il est, dit O'Donnell en choisissant une comparaison d'une analogie effrayante, il est, comme ces coqs, que l'on met sur une table le bec appuyé à

une ligne blanche tirée avec de la craie; le coq se croit
attaché à cette ligne; il s'agite, il se débat, mais il
croit ne pas pouvoir lever le bec. Ce trait blanc —
est la Lobau pour l'archiduc!

J'étais très-curieux de connaître son opinion de la
conduite de l'archiduc Maximilian, dont en général il
pense comme moi. J'ai été bien fâché d'apprendre
qu'il ne le défend pas sans restriction. Je lui reproche
surtout (ce que l'archiduc Jean, à qui Max a remis
un compte-rendu de sa conduite, lui a reproché aussi)
qu'il a promis avec trop de confiance et un peu de légèreté de défendre la capitale. On lui avait fixé le 18
comme le jour où il serait délivré; mais jusque-là
Vienne pouvait être un monceau de cendres, et avec la
garnison on pouvait encore perdre le passage si important du Danube. Cependant il pouvait encore attendre
quelques jours; mais il a été trompé par de faux avis.
Le fait est, que lorsque O'Donnell a donné vers les 10
heures du soir (le 11) la première nouvelle, que les
Français travaillaient à un passage au Lusthaus, et que
le détachement de Valaques qui s'y trouvaient, s'était
sauvé, le général Mesko lui a ordonné d'attaquer l'ennemi avec sa compagnie de Landwehr, à laquelle on
joignait celle de Steigentesch, chef du bataillon; cette
attaque devait se faire au milieu de la nuit, en dépit
de toutes les remontrances de O'Donnell; il l'exécuta
en disant à ces gens de ne pas tirer pour tout au
monde, de s'approcher de l'ennemi autant que possible
pour attaquer avec la bayonnette. Cet ordre malheureusement ne fut pas observé; un homme tira; les autres, croyant que le coup partait de l'ennemi, en firent
autant; la compagnie de Steigentesch montant sur la

droite, imita cet exemple; et à la fin les Français ripostaient, mais comme tout cela se passait dans une nuit profondément obscure, et encore à travers les arbres, presque tout ce qu'ils perdirent, tomba sous les coups de leurs propres camarades. — Après cette malheureuse expédition, le jour commançant à paraître on envoya le général d'Aspre avec un gros détachement de grenadiers; les Français les reçurent avec des coups de canons; les grenadiers se replièrent; et le général d'Aspre va annoncer à l'archiduc — chose bien remarquable de la part d'un homme d'ailleurs très-brave — que les Français ont au Lusthaus plusieurs milliers d'hommes, 8 pièces de canons, un pont tout fait, et un autre, auquel ils travaillaient; tandis que O'Donnell croit qu'il n'y avait alors que quelques centaines d'hommes, deux pièces de canons, et bien loin de deux ponts, qu'il n'y en avait pas même un, mais que quelques pontons mal-enfilés leur avaient servi de passage. — Enfin, c'est sur ce rapport du général d'Aspre, que l'archiduc prit le parti de s'en aller; aucun des généraux présens ne fit la moindre objection; Maurice Liechtenstein pressa même l'archiduc très-fort de partir sans hésiter. Telle est l'histoire. — Au reste, l'archiduc Max a rendu un très-grand service à l'archiduc Charles; car si Vienne avait tenu jusqu'au moment où il serait arrivé au Spielberg, on aurait vu tomber cette ville, en face des 100,000 hommes; car il est certain, que l'archiduc Charles ne l'eut jamais sauvé de ce côté-là; et que c'est par une vaine rodomontade, qu'il s'est donné l'air de vouloir l'entreprendre.

C'est avec toutes ces données peu édifiantes, que je suis parti de Pest, pour me rapprocher du comte

Stadion, de la Moravie, peut-être de la Bohême. Le
projet de publier un écrit périodique, et de mettre un
terme à ce triste et morne silence, que nous gardons
depuis si longtemps, était le motif direct de ce voyage;
j'en avais prévenu par Binder le comte de Stadion, qui
d'ailleurs m'avait déjà fait proposer par Palffy de venir
le rejoindre.

J'ai quitté Pest le 4, et je suis arrivé à Tyrnau
le 6. — C'est là, où je comptais trouver des lettres;
il n'y en avait point; cette circonstance infiniment in-
quiétante l'est devenue bien plus par les nouvelles
très-vagues à la vérité, mais déjà d'une physionomie
sinistre que j'ai rencontrées à Tyrnau. Le lendemain,
ayant trouvé le prince Ernest Schwarzenberg, et
m'étant rendu avec lui à Ivanka près de Presbourg
chez la princesse Grassalkowitsch, j'ai entendu à
dix heures du soir le bruit d'une terrible canonnade. —
La princesse, et la princesse Charles Schwarzenberg
étaient allées jusqu'à Neuhoff au-delà de Presbourg
pour recueillir des nouvelles; elles ne nous ont apporté
que des choses très-vagues. L'aile gauche a été re-
poussée; l'archiduc Jean appelé en toute hâte est venu
trop tard pour la seconder; voilà à-peu-près les deux
seuls faits, sur lesquels tout paraît se réunir; deux officiers blessés du régiment Blankenstein, qui ont passé
par Ivanka nous ont dit la même chose.

Pendant la nuit du 7 au 8, les Français ont fait
contre la tête de pont de Presbourg l'attaque la plus
violente, qui ait encore eu lieu. Nous avons su cela
le lendemain matin; on a pu entendre chaque coup de
canon au château d'Ivanka.

Samedi, le 8, nous sommes restés à Ivanka jus-

qu'après le diner; nous avons eu quelques données extrêmement vagues; et nous sommes retournés à Tyrnau
sans être beaucoup plus instruits qu'auparavant.

Dimanche, le 9, j'ai reçu une lettre de Ferdinand
Palffy avec un postscriptum de Bubna, d. d. Wolkersdorff 5. Par cette lettre j'ai vu en frémissant qu'on
a dû permettre à l'ennemi de s'établir tout-à-fait sur
la rive gauche, d'y construire une tête de pont, et
une lisière de retranchement le long du Danube! — La
même circonstance se trouvait aussi dans une lettre,
que le prince Schwarzenberg a reçu d'un officier de
O'Reilly en date du 4; il paraît que dès le premier du
mois ils ont commencé ce travail; et qu'il y a eu de
temps en temps de fortes canonnades pour l'empêcher.

Le postscriptum de Bubna m'enjoignait de prendre le
chemin de Holitsch, pour arriver au quartier-général.
Cette lettre prouvait au-reste, que jusqu'au 5, il n'y
avait pas eu d'affaire sérieuse; en effet la bataille n'a
commencé que jeudi le 6.

Une foule de fausses bonnes nouvelles, par une
singulière fatalité avant-coureurs constans et imman-
quables de chaque terrible catastrophe de ces jours,
nous a tout-à-coup inondé à Tyrnau; le revers du
6 avait été amplement reparé le 7; le centre et l'aile
droite allaient à merveille, l'ennemi était en pleine retraite, etc. Je n'ai pas beaucoup partagé ces illusions.
Cependant dans l'état où se trouvaient les choses,
j'aurais commis une grande folie, en voulant exécuter
mon projet. Une estafette, que j'avais envoyée vendredi au comte Stadion, ne m'avait pas valu de réponse; je n'étais que trop sûr, qu'on ne l'aurait pas
même attendu pour m'écrire et qu'une lettre de Binder

se trouvait quelque part. Pour éclairer ce chaos je pris le parti d'envoyer mon domestique Charles en reconnaissance, avec une lettre pour le général Bubna. Il se mit en route à 10½ heures.

Le reste de la journée se passa dans un assez grand calme; j'avais absolument repris mon assiette, résolu à attendre tranquillement le retour de mon courrier, lorsque peu avant minuit le prince Schwarzenberg entra dans ma chambre, pour me faire lecture de l'affreuse lettre ci-jointe. Préparé depuis longtemps à un événement pareil, j'en acquis cependant la certitude dans un état d'anéantissement complet. La lettre pouvait se ressentir un peu du premier effet, que ces affligeantes nouvelles avaient fait sur une femme très sensible; mais comme cette femme est en même temps très sensée, et très éclairée, il fallait bien que le fond fut tel qu'elle le disait. D'ailleurs la source était nullement sujette à caution; et les événemens trop bien liés, pour ne pas être vrais.

Lundi 10. Voyant, qu'il était devenu impossible de continuer mon voyage, que dans les circonstances où nous nous trouvions il était sage de songer à-temps à une retraite, que Tyrnau, quoique pas directement exposé, pouvait l'être d'un jour à l'autre, et qu'attendre le retour de mon courrier n'était pas un objet assez majeur pour contrebalancer ces considérations, très-pressé d'ailleurs par le prince et sa belle-sœur, de ne pas prolonger mon séjour, et sachant en-outre, que je trouvais à Freistädtel le comte Erdödy, chancelier de la Hongrie, qui pouvait, et me communiquer quelques nouvelles, et me faciliter beaucoup les mesures ultérieures à prendre, je partis de Tyrnau vers les 4 heures, et restais à Freistädtel jusqu'à une nouvelle résolution.

Mardi 11. J'ai passé toute la journée à causer avec
le comte Erdödy; et j'ai vu dans ces conversations,
comment un homme loyal, opposé à la guerre, avait
envisagé cet événement, avant même qu'une funeste ex-
périence lui ait fourni des armes contre nous. — Le
soir mon courrier est revenu, et m'a apporté une lettre
de Bubna (de Posoritz du 10) dans laquelle il m'a
peint l'état des choses, quoique sous des couleurs tristes, cependant dans des termes moins désespérés que
ceux de la princesse de Schwarzenberg. C'est par
cette même lettre que j'ai appris l'arrivée de l'empereur
en Hongrie; c'est elle encore, qui m'a fait prendre la
partie de retourner à Pest; ce que j'ai exécuté jeudi
13, de sorte que le 15 je me trouvais de nouveau à
Pest ou plutôt à Bude.

Dimanche 15. C'est aujourd'hui que nous avons
reçu la première nouvelle de l'armistice, et celle
d'un changement prochain dans le ministère. — Les détails de ce jour et de ceux, qui l'ont suivi, se trouvent
consignés dans une lettre, en forme de journal, que
j'ai voulu envoyer au comte Kolowrat et que j'ai ensuite retenue. Cette lettre est dans les papiers de cette
époque.

J'ai eu aujourd'hui une conversation très-confiden-
tielle avec Hudelist, qui envisage la séparation du comte
Stadion de l'empereur comme l'avant-coureur de sa
chûte. Il en veut beaucoup au comte Metternich,
dont en général il a une mauvaise idée. Il y a certainement (comme le prouvent les extraits que j'ai faits
des dépêches) dans la conduite du comte Metternich à
Paris des parties louches et scabreuses; mais dans le
moment actuel — pouvait-il se refuser à la direction

des affaires? — Les événemens de la guerre ont détruit le comte Stadion avec son système; aussitôt que par ces funestes événemens un autre système était forcément et inévitablement amené, il fallait bien que quelqu'un assistât l'État dans sa détresse. Je ne trouve rien de blâmable dans la conduite du comte Metternich; et quoique je déplore sincèrement la perte de Stadion, elle n'est cependant qu'un des résultats nécessaires de tout ce qui est arrivé par notre aveuglement et par nos folies.

Lundi 17. Ferdinand Palffy revenu de Erlau m'a communiqué beaucoup de détails sur l'histoire de la dernière bataille. A la fin — mais la vérité et la raison triomphent trop tard — à la fin tout le monde convient de l'incapacité absolue, de la nullité honteuse·de l'archiduc Charles. Toute l'armée jette les hauts cris. Son inaction scandaleuse après la bataille d'Aspern, son incroyable conduite jusqu'au jour où celle de Wagram fut livrée, ne suffisait point pour éclairer ce public. Il fallait encore un trait de plus; la pusillanimité, qu'il a montrée à la nouvelle du premier revers essuyé à cette bataille. Ce n'est que du moment, dit Palffy, où il a commandé la retraite sur l'aile gauche, que la déroute est devenue générale et terrible! — Après la bataille il a envoyé Colloredo à l'empereur, pour faire dire, qu'il ne pouvait plus se battre, qu'il lui fallait la paix, ou au moins un armistice, qu'il n'avait plus que 35,000 hommes, sur lesquels il put compter. Au-lieu de le renvoyer sur-le-champ, l'empereur lui a fait proposer une entrevue pour le lendemain; et c'est là probablement que l'on est convenu de la négociation pour l'armistice. L'empereur est parti le 10, l'armistice a été signé le 12.

7*

L'insensibilité profonde de l'empereur est un phénomène au moins aussi remarquable, que l'ineptie de l'archiduc Charles. Il a vu d'abord du Bisamberg et puis
d'une montagne, qu'on appelle Hohenleiten, toute la
marche de cette trop malheureuse bataille; et il l'a vu
comme un spectacle qui ne le regardait pas. Lorsque
l'engagement a commencé, il a dit bien froidement:
„quant à l'aile gauche, je sais que cela ira mal; car
Rosenberg y est." — On lui prête encore d'autres propos moins constatés; ceci et bien d'autres détails me
seront un jour plus amplement développés par Bubna,
Stadion, et d'autres qui ont été au centre des événemens.

Palffy se rend à Komorn. L'impératrice lui a donné
une lettre dans laquelle elle proteste avec force contre
tout projet de paix déshonorable. Cependant il est
clair, qu'il faudra en passer par-là.

Le comte O'Donnell et plusieurs autres personnes éclairées et bien-pensantes sont encore tout-à-fait
prononcées contre l'idée d'une négociation. Moi au contraire je me tiens convaincu, que le comte Stadion
lui-même voterait aujourd'hui pour la paix. Je n'ai pas
besoin de développer ici les argumens qui me portent
à la croire indispensable. J'aurai plus d'une occasion
pour le faire; et d'ailleurs ce grand et terrible objet
occupe trop mon esprit, pour que je puisse jamais
oublier la marche et l'entraînement de mes idées.

J'ai reçu une lettre de Constantinople, de M. Adair.
Il parle avec beaucoup de force sur la nécessité de di-
riger la rédaction de nos bulletins militaires avec tout
le soin imaginable; ce qu'il dit là-dessus mériterait la
plus grande attention, s'il en était temps encore. —

Mais ai-je donc rien négligé pour parvenir à ce but? N'ai-je pas fait l'impossible pour nous préserver au-moins du scandale gratuit de ces bulletins? Tout a été inutile. La seule chose à dire pour trancher cette question, c'est — que nous avons parlé de la guerre, comme nous l'avons faite.

Mardi 18. J'ai dîné à Gödöllö avec la princesse Esterhazy, la princesse Grassalkowitsch, et la princesse Charles Schwarzenberg. On n'a parlé que d'affaires publiques. On a beaucoup regretté que Metternich ait supplanté Stadion. J'ai cru juste et raisonnable de prouver que cette accusation était sans fondement; et que Stadion a été éloigné par les événe-mens, et non pas par une intrigue quelconque.

Le soir j'ai vu les deux princes Esterhazy. Le fils, le prince Paul, après avoir été quelques années en Angleterre, s'était rendu à Paris, chez le comte Met-ternich, a partagé son sort, et revient dans ce mo-ment de Komorn, où il retournera demain. Quoique j'eusse envie de lui faire des questions sur une quan-tité de choses intéressantes et curieuses, la grande af-faire du moment a absolument absorbé toute la conver-sation. J'ai appris de lui, qu'enfin il n'y avait plus qu'une voix sur l'archiduc Charles dans toute l'armée, que tout ce que j'avais prêché depuis trois mois à de sourdes oreilles était aujourd'hui généralement reconnu, que tout le monde le regarde comme celui qui a perdu l'armée et la monarchie, que s'il n'a appelé l'archiduc Jean que le 5, c'était (comme je l'avais bien cru de suite) son abominable jalousie, qui l'avait empêché de l'appeler plutôt etc. Dans cette conversation j'ai ap-pris, bientôt du père, bientôt du fils, des anecdotes incroyablement scandaleuses, tant sur les archiducs, que sur l'empereur. — Par exemple l'histoire de ce coup manqué de l'archiduc Jean est proprement celle-ci. S'attendant d'un moment à l'autre à devoir coopérer avec son frère Charles, et n'ayant tout-au-plus que 800 hommes de cavalerie sur 13 ou 14,000 d'infanterie, il demanda quelques régiments de cavalerie à l'archiduc palatin; le palatin les refusa tout net. Le cas arrive; l'archiduc Jean, appelé trop tard, ne trouve plus qui soutenir; on tient conseil sur ce qu'il doit faire. Quelques-uns soutiennent, qu'il doit aller, d'autres soutiennent, qu'il ne le peut, et qu'il ne le doit pas. Je crois qu'il aurait bien fait d'avancer, mais il est clair toujours, que ce qui l'a empêché de le faire, était ce manque total de cavalerie, auquel le palatin n'a jamais voulu suppléer. Ainsi c'est l'archiduc Charles, par sa jalousie, et le palatin encore par sa jalousie, qui ont paralysé l'archiduc Jean; et la bataille du 5 a été perdue par les fautes réunies des trois archiducs.

L'empereur avait tellement compromis son autorité avec ses frères, que la désobéissance à ses ordres était devenue l'histoire de tous les jours. On lui avait souvent conseillé de faire venir, sous un prétexte quelconque, le palatin au quartier-général pour mettre un terme à tout le mal qu'il faisait en Hongrie. J'avais moi-même fortement insisté sur cette mesure dans plusieurs de mes lettres à Bubna. Eh bien! Il se trouve maintenant, que l'empereur a fait ce que nous désirions, mais sans jamais parvenir à son but. Il a effectivement appellé le palatin et même plus d'une fois; celui-ci ne s'est point rendu à son ordre; sous l'un ou l'autre prétexte il a su constamment éluder son départ!!

J'ai fait ma profession de foi à Paul Esterhazy sur la grande question du moment; telle qu'il devait la communiquer au comte Metternich.

Mercredi 19. Hudelist a été appelé par le comte Metternich à Komorn; il est parti avec de tristes pressentimens, à-peu-près persuadé, que c'était pour travailler à une misérable paix.

Nous avons enfin vu l'armistice du 13, conclu à ce qui y est dit, entre les deux souverains, et „par leurs plénipotentiaires, munis de leurs pouvoirs." La ligne de démarcation est terrible. On dispute encore beaucoup sur la ratification, ou non-ratification de cet armistice; mais ce qui est bien certain, c'est que dès le moment, qu'il a été signé, il a été exécuté, que la citadelle de Brünn, et les deux cercles de Brünn et de Znaym ont été évacués, que l'archiduc s'est retiré à Iglau! — Quant à la ratification, ce qu'il y a de plus probable, c'est que l'empereur proteste seulement contre certains articles de cet armistice, tels que celui de l'abandon des pauvres Tyroliens, et de la cession de Fiume, et que Jean Liechtenstein et Bubna ont été envoyés chez Bonaparte pour faire des remontrances (bien plutôt que des protestations) relativement à ces articles.

Le soir chez le chancelier Erdödy, j'ai vu un rapport d'un homme, qu'il avait envoyé en courrier chez l'empereur, et qui a suivi celui-ci dans sa fuite. On voit par ce rapport que l'empereur a été obligé, de prendre sa route par Iglau, Czaslau, Chrudim et Leitomischel, pour arriver à Olmütz, et de là à Jablunka! Cela s'accorde bien avec ce que Bubna, après avoir écrit sa lettre du 10, me fit encore dire de bouche, que près de Brünn il avait manqué être fait prisonnier. C'est pour éviter le même danger que l'empereur (au lieu de suivre Bubna) se sera décidé à faire cet énorme détour. **Vendredi 21.** Hudelist est revenu de Komorn. J'ai été effrayé un moment, lorsqu'on m'a dit, qu'une de mes lettres avait été interceptée par les Français. La chose s'étant éclaircie, il s'est trouvé, que c'était celle, que j'avais écrite au comte Stadion le 7 à Tyrnau par estaffette. Je m'en suis consolé.

J'ai lu le soir les feuilles infernales de Cobbet du mois d'Avril. La crainte, que je nourrissais depuis quelque temps de quelque grande catastrophe, menaçant l'intérieur de l'Angleterre, a été prodigieusement augmentée par cette lecture, dont l'effet sur moi — je ne puis le dissimuler — a été presqu' aussi grand, que celui des plus épouvantables nouvelles, qui retentissaient dans mon voisinage direct.

Samedi 22. La substance de ce que Hudelist nous a apporté est proprement ceci. La bataille (dit-on) aurait pu être facilement gagnée; l'aile droite et le centre avaient tellement avancé, que Hiller avec 7000 hommes se trouvait déjà jusques dans la Lobau, lorsque M. de Grünne est venu lui dire „que cela n'entrait point dans les projets de l'archiduc." — L'armée de celui-ci est réduite à 50,000 hommes; car, quelque chose que l'on nous ait dit sur cela, l'aile gauche n'a jamais rejoint; ce qui est resté des 23,000 hommes, qui la composaient, se trouve à Olmütz ou dans les environs. L'empereur n'a point ratifié la convention; ou assure, ou soutient tout haut, que l'archiduc

n'y a été nullement autorisé, qu'il a agi d'après son
propre jugement; lui et les siens ont prétendu, que
l'armistice était d'une nécessité absolue. Aussi l'exécution a-t-elle suivi de près la signature; et l'archiduc,
non-content de se retirer à Iglau, a encore disloqué
et dispersé son armée, comme s'il s'agissait d'une trève
de deux ans. — Bonaparte ne pouvait point insister
sur la ratification de cette trève; il la prend telle
qu'elle est, profitant de tout ces avantages, se promet-
tant bien de la rompre aussitôt qu'il le jugera convenable, et préludant déjà à cette rupture par des accusations de perfidie etc. —

Dans cet état des choses on a résolu de rassembler en Hongrie et principalement à Komorn la plus
grande partie de l'armée. On a demandé 25,000 hommes
à l'archiduc Charles, lui annonçant en même temps que
l'empereur ayant pris lui-même le commandement on
n'avait plus besoin d'un généralissime; même après cette
nouvelle, il n'a pas donné sa démission sur-le-champ;
cependant il paraît sûr, que pour cette fois nous en serons
délivrés. — Ces 25,000 et les 30,000 que l'on donne à l'archiduc Ferdinand, doivent donc se rendre par la Jablunka (ainsi les premiers par un chemin de plus de 60
milles!!) en Hongrie où le prince Jean Liechtenstein
et Bellegarde les commanderont, l'archiduc Ferdinand
étant destiné à commander le corps de 25,000 hommes
qui doivent rester en Bohême. — L'empereur doit avoir
le commandement en chef de toute l'armée, qui sera
composée de ces corps, et des 60,000 hommes réunis
déja sur la Raab. Chateler sera son quartier-maître-
général. — On veut demander à Bonaparte les conditions de la paix; mais pour peu qu'elles soient oné-

reuses, on veut de nouveau la chance de la guerre.
Et pour définir le mot onéreux, il faut savoir, que
(selon Hudelist) l'empereur ne veut pas même entendre
parler de la cession du Littorale; à en juger, comme
on représente la chose, il croirait tout-au-plus devoir
proposer Salzbourg pour avoir la paix. Au-reste tout
ce qui l'entoure, Metternich, Jean Liechtenstein,
Bubna etc., est, selon ces mêmes données, parfaitement d'accord; et, si le tout n'est pas une honnête
comédie, pour en imposer à l'ennemi, et obtenir des
conditions plus avantageuses (ce que cependant je ne
crois pas) il y a grande apparence que la guerre recommencera avant que l'armistice soit à son terme.

Quand on pense ce que c'est, que l'armée, sur laquelle s'appuie tout ce plan — que parmi les 60,000
qui y sont déjà, il y en a tout-au-plus, 25,000 troupes
de ligne, — que tous ceux qui arrivent par la Jablunka,
ont des marches de 60 milles à faire, — que les archiducs qu'il s'agit d'éloigner aujourd'hui, ont leurs partisans et leurs amis, qui sauront détruire par leurs ca-
bales le peu de bon esprit, qui aura encore survécu du
découragement inévitable après tant de malheur, —
que toute cette nouvelle machinerie exigerait un temps
considérable pour se monter, pour agir avec effet, —
que Bonaparte, placé avec 90,000 hommes (voilà au
moins, comme le prince Liechtenstein le taxe) au centre
de la scène, entre Vienne et Presbourg, ne nous laissera
jamais le temps de rassembler et de réorganiser nos
forces, — que si nous y parvenions ce ne sera pas une
chose facile que de l'attaquer dans sa position centrale, —
qu'une fois battus, il est impossible de deviner où nous
prendrions de nouveaux moyens, et qu'alors toute négo-

ciation deviendra impossible, — on est étonné de la
témérité de ces projets. Si tout cela est sincère, ou
bien, ceux qui les méditent, ont plus de courage et de
grandeur d'âme que nous leur en aurions jamais supposé,
ou bien, c'est un aveuglement complet et mortel, qui
finira par la déstruction totale.

Le comte Stadion n'a point quitté le ministère,
preuve additionnelle du peu d'envie que l'on a de finir
la guerre; mais, pour qu'il y ait une pierre d'achoppement de moins dans les négociations, on le tient à l'écart,
vel quasi, en reserve, pour le produire de nouveau, si
les négociations échouaient. Je ne puis pas dire, qu'un
pareil manège me paraisse ni bien encourageant, ni
sur-tout bien honorable; et je suis réellement surpris
de voir le comte Stadion se prêter à ce système.
Il était à Gross-Meseritsch en Moravie, d'après sa
dernière lettre; le comte Zichy sur un autre point de
la Moravie, près de Zwittau; quel décousu! quel perspective! pour recommencer la guerre!

Il a du reste envoyé une estaffette à Hudelist, pour
lui annoncer la grande nouvelle, qu'un corps de troupes
anglaises a débarqué le 7 de ce mois à Ritzebüttel,
sous Lord Chatham et Sir Home Popham. On les
évalue à 15,000 hommes. La résolution du ministère
anglais de se porter à une mesure pareille, a quelque
chose de grand, de vraiment imposant, sur-tout lorsqu'on
réfléchit aux difficultés et embarras sans nombre, que ce
ministère éprouve dans ses relations intérieures et ex-
térieures. M. Canning est le dernier des Romains!
— Quant à l'effet réel, que cette descente peut produire,
je le crois nul; elle influera peut-être pour quelque
chose sur les conditions de la paix; elle rendra un sou-

lagement momentané à la Bohème, que sans cela je
voyais déjà envahie par l'armée d'observation sous Jé-
rôme; — mais elle ne produira pas de changement
éssentiel. Il est aujourd'hui certain que la mission de
Steigentesch à Königsberg a absolument manqué
son but, que la Prusse n'agira pas. Comment donc ces 15,000
Anglais feraient-ils pour espérer une diversion efficace?
Lundi 24. Hudelist parti de nouveau pour Komorn — l'armistice enfin exécuté sur tous les points —
et le prince Jean et Bubna, envoyés à Vienne, n'étaient
pas de retour — les paris sont ouverts pour la paix
et la guerre. En jugeant d'après le langage que le
cabinet veut qu'on tienne, et d'après tout ce que l'on
dit de la fermeté de Metternich etc., la reprise des hostilités doit être considérée comme le résultat le plus
probable; mais je ne sais quel pressentiment secret
me fait plutôt pencher pour la paix.

Le comte François Zichy, lieutenant-colonel d'une
division de houssards de l'insurrection, est venu ici;
gendre de Mad. de Ferraris, c'est là qu'il nous a donné
des détails, lesquels, joints à tout ce que nous savions,
doivent faire trembler à l'idée que cette guerre pourrait
encore se prolonger. La conduite des archiducs entre
eux a été pire que ne saurait l'être celle des plus mauvais alliés; j'ai dit que nous avons trouvé le moyen de
dissoudre la mauvaise coalition, l'unité de pouvoir si re-
doutable, qu'un État tel que l'Autriche aurait pu et dû
exercer. — Des contradictions, des contre-ordres, des per-
fidies, des niches, tout ce que l'on peut imaginer pour se
déjouer réciproquement! Le palatin a certainement refusé
les régiments de cavalerie à l'archiduc Jean; cependant,
dit Zichy, pour être juste envers tous, il faut convenir

aussi, que Jean avait scandaleusement abusé des secours que le palatin lui envoya lors de son arrivée à
Körment après sa triste retraite; il laissait les trois
régiments hongrois continuellement à l'arrière-garde et
à une grandissime distance de son corps, pour assurer
la retraite de celui-ci; et quand ces trois régiments
perdirent beaucoup de monde, il tint, ou au-moins on
l'accusa d'avoir tenu des propos légers sur cette perte,
faisant entendre, que ce n'était que de l'insurrection!

— A la bataille de Raab, ni l'un, ni l'autre des l'archiducs voulait avoir commandé; il n'y eut aucun ordre,
aucune disposition; par un espion on crut l'ennemi de
10,000 hommes, tandis qu'il eut le triple ou le quadruple
de cette force; personne ne choisit le terrain; les troupes restèrent là où le hazard les avait conduites; il y
eut peut-être vingt bonnes positions à prendre, on ne
se donna pas même la peine de les reconnaître. —
Il est assez plaisant que dans de telles conjonctures Baldacci et Bathurst se préparent à faire de
très-sérieuses remontrances contre la paix. Bathurst,
entraîné par l'autre, et n'étant pas lui-même bien sûr
de son fait, m'a confié ce grand projet. Je lui ai dit,
combien je le trouvais déplacé et ridicule.

Mercredi 26. J'ai engagé Bathurst à écrire au
comte Metternich pour apprendre enfin d'une manière authentique ce qui en est des négociations de
paix. Je lui ai rédigé une lettre, dans laquelle tout
est fondé sur la situation critique, où se trouveraient
les forces anglaises débarquées dans le nord de l'Allemagne si la guerre finissait subitement de ce côté-ci.
Cette forme vaut beaucoup mieux que celle imaginée par
Baldacci. Bathurst a adopté mon projet et ma lettre.

A en croire le prince Esterhazy, le congrès s'ouvrira incessamment à Oedenburg. — J'ai eu de longues conversations avec le comte O'Donnell et autres. Chaque jour ajoute à ma persuasion, que la reprise des hostilités ne ferait qu'aggraver nos malheurs. Au lieu de Chateler on vient de nommer — **Duca!** quartier-maître-général de l'empereur.

Le misérable comte Pergen est arrivé de Vienne, où Bonaparte exerce toutes sortes de vexations et de tyrannies. Il a fait arrêter beaucoup de personnes, entr'-autres Merlin, et le secrétaire de Ruffo; il maltraite extrêmement la maison de Rasumoffsky etc. Jean Liechtenstein, que l'on peut regarder aujourd'hui comme le chef de nos affaires, est le seul pour lequel il continue d'avoir des égards. Lui et Bubna sont toujours à Vienne.

Vendredi 28. J'ai lu chez le baron de Hager (chef du département de la police) la gazette de Vienne, qui contient ma lettre de Tyrnau au comte Stadion, avec un préambule rempli d'injures. Cela m'a peu touché.

Ruffo, Pozzo, Roger-Damas sont arrivés de Kaschau, François Palffy de l'armée. Celui-ci avait été nommé colonel du nouveau régiment que le comitat de Neutra vient de former, et l'empereur avait confirmé sa nomination; le palatin vient de la renverser.

Beaucoup de conversations avec Pozzo, avec Damas, avec les Ferraris; mais peu de résultats. — Le comte O'Donnell m'a communiqué un rapport de Cracovie, d'après lequel les Polonais et les Russes ont conjointement cette ville.

Samedi 29. Une longue conversation avec Fr. Palffy

ne m'a appris que quelques nouveaux détails sur ce que
je savais déjà, et sur ce qu'un jour je saurai plus amplement par mes amis de l'armée. — Aucun de ceux-
ci, ni Wallmoden, ni les Hardegg, ni les Stutterheim, ni Tettenborn, ni Wartensleben etc. ne
sont morts. Le prince de Cobourg a perdu deux
doigts d'un pied; il paraît que le prince de Hessen-
Hombourg en reviendra. La mort du colonel Choteck
est des désastres particuliers celui que je regrette le
plus. Au reste Palffy prétend, que la retraite du 6,
et l'armistice étaient l'un et l'autre absolument nécessaires, après toutes les fautes, par lesquelles l'archiduc
avait voué l'armée à la défaite. Il paraît qu'enfin celui-ci a donné sérieusement sa démission.

Quant à la paix, les négociations continuent; et
Bubna est encore envoyé à Vienne; cependant la chose
paraît moins avancée qu'on ne l'aurait cru.

Lundi 31. Joseph Kraus est arrivé de Londres.
— Ce que nous avons su jusqu'ici de l'expédition ne
se rapportait qu'à l'avant-garde. La grande expédition
(qui n'avait pas débarquée le 18) doit être au-delà de
30,000 hommes. — La résolution du gouvernement anglais est bien belle et bien sublime; ils avaient si peu
de confiance dans nos succès, que lorsque Kraus est
venu à Londres vers la fin de mai, M. Canning après
lui avoir demandé, comment les choses allaient en Autriche, lui a dit: *'Tis all over with them!* — Et malgré cette conviction aussi triste, que fondée, ils ne se
refusent pas à une dernière tentative!

Août.

Mardi 1. J'ai eu aujourd'hui (pour Hudelist, qui a été à Bude pour quelques jours et est retourné à Komorn) une lettre du comte Metternich, dans laquelle il m'invite à lui communiquer mes idées! — Les personnes les plus instruites se croient persuadées, que la guerre recommencera, et que les démonstrations même, que nous faisons pour négocier, n'ont d'autre but que celui de gagner du temps. Il s'est établi aujourd'hui chez Bathurst une discussion très-animée et très-prolongée sur l'état actuel de l'Autriche, entre Hardenberg, Ruffo, Pozzo, Roger-Damas et moi! J'y ai développé les idées que je compte exposer dans ma lettre au comte Metternich; et tout le monde m'a rendu justice.

La découverte d'une imposture infame que le journal de Francfort s'est permise en falsifiant le discours du roi d'Angleterre à la clôture du parlement, nous a beaucoup occupé aujourd'hui. Je ferai un article pour la mettre devant le public.

Une autre imposture, pas moins infame, quoique moins importante, est celle du 23ᵐᵉ bulletin français sur les prétendues explications de l'empereur et de l'impératrice avec M. de Pergen, lors de sa dernière mission au quartier-général. — Pergen ist ici depuis huit jours. J'ai fait sentir au comte O'Donnell tout ce qu'il y a de déshonorant pour cet homme dans le soupçon qui plane sur lui, s'il ne fait pas l'impossible pour s'en laver. Mais c'est une de ces âmes de boue avec lesquelles ces sortes de considérations sont sans effet. Je crois cependant, que le comte O'Donnell l'entreprendra sérieusement. **Mercredi 2.** Je me suis beaucoup occupé des gazettes anglaises du mois de mai et juin — Elles sont bien moins effrayantes que celles qui les avaient précédées. — Il paraît que la nouvelle faction n'a gagné ni en crédit, ni en prosélytes; ce sont toujours cinq ou six meneurs — Burdett, Wardle, Cartwright, Lord Cochrane, Whitbread etc. qui forment le seul noyau, tandis que les deux grands partis au parlement se sont prononcés avec une égale vigueur contre tout projet de révolution sous le titre de réforme parlementaire. — Les sentimens universels dont la nation anglaise paraît pénétrée pour la cause de l'Autriche, m'ont beaucoup touché; et la manière dont on a parlé de notre manifeste m'a fait un sensible plaisir.

Jeudi 10. Depuis plus de huit jours je n'ai rien écrit dans ce journal. Il est vrai qu'une sorte de stagnation a eu lieu dans les affaires et dans les nouvelles; mais de plus, l'état de mon âme a été tel que le dégout et le découragement m'ont ôté la faculté de m'en occuper. Depuis huit jours je travaillais à un mémoire, en forme de lettre adressée au comte Metternich; cette pièce était près d'être achevée; je l'ai brusquement laissé-là; il est inutile de donner à ces messieurs des conseils faibles, que les circonstances ne leur prêchent que trop, et dangereux de leur donner des conseils vigoureux, qu'ils n'ont ni la force, ni les instrumens pour exécuter.

Voici en attendant la substance de ce que j'ai su de plus authentique les derniers jours.

Bubna a été deux fois à Vienne; cependant il paraît que les questions essentielles n'ont point encore été abordées, et que tout ce que l'on croit savoir des conditions de la paix n'est fondé que sur des conjectures! — Pendant quelques jours on nous a menacé de propositions extravagantes; Bonaparte devait avoir demandé Vienne et le Danube pour frontière, et Dieu sait quoi; nous imaginâmes déjà qu'aucune négociation n'aurait lieu. — Mais maintenant on assure, qu'il ne s'agira que d'une partie de la Gallicie, de Salzbourg, de l'Inn-Viertel, et de l'occupation commune de Triest et Fiume. — Le grand article sur lequel les pourparlers ont roulé jusqu'ici, était celui d'une réduction de notre armée à 100,000 hommes, article que Bonaparte a demandé comme préalable de la négociation, mais que nous n'avons voulu admettre que pour en faire un des objets. On dit, qu'il s'est enfin prêté à cela, et que le congrès commencera à Altenbourg dans peu de jours.

Malgré que l'empereur de sa personne paraît fort. incliné pour la guerre (disposition dans laquelle je ne le crois point animé par aucun des principaux personnages; car Stadion est absent, et peut-être lui-même prononcé pour la paix; et ni Metternich, ni Bellegarde, ni Jean Liechtenstein ne sauraient plaider avec force la thèse contraire, mais tout-au-plus par Baldacci, homme ardent et borné, et jusqu'à un certain point par l'impératrice), je crois fermément, que si les conditions ne sont pas plus dures, qu'on les dit aujourd'hui, on finira par y souscrire.

Si la guerre recommence, Bellegarde sera ad latus de l'empereur, et Jean Liechtenstein aura le premier commandement. Jusqu'où ce commandement s'étendra, comment il sera amalgamé avec l'autorité ou l'influence de Bellegarde, ce que l'on fera des archiducs, contre lesquels Jean Liechtenstein proteste etc., toutes ces questions paraissent encore très-indécises.

D'après tout ce que me revient sur l'état des choses à Komorn, on s'y trouve dans une étrange situation. Personne ne gouverne proprement. Il n'y a ni centre, ni ensemble. On veut, et on ne peut pas. Chacun fuit la responsabilité autant, qu'il le peut; l'empereur est beaucoup trop faible, pour s'arrêter à un parti quelconque; ont perd un temps précieux; on s'égare dans les partis contradictoires. — Tout le monde convient, qu'il est difficile de dire, comment on dirigerait la guerre pour lui donner une tournure plus favorable.

Le comte Stadion est allé de Olmütz à Prague, au lieu de se rendre à Komorn, où on l'attendait depuis plusieurs jours. — Je suppose, qu'il veut rester éloigné jusqu'à ce que la grande question soit décidée.

Une anecdote qui peint bien le caractère et la mesure de talent de ce cabinet, est celle, que le prince Esterhazy, de retour de Komorn, m'a racontée, et que je mettrais sur le compte de cette exagération vulgaire qui règne dans la plupart de ses tableaux et de ses critiques, si O'Donnell et Mercy ne convenaient pas de sa vérité. Il y a plus de quinze jours, que l'empereur a chargé Pergen (!) de porter une lettre

8 *

à l'archiduc Regnier, et de délibérer avec lui, pour savoir, quelle somme en numéraire on pourrait accorder aux Français pour obtenir la paix. Regnier a été obligé de consulter le ministre des finances, lequel — en homme d'honneur et de sens — a déclaré qu'on ne pourrait rien donner. Mais loin de s'en tenir à ce résultat, les autres ont déclaré, qu'on pouvait donner 100 millions de-suite, et trouver les moyens, pour donner encore 100 millions! — Esterhazy ajoute, que l'ennemi est déjà pleinement au-fait de ces recherches plus qu'indiscrètes; et il n'y a pas de doute, qu'avant même de les avoir entamées, Pergen n'ait pris sur lui, de compromettre la monarchie avec Bonaparte; et cependant c'est ce même homme, que l'on choisit pour suivre cet objet; homme si peu digne de confiance, que O'Donnell, tout en le défendant contre moi sur des accusations de première importance, m'a constamment dit, qu'il le regardait comme un fou, qu'on avait oublié d'enfermer.

O'Donnell a écrit une excellente lettre au comte Zichy pour exposer le mal qui résulterait de la conservation des archiducs au commandement de l'armée. — Ce n'est après-tout qu'une des plaies de l'État: et pourtant, il est peu probable, qu'elle soit guérie. — L'archiduc Charles a enfin absolument quitté le commandement, et même le service, et il se retire tout-à-fait.

On persiste à assurer qu'au-delà de 200,000 hommes seront rassemblés dans peu en Hongrie sur les deux rives du Danube. — Ce nombre paraît si incroyable, qu'il faut au-moins que le tiers de cette force soit composé de recrues ou de corps tels que les milices, l'insurrection etc.

Samedi 12. J'ai eu une conversation avec le comte O'Donnell sur cette incroyable histoire de Pergen. Il est donc bien certain, que l'empereur, uniquement pour se délivrer de la présence de cet homme à Komorn, lui a donné la fameuse commission pour l'archiduc Regnier, dont il est question plus haut; il est certain encore, qu'il avait fait entrevoir à Bonaparte, qu'une somme de 60 millions en numéraire n'était point au-dessus de nos forces; il est vrai encore, que déjà lors de sa première arrivée au quartier-général, il avait dit, qu'il serait facile d'avoir la paix en donnant 60 millions à Napoléon, 2 à Champagny, 2 à Savary etc. etc. — Ce qu'il y a d'affreux dans toute cette histoire, c'est que l'empereur ait pu avoir l'excessive légèreté, de charger d'une commission aussi délicate, que celle de vérifier nos ressources pécuniaires, un homme qui pour sa dernière conduite était en horreur à tous les honnêtes gens, et qui, selon moi, était criminel dans toute la force du terme.

Enfin, pour achever tant de misérables demi-mesures, l'empereur, s'étant aperçu, que le séjour de cet homme à Bude pouvait être plus dangereux encore que son séjour à Komorn, ne voulant pas le renvoyer à Vienne, et n'ayant point le courage de le reléguer en Bohême — vient de l'envoyer faire un tour en Hongrie, à Temesvar, Nagy - Banya, Chemnitz etc. pour examiner, combien il y a de cuivre dans ces différens endroits, chose que la chambre des finances sait chaque semaine au juste; si bien que Pergen lui-même a bien vu qu'il s'agisait seulement de l'éloigner.

Quant au grand objet des contributions pécuniaires, l'empereur, toujours fidèle à son système, tout en

demandant l'avis de son frère Regnier, a aussi demandé
celui du comte O'Donnell, ajoutant, qu'il ne se réglerait
que sur celui-ci. M. O'Donnell lui a répondu en honnête
homme. Il a déclaré, que selon lui, on ne pouvait
et ne devait jamais écouter aucune proposition de
tribut pécuniaire; que la chose était non seulement
pernicieuse, mais inexécutable; qu'il était même persuadé,
que les Français ne la mettraient en avant, que pour
avoir un prétexte d'occuper plus longtemps nos provinces etc.

Le comte O'Donnell est persuadé, que ce sera l'article de l'argent, qui rendra la paix impossible. Quant
à moi, je crois tout le contraire. Je suis persuadé,
que si on peut s'arranger sur les cessions territoriales,
on ne rompra pas de nouveau pour le seul point de
l'argent. Mais je suis également convaincu, que cet
article produira tout le mal que le comte O'Donnell en
redoute; et avant même de connaître son opinion là-
dessus, j'avais dit dans mon mémoire, que dans les circonstances, où nous nous trouvions, j'aimerais mieux
telle cession territoriale de plus, que l'effroyable condition des tributs.

J'ai reçu aujourd'hui une lettre de M. de Stein,
dans laquelle il me fait part de ses idées sur les mesures à prendre dans le cas d'une expédition anglaise
dirigée vers le nord de l'Allemagne. Nous savons maintenant que l'expédition anglaise était destinée pour la
Hollande; ainsi tous ces projets tombent. Au-reste j'ai
été étonné de voir, combien cette âme vigoureuse a
conservé ses anciens plis et ses espérances, malgré tous
les tristes événemens qui se sont passés.

Mardi 15. Ferdinand Palffy, avec lequel j'avais

beaucoup correspondu ces jours-ci, est arrivé de Komorn. Le fait le plus curieux qu'il m'a appris, c'est
que Bubna a été envoyé à Vienne pour complimenter Napoléon à l'occasion de sa fête. Metternich est parti hier pour Altenbourg avec Esterhazy,
Floret, et le général Nugent. — J'ai longtemps discuté avec Palffy la grande question du moment. Il
me paraît, que l'empereur et l'impératrice (quoique M.
de Ruffo prétende savoir de science certaine, que celle-
ci inclinait aujourd'hui pour la paix) ne demanderaient
pas mieux que de recommencer la guerre, et qu'ils se
bercent de toute sortes d'illusions et de lieux communs.
Cependant aucun calcul raisonnable ne se fait entendre;
Palffy dit lui-même, que les généraux paraissent tous
contraires à ce projet, et que Bellegarde a nettement
déclaré à l'empereur, que l'armée, quoique très-brave,
n'était plus ce qu'elle a été à l'ouverture de la campagne. — Les conditions, dont toutefois personne
n'a encore connaissance positive, paraissent être réellement aussi modérées, que je les ai cité plus haut.
(10 août.) Et comme il est très-probable, que Metternich
au fond de son âme est décidé pour la paix, les chances
de celle-ci sont indubitablement plus fortes, que celles
de la reprise des hostilités. Palffy lui-même, tout en
se rendant avec répugnance à mes raisonnemens, en
est persuadé.

Aujourd'hui j'ai vu aussi le colonel prussien Knesebeck,
qui a joué un rôle distingué dans la dernière guerre, qui ensuite a été plusieurs fois à Vienne avec des commissions
secrètes, et qui maintenant a été à Komorn, probablement
pour chercher service. Car les Prussiens, comme tant d'autres se flattent toujours de la continuation de la guerre.

Par lui, et par Johnson (agent anglais arrivé aujourd'hui de Prague) j'ai su, que le duc de Brunswic-Oels n'a pas voulu reconnaître l'armistice, a recommencé les hostilités avec 1500 hommes, s'est porté sur Leipzig, Halle, Halberstadt, Brunswic dans l'idée d'atteindre la mer et de se joindre à l'expédition anglaise (de laquelle on ne sait plus rien) — pour finir comme Schill.

Voici comment on raconte l'histoire de notre armistice, et comment on explique l'assertion de l'archiduc Charles (dans un fameux ordre à l'armée du 26 juillet, contre les propos téméraires des officiers) „que l'ennemi avait proposé cet armistice." — L'archiduc a envoyé le 4, au moment où il a vu que la bataille devait s'engager, le général Weissenwolf à Napoléon, pour parlementer sur la paix. C'est à cette occasion que Bonaparte se plaignant des difficultés que l'on opposait à l'échange de Durosnel (un de ses favoris) disait à Weissenwolf: „Si la moindre chose arrive à D. je ferai massacrer tous les prisonniers autrichiens. — Non! car ils sont innocens; mais je ferai violer les dames de Vienne par mes tambours." — Après les pourparlers, il garda Weissenwolf auprès de lui, le fit aller à Vienne, pour revenir le jour de la grande bataille, et le traîna avec lui pendant sa marche sur Nicolsbourg, pour tourner l'armée autrichienne. Jusques-là il n'avait jamais donné de réponse; et il est clair, que son projet était d'attendre le dénouement final, pour savoir, s'il entrerait ou non, dans des propositions pacifiques. Repoussé à Znaym dans la bataille du 11, il fit annoncer tout d'un coup, que Weissenwolf lui ayant fait ses ouvertures, il était prêt à les accepter. C'est sur cela que les négociations commencèrent; et c'est sous ce prétexte, qui prouve bien plus la ruse, que la détresse de Bonaparte, que l'archiduc a cru pouvoir avancer, que l'ennemi avait proposé l'armistice, tandis que lui avait entamé les pourparlers à une époque, où cela lui fait bien peu d'honneur.

Ferdinand Palffy, qui a vu l'archiduc Charles à Leitomischel, a eu une conversation avec lui, dans laquelle l'archiduc, protestant qu'il avait tout fait, et qu'il aurait peut-être fait plus, s'il avait été mieux obéi, a ajouté, qu'il ne pouvait plus se charger du commandement, que la paix était indispensable, que, si on voulait absolument la guerre, il abandonnerait à d'autres une tâche qui lui paraissait inexécutable etc.

Knesebeck m'a donné une explication très-lumineuse des batailles de Pultusk et d'Eylau, et du rôle qu'ont joué dans ce temps-là les généraux russes Kamenskoi, Bennigsen et Tolstoi. — J'y reviendrai une autre fois.

Mercredi 16. Le major Kleist est arrivé ici de Berlin par Komorn. C'est le même, à qui j'avais donné, il y a six mois, la lettre pour Hammond. — (Voyez 4 février.) Mon calcul d'alors était juste; il a été effectivement celui, qui a porté la première nouvelle du départ de Wallmoden pour Londres. Ma lettre au reste lui a fait beaucoup de bien; non-seulement qu'elle lui a procuré sur le champ une réception excellente, et très-flatteuse pour moi; mais par le fait, presque toutes ses autres adresses étant pour la duchesse de York, qu'il a trouvé dans la terrible époque, où l'on faisait le procès à son mari, et qui lui a fait dire, qu'elle ne pouvait absolument rien faire pour lui, cette lettre a été son seul passe-port. Bientôt il a trouvé le moyen d'inspirer une grande confiance à M. Canning, et il a obtenu (pour les projets que lui et les siens nourrissaient, et nourrissent sans cesse relativement à des mouvemens dans le nord de l'Allemagne) d'abord tout ce qu'il a pu désirer de secours immédiats, et en-outre des promesses magnifiques. Rarement un étranger a si complètement réussi en Angleterre.

Kleist est un enthusiaste. Son courage, et l'énergie de son caractère lui font tout voir en beau; ainsi, bien loin de se rendre aujourd'hui, il donne encore dans les perspectives les plus brillantes. — Je ne saurais les partager avec lui; j'en ai trop vu pour me bercer d'illusions. Cependant il m'a dit trois choses assez importantes.

1. Que l'expédition anglaise était effectivement destinée pour le nord de l'Allemagne, et que ce n'est que sur la nouvelle de notre armistice, qu'elle a rebroussé chemin, pour attendre de nouveaux ordres. Si elle va en Hollande, ce ne sera qu'un intermezzo. Il assure que c'est par lui que lord Chatham a reçu la première nouvelle de l'armistice, et qu'il lui a fait écrire, qu'aussitôt que les affaires d'Allemagne reprendraient un aspect favorable, il serait là pour coopérer.

2. Que malgré tout ce que nous avions su jusqu'à présent, le roi de Prusse était prêt à se déclarer pour nous, que Knesebeck avait été pour cela envoyé à Komorn, qu'il y avait porté des explications assez positives, que pour peu que nous lui donnions l'assurance de nous souvenir de lui dans nos négociations, il leverait le masque tout-à-fait, et que si la guerre recommencait de notre côté, il agirait incessamment du sien. Il y a certainement beaucoup de vrai dans ce récit;

et je crois très-fort que telle a été la raison pour envoyer Knesebeck à Komorn, et que Finkenstein
même est dans le secret, sans oser me le confier. Mais
une autre question est, si tout cela a ce degré de con-
sistance et de maturité que Kleist y attribue, et si ces
pourparlers ne seront pas le second tome des fameuses
ouvertures du prince d'Orange après la bataille d'Aspern, qui ont amené la mission absolument inutile de
Steigentesch.

3. Que Nugent, qui est allé à Altenbourg avec
Metternich, a dans cette négociation un rôle plus
considérable, que je ne le croyais, que l'empereur lui
avait donné des instructions particulières, que Nugent
était décidé contre la paix, et qu'il ferait l'impossible
pour l'empêcher. C'est de N. lui-même qu'il tient tout
cela; et si N. n'a pas exagéré un peu sa propre importance, il est sûr que cette circonstance a son poids.

Aujourd'hui Schlegel est aussi arrivé ici, pour y
établir sa gazette. Il m'a dit, que l'armée était dans
les meilleures dispositions, et ne demandait que la guerre.
Il ne paraît pas non plus compter beaucoup sur la paix.
Il prétend, que l'expédition anglaise ferait une diversion
puissante en Allemagne, que Bonaparte n'a juste que
ce qu'il lui faut, pour nous tenir tête, qu'il serait hors
d'état de détacher, et que des progrès considérables
dans le nord de l'Allemagne pourraient le forcer de
sortir de sa position de Vienne.

Vendredi 17. M. de Binder est arrivé de Prague,
où il a laissé le comte Stadion. Il m'a assuré que
l'état de son âme était tel, que malgré la faveur particulière dont il a toujours joui auprès de lui (et je sais
quel cas il fait de Binder) il n'a pas depuis la bataille

16 Aug. 1809

de Wagram osé lui parler une seule fois de la situation actuelle des affaires. Il croit que de Prague il retournera à Olmütz, et que là, mais pas plus loin, il attendra le dénouement. Ce trait dans le tableau de nos alarmes n'est pas le moins remarquable.

Binder était à la suite de l'empereur lorsque des hauteurs de Hohenleiten on a été spectateur de toute la bataille de Wagram. Le 6 à midi, l'archiduc fit dire à l'empereur qu'il ferait bien de se mettre en sûreté; alors il partit avec toute sa suite et passa la nuit à Ernstbrunn. — C'est-là que le lendemain, le 7, il s'entama d'abord de longues conversations entre Stadion et Metternich, et puis, entre celui-ci et l'empereur, relativement à des propositions de paix. Champagny et Savary avaient jeté quelques phrases dans le sens pacifique lorsque Metternich passa par Vienne; l'échange de Metternich ayant été retardé, il n'arriva à Wolkendorf que le 4, et voyant la bataille engagée il ne voulut pas entamer le sujet; mais à Ernstbrunn il ouvrit sa malle; et alors il fut résolu d'envoyer le prince Jean Liechtenstein à Bonaparte.

Plus tard Binder m'a certifié que le comte Stadion a effectivement donné sa démission, mais que l'empereur n'a jamais répondu à cette proposition. Il a fait cette démarche, pour qu'il ne soit pas dit, qu'on l'ait renvoyé si la paix se faisait.

Mardi 22. Mercredi 23. Le général Bubna est arrivé de Dotis, où l'empereur s'est rendu de Komorn. J'ai eu avec lui les conversations les plus intéressantes; il m'a communiqué des données très-instructives et très-curieuses, dont voici les principales, que je me rapelle.

On veut sincèrement la paix. Il n'y a plus personne

qui soit porté pour la guerre, au-moins qu'elle ne devienne indispensable par des démarches exorbitantes de la part de l'ennemi. L'empereur est le seul qui tienne encore un langage guerrier, par sentiment et point d'honneur, plutôt que par raisonnement; et il est très-probable, qu'il se rendra, lorsqu'il verra qu'il n'y a d'autre chose à faire, et que tout le monde lui parlera dans ce sens. L'impératrice paraît aussi très-prononcée pour la guerre; mais son influence est nulle; B. prétend même que l'empereur la traite avec beaucoup de froideur et qu'il la voit très peu. — Metternich qui est évidemment aujourd'hui l'acteur principal, sans dévoiler le fond de son âme, ne désire certainement que la paix, et ne négligera rien, pour la faire réussir. Nugent qui est avec lui, ne l'en empêchera pas. Celui-ci a eu le jour même de leur arrivée à Altenbourg une scène avec le général Grouchy, commandant de la place, qui a fait tant de peine à Metternich, qu'il a dit à Bubna: „Je vois bien que si je ne m'enferme pas tout seul avec Champagny, nous n'avancerons guère." — Hudelist est celui qui fait les rapports à l'empereur de tout ce qui arrive d'Altenbourg; il n'y a pas de doute, qu'il ne soit de-même très-prononcé pour la paix; il s'est plusieurs fois plaint à Bubna de la trop grande chaleur et témérité de l'empereur (peut-être il ne veut pas entendre parler de la perte de Trieste etc.); et je suis persuadé, que sans prendre beaucoup sur lui, il se gardera cependant de dénaturer le moins du moins les démarches que Metternich fera, pour parvenir à son but.

Enfin, chose qui m'a également frappé et réjoui — le comte Stadion lui-même est pénétré de la nécessité de faire la paix. Bubna me l'a positivement et ité-

rativement certifié; et quoiqu'il ne m'ait pas fourni la
preuve directe, je suis cependant bien convaincu, qu'il
doit le savoir.

Tous les hommes sensés et éclairés regardent la
reprise des hostilités comme le plus grand des malheurs
pour nous. L'esprit de l'armée est bon; nous aurions
des forces suffisantes pour tenir tête à l'ennemi, mais
nous n'avons pas de général. Bubna, très fort des
amis du prince Jean, dit lui-même que ce serait une
absurdité de le croire capable de commander une
armée et sur-tout contre un général tel que Bonaparte.
Si nous avions un million d'hommes sur le Danube —
dit B. — je désespérerais encore; car personne n'est
en état de les conduire. Bellegarde est un faible
courtisan; tous les autres ne sont faits que pour les
placer au second ou troisième ordre. — Chateler a
tellement baissé (depuis le fameux décret de Bonaparte
contre lui!!) qu'il est tout-à-fait hors de question.

Le grand point est donc seulement de savoir, si
Bonaparte a l'intention sérieuse de faire la paix, ou
s'il ne l'a pas. Mais c'est-là un point bien difficile à
décider. Bubna m'assure qu'il a trouvé Bonaparte
extrêmement changé depuis 1805, qu'il est devenu beaucoup moins familier, bavard et franc en bien et en mal,
et au contraire très grand-seigneur, très bonhomme et
impénétrable. Personne ne connaît son secret. Les
généraux les plus marquans, Savary, Oudinot etc.
avouèrent à Bubna qu'ils n'en savaient plus que lui.
Maret, très-compassé lui-même, est encore le seul,
qui ait l'habitude d'une certaine confiance auprès-de-lui.
Champagny n'est qu'un laquais-esclave. (Celui-ci
entre autres s'est mis dans une grande fureur contre

l'argument que nous avions tiré de sa note du 29 juillet
1808 pour prouver que le gouvernement français nous
avait dès-lors déclaré la guerre — argument dont je puis
bien dire, que j'ai été l'inventeur, car c'est moi qui l'ai
indiqué au comte Stadion comme le point de tout notre
plaidoyer. — Il lui a dit aussi, que c'était à nous que
l'empereur était redevable d'avoir perdu le Portugal,
et de se voir de nouveau menacé en Espagne). —
Le changement qui s'est opéré dans la manière d'être
de Bonaparte a été observé de-même par le prince
Jean Liechtenstein, qui dit, qu'en 1805, il a plus
tiré de lui dans un quart-d'heure que cette fois-ci en
plusieurs jours.

Dans le peu de choses que Bonaparte a fait tomber
à ce sujet, il y a autant de phrase en faveur de la paix,
que dans le sens contraire. Cependant l'opinion de
Bubna est, qu'il ne sera pas intolérable dans ses prétentions. Il croit que l'état actuel de l'Espagne, influera
beaucoup sur ses décisions. Si les choses vont très-
mal pour lui dans ce pays, au-point que Joseph soit
obligé de quitter Madrid, il est très-possible, qu'il se
décide à poursuivre la guerre contre nous et à nous
achever, suspendant les affaires d'Espagne jusqu'à ce
qu'il nous ait poussé àbout. Si au contraire les succès
se balançaient en Espagne, il se hâterait peut-être d'y
arriver pour les fixer en sa faveur avant quelque grande
catastrophe; et dans ce cas il serait content de nous.
— L'expédition anglaise contre la Hollande n'entrera
pas pour beaucoup dans ses calculs; il ne peut jamais
arriver à temps pour empêcher le coup que l'on médite
sur Anvers. Il y a seulement envoyé le maréchal
Bessières; et les Français se flattent que les Anglais

ne parviendront pas à exécuter la totalité de leurs projets, dont la réussite serait certainement un des contretemps les plus terribles pour Bonaparte.

Jusqu'ici rien n'a été articulé par rapport aux conditions territoriales. Le congrès a commencé sans que
l'on ait eu là-dessus des notions fixés ou claires quelconques; et les Français ont poussé la dissimulation
jusqu'à exiger de nous, d'articuler les sacrifices que
nous voulions faire pour obtenir la paix. En général
on paraît persuadé, que leurs demandes à cet égard
seront modérées; on est plus alarmé sur les- sacrifices
pécuniaires qu'ils demanderont.

On fera tout ce qu'on pourra pour sauver le Tyrol,
ou pour imaginer un arrangement qui ne soit pas totale-
ment incompatible avec notre honneur. Cette lettre
du 29 mai, par laquelle l'empereur avait de nouveau
solennellement promis aux Tyroliens de ne jamais faire
de paix sans les attacher à la monarchie — cette lettre
est authentique, écrite par Bubna lui-même; le charme
de la bataille d'Aspern fascinait alors tous les yeux.

Peu d'hommes jugent des affaires et des hommes
en général, et particulièrement de la marche de cette
guerre, avec plus de calme et de raison que Bubna.
Il m'a tracé la faible conduite de l'archiduc Charles à-
travers les différentes époques de la campagne. Il m'a
confirmé que, parti de Landshut dans l'idée de se battre
contre Davoust, il a été saisi d'une véritable terreur
panique, lorsqu'il a appris que Napoléon était là. —
Après la bataille de Ratisbonne il lui a écrit une lettre
à-peu-près dans ces termes: „V. M. ne m'a pas laissé
le temps de La complimenter; Elle m'a reçu par les
revers, que j'ai éprouvés — — Quoiqu'il en soit je me

féliciterai toujours de rencontrer V. M. soit avec l'épée, soit avec l'olivier." — La fameuse mission de Pergen, qui n'a pas été aussi insignifiante qu'on a voulu nous le faire croire, lui a complètement fait tourner la tête. Il a cru dès ce moment que Bonaparte voulait la paix, et qu'elle ne serait point difficile. C'est pour cela, qu'il a envoyé Weissenwolf; et quoique cette démarche n'ait pas produit son effet, il a eu pendant la bataille de Wagram toujours un oeil à la guerre, et l'autre à la paix. — Bubna juge cette bataille à merveille. Il dit, que certainement le résultat ne répondait guères aux préparatifs, car en voyant 3 à 400,000 hommes se battant avec un millier de canons, on se serait attendu à quelque bataille de Cannes ou de Pharsale; tandis que tout a fini par une perte de 12 à 16,000 de l'un et de l'autre côté. Il dit, que si l'archiduc avait voulu risquer le tout pour le tout, il eut pu remporter la victoire, et même la plus complète et la plus décisive; mais aussi, s'il le manquait, l'armée était anéantie, et la monarchie au diable. Une fois décidé à ne pas jouer un jeu aussi téméraire, il était obligé de finir au moment où il a pris cette résolution; car notre pivot était renversé, et celui de Bonaparte, son terrible centre, n'avait pas bougé. — Quant à l'archiduc Jean, il le croit éminémment coupable; il excuse même l'archiduc Charles, de ce qu'il ne l'ait pas fait venir plutôt, parce, qu'il ne savait pas à temps, que Bonaparte avait rappelé toutes les forces qui se trouvaient entre Presbourg et Raab.

Nous avons beaucoup parlé de ces demi-négociations, dont Kuesebeck est chargé. Il est persuadé comme moi, que si même le roi de Prusse voulait enfin sincèrement se joindre à nous, il serait beaucoup trop tard, pour qu'il pût nous assister d'une manière efficace. Il m'a chargé de lui envoyer Knesebeck, et après lui avoir parlé, il a persisté dans son opinion. **Jeudi 24.** J'ai eu aujourd'hui une conversation de plus de quatre heures avec Knesebeck, et je suis parvenu à lui arracher l'aveu que — toute considération particulière à part — en envisageant la situation actuelle de l'Autriche sous les grands rapports de l'intérêt commun de l'Europe, et des chances qui nous restaient pour l'avenir, la paix était plus désirable, que la continuation de la guerre; aveu, que je regarde comme une des plus brillantes victoires, que j'aie jamais remporté par la force de mes raisonnemens.

J'ai encore oublié de noter, que j'ai donné à Bubna une lettre pour Metternich, dont j'ai gardé copie. Cette lettre se rapporte à ce que j'appelle les conditions morales de la paix. Elle prouvera, que si j'ai voté pour la paix, je ne l'ai pas fait dans un sens aveugle et lâche, et quelle idée j'ai attaché à la solution de ce grand problème.

Samedi 26. Le prince d'Orange est arrivé ici avec Fagel et le major Valentini.

Le prince est un homme dont les intentions et la conduite méritent des éloges. Mais son jugement est borné, et sa manière de voir légère et superficielle. Il désire la guerre, à-peu-près comme l'empereur. Celui-ci l'a engagé à faire ce voyage — pour dire à Bathurst, „qu'il ne doit pas s'impatienter, et que les choses ne sont pas encore aussi avancées, qu'il pourrait le croire." — Beau message! Et en même temps, sans toutefois lui confier en quoi consistent les négociations de Knesebeck, il désire qu'il parle à celui-ci. On n'a jamais rien entendu de plus absurde.

Fagel, homme très-sensé, est entré avec moi dans de longues conversations. Quant à l'état actuel des choses, il en juge comme moi, déplorant l'aveuglement de son prince, et persuadé qu'il n'y a plus rien à gagner par la guerre. Il m'a dit sur cela une chose très-remarquable, c'est que Fritz Stadion (le seul homme de marque dont Bubna ne voulait pas garantir les intentions pacifiques) est aussi pénétré de la nécessité de la paix. — Il m'a ensuite raconté toute l'histoire de ces fameuses promesses du prince d'Orange, qui ont amené la triste mission de Steigentesch. Le 15 ou 16 de mai le roi de Prusse lui a effectivement dit à Königsberg qu'il était déterminé à faire cause commune avec l'Autriche, et l'a chargé de l'annoncer à l'empereur et à l'archiduc Charles. Le même jour le prince a écrit dans ce sens à M. Canning; et comme le roi lui a dit d'instruire le comte Golz à Berlin de ses intentions, celui-ci a envoyé M. d'Ompteda à Londres pour négocier avec le cabinet anglais. Mais soit, que le roi était ouvertement de mauvaise foi, lorsqu'il a dit toutes ces choses, et qu'il a cru, que le dénouement prochain des affaires de l'Autriche le dispenserait de tenir parole, soit que son extrême faiblesse l'ait fait changer d'avis immédiatement après, soit enfin, que Golz ou quelque autre personnage de cette espèce ait secrètement déjoué le projet — le fait est toujours qu'on a indignement trompé le prince d'Orange, l'Autriche et l'Angleterre. Car à-peine la lettre du prince fut elle arrivé à Londres, que le ministère anglais a déjà vu par les instructions de M. d'Ompteda, et par d'autres explications du ministère prussien, qu'il n'était nullement question de mesures réelles. (Le comte Münster s'en plaint amèrement dans une lettre du 29 juillet que Hardenberg a reçue de lui il y a quelques jours.) L'issue de la mission de Steigentesch est connue. Le roi l'a reçu avec ces mots: „Vous venez pour me précipiter dans le malheur" — et jamais il n'a pu lui arracher un mot conforme à sa déclaration précédente. Fagel admet, que le prince peut avoir été un peu trop exalté dans ses espérances, et pas assez circonspect dans les termes par lesquels il les a rendu. Mais, tout en convenant, qu'il avait averti le prince d'être sur ses gardes, il proteste, que le langage du roi a été tel, que personne n'aurait manqué d'être sa dupe jusqu'à un certain point. Ce qu'il y a de plus curieux encore, c'est que, quand Steigentesch s'est appuyé sur les promesses solemnelles que le roi avait données au prince d'Orange, le roi lui a répondu: „Oh! ne citez pas le prince d'Orange; c'est un enthousiaste, qui ne sait ni ce qu'il entend, ni ce qu'il dit."

Fagel est parfaitement de mon avis, qu'il faudrait être à-peu-près fou, pour se fier aux propositions vagues et obscures de Knesebeck, après une leçon comme celle que nous a donné l'histoire du prince d'Orange.

Valentini, qui aime la guerre avec passion, n'a pas cependant pu soutenir contre moi, qu'il y avait des chances raisonnables, qui pussent nous engager à la continuer. Autre aveu précieux! — Le même, qui a assisté à toutes les affaires, m'a aussi avoué, que sans l'armistice il est assez probable, que l'armée autrichienne eut été complètement détruite.

Dimanche 27. Le prince d'Orange m'a confirmé tout ce que Fagel m'avait dit sur ses commissions prusiennes. Il devait être d'autant plus sûr de son fait, que les ministres du roi eux-mêmes, Beyme, Altenstein etc., lui annoncèrent de la manière la plus positive, que le roi enfin s'était absolument décidé à la guerre. Ce que toutefois jette un peu de louche sur cette transaction, c'est que le prince avoue, que dans sa première conversation avec le roi, il trouva celui-ci dans ses anciennes allures, et que ce ne fut que dans la seconde conversation qu'il lui parla de ses nouveaux desseins.

Knesebeck, pour expliquer la conduite du roi, prétend que, peu après le départ du prince d'Orange, il apprit pour la première fois, jusqu'où s'étendaient les plans formés par les associations secrètes de l'Allemagne, et qu'alors furieux de voir, qu'on en voulait ouvertement à son autorité, il tourna toute sa colère contre ses projets, et abandonna les intentions annoncées au prince d'Orange, que le roi croyait fortement impliqué dans les plans des chefs d'insurrection. — Ce qui rend cette explication moins croyable, c'est que le roi devait connaître bien avant l'arrivée du prince d'Orange les projets secrets qui se tramaient (la levée de boucliers de Schill avait eu lieu dès la fin d'avril). Cependant il est certainement possible, qu'il y ait beaucoup de vrai dans l'hypothèse de Knesebeck. Il est toujours clair, par ceci comme par beaucoup d'autres circonstances, que jusqu'ici les menées sourdes de ces individus, qui ont voulu agir sans l'autorité souveraine, et malgré l'autorité souveraine, ont fait plus de mal que de bien. Knesebeck est tout-à-fait d'accord avec

moi sur ce point, quoiqu'il convienne que plusieurs de
ces hommes (p. e. Gneisenau) sont du premier mérite.
J'ai reçu une lettre de M. de Stein, à laquelle
j'ai répondu sur-le-champ, et qui m'a fourni une bonne
occasion, pour traiter ce sujet épineux. Je lui ai écrit,
que quand je verrais le prince d'Orange à la tête
d'un des mouvemens de l'Allemagne, et lui (Stein) à-
côté de lui, je prendrais confiance dans des expéditions
pareilles; mais que tout ce que j'avais vu paraître
jusqu'ici ne m'en inspirait nullement.

Lundi 28. Je savais déjà depuis hier qu'on attendait le comte Stadion à Dotis; et plusieurs symp-
tômes m'annonçaient l'approche de quelque crise. Ce
matin j'ai appris de plus d'un côté, et sur-tout par le
contenu d'une lettre que Paul Esterhazy avait écrite
à sa mère, que les négociations prenaient une tournure
anti-pacifique. Hudelist est arrivé ici; on attend le
comte Stadion à Dotis.

Le comte O'Donnell croit, que la cause de la stagnation subite des négociations se trouve dans une proposition des Français de faire intervenir l'empereur de
Russie, ce qui prouverait le projet de faire traîner la
négociation en longueur; projet évidemment contraire à
tous nos intérêts etc. etc. — J'avoue qu'il m'est très-difficile d'admettre cette explication! Car que Bonaparte
veuille la guerre ou la paix, je ne vois pas ce qu'il gagne à
la prolongation de cet état intermédiaire. — Il faut
donc qu'il y ait d'autres obstacles.

En attendant, le comte O'Donnell m'a dit plusieurs
choses, qui n'étaient pas faites, en vérité, pour me réconcilier avec l'idée de la reprise des hostilités. L'empereur est toujours le même; il veut le but; il repousse

ou néglige les moyens; rien n'avance. La nomination de l'archiduc Ferdinand au commandement de l'armée de Bohême est une mesure, à laquelle certainement on ne se serait pas attendu, après tout ce qu'il a fait en Pologne. Le comte Wallis a protesté contre cette nomination dans des termes d'une force incroyable. L'empereur a lu cette protestation et a trouvé qu'il avait raison — et n'a absolument rien changé à la chose. **Mardi 29. Mercredi 30.** Voici comment l'affaire commence à se développer. Il paraît, que les Français ont fait l'ouverture du congrès par une prétendue base de négociation, fondée sur *l'Uti possidetis* de la lignede démarcation, en invitant l'Autriche à proposer des équivalens pour telles des provinces occupées, qu'il ne lui conviendrait pas de laisser à l'ennemi. — Ce projet a été rejeté. — Maintenant il reste à savoir, si Bonaparte veut la paix ou la guerre; s'il veut la paix, il adoucira ses conditions; sinon, on recommencera. Les probabilités sont pour la guerre; Hudelist en a parlé hautement dans ce sens à tous les ministres étrangers; et comme on a sincèrement voulu la paix, on regarde cette tournure de la chose comme un malheur, mais comme un malheur auquel il faut se soumettre.

Nous avons eu en attendant de très-mauvaises nouvelles de l'Espagne, où il paraît qu'entre le 26 et le 30 juillet les Anglais et les Espagnols ont été complètement battus.

Hudelist m'a écrit, avant de retourner à Dotis, une lettre amicale, qui m'a rendu toute mon activité. Depuis longtemps je n'ai autant causé, discuté, négocié, écrit, que ces jours-ci. — J'ai fait l'impossible, pour engager Knesebeck à quelque démarche positive;

à-la-fin il m'a parlé clair; et il m'a dit, que le comte Stadion aussi bien que Metternich avait répondu à ses premières ouvertures, „que la Prusse ne pouvait rien faire pour l'Autriche dans ce moment." — Si cela est vrai — et il est tout aussi difficile de le croire, que de ne pas le croire — certes, Knesebeck serait amplement justifié, s'il n'avait pas été plus loin. Mais dans ce cas-là, malgré tous les justes motifs de méfiance contre la Prusse, notre cabinet aurait fait une faute capitale.

J'ai beaucoup causé et négocié avec Johnson, un des Anglais les plus sages et les plus instruits sur les affaires continentales, que j'aie vu depuis longtemps. Je l'ai engagé à s'établir au quartier-général, malgré qu'il paraisse qu'à la fin on veut y établir Bathurst. Mais celui-ci ne fera rien, tout comme il n'a rien fait ailleurs. J'ai donné à Bathurst des lettres pour Stadion et Bubna, pour le caractériser et le mettre bien dans leur esprit.

Dans les longues conversations que j'ai eu avec le comte O'Donnell, j'ai puisé quelques espérances pour le cas que la guerre dût recommencer. Il est convenu avec moi de tout ce qu'il y a d'affreux dans notre position; mais il insiste, et avec raison, sur ce qu'au moins la direction militaire vaudra infiniment mieux que jusqu'à-présent. Pour la conception des plans, le comité, composé de Bellegarde, Meyer et Duca, qui se concertera sur toutes les opérations avec le prince Jean Liechtenstein, et son chef d'état-major Radetzky, sera indubitablement supérieur à tous ceux qui jusqu'ici ont travaillé à cette partie; et quant à l'exécution, il est certain qu'il n'y a aucun parallèle

quelconque entre Jean Liechtenstein et l'archiduc
Charles, reconnu aujourd'hui pour le plus mauvais
général de son temps. Or, comme il n'a tenu qu'à
l'archiduc Charles que la bataille d'Aspern n'ait été
suivie des plus grands résultats, et que celle de Wagram n'ait été gagnée, il est clair, qu'au moins Bonaparte, quelque soit l'avantage de sa position, ne peut
pas positivement compter sur des succès non-inter-
rompus, et qu'en forçant l'Autriche à la guerre, il la
force peut-être à ce qui peut opérer sa résurrection. —
Depuis longtemps rien ne m'a relevé comme ce raisonnement du comte O'Donnell.

Les affaires de Hollande sont encore peu développées.
On ne sait si Flessingue est prise. Il paraît que
les Anglais n'avancent pas avec assez de rapidité.

Septembre 1809.

Jeudi 7. Après un intervalle de huit jours où nous n'avons à-peu-près rien appris, Hudelist est arrivé ce matin, et nous avons cru, qu'il apportait quelque nouvelle décisive. Mais il n'en est pas ainsi. Tout ce que nous savons par lui et d'autres, se réduit à ceci: — Les négociations d'Altenbourg continuent, les Français les conduisent avec une mauvaise foi notable. D'un autre côté le comte Zinzendorf est arrivé à Dotis le 2 et a eu plusieurs longues conférences avec l'empereur. En même temps Flahault, aide-de-camp de Berthier, est venu proposer une prolongation d'armistice de 6 semaines qui a été refusée. Cependant Bubna est encore une fois envoyé à Vienne, où il s'est rendu la nuit du 6 au 7. — Czernicheff, aide-de-camp de l'empereur de Russie, est arrivé aussi avec une lettre pour l'empereur, qui paraît ne pas avoir produit un grand effet. — Il me semble que jusqu'au 15 de ce mois, toute cette affaire doit se développer. Le comte Stadion est arrivé le 4 à Dotis.

Vendredi 8. Ferdinand Palffy et le prince Wentzel Liechtenstein, aujourd'hui aide-de-camp du prince Jean, sont arrivés de Dotis; avec eux une quantité de données intéressantes.

Selon eux, les Français demandent à l'Autriche le

Salzbourg, le Haute-Autriche jusqu'à l'Ens, les provinces méridionales jusqu'à la Save, trois cercles de la Bohême. Ils ne parlent pas de la Gallicie; c'est-à-dire que nous devons nous arranger sur cet objet avec les Polonais et les Russes; en outre 100 millions de florins, et un séjour de trois mois dans les provinces. — De tout cela on ne veut leur céder que la Gallicie occidentale, et le pays de Salzbourg. Il est donc clair, que la paix ne peut pas se faire, et que le voyage de Bubna sera le dernier acte de cette comédie. La vérité paraît être, que ni Bonaparte, ni l'empereur ne désirent la paix. Quant à celui-ci, je ne me suis pas trompé sur son compte; l'impératrice est aussi prononcée que lui. Stadion, Metternich, tout le monde paraît plus ou moins partager leur disposition secrète. Palffy, prononcé dans ce sens d'une manière tout-à-fait frappante, accuse avec amertume Bubna, Hudelist, et quelques autres, comme coupables d'une indigne faiblesse pour avoir voté en faveur de la paix.

Palffy m'a communiqué une lettre remarquable du comte Stadion écrite à Prague le 29 août. Il m'a permis d'en prendre copie. Cette lettre peint extrêmement bien l'état dans lequel Stadion est retourné auprès de l'empereur.

Samedi 9. J'ai eu d'abord une longue conversation avec Palffy. Il a beaucoup vu l'empereur et il sait parfaitement ce qui se passe en lui. — L'empereur ne respire que la guerre; il va si loin, qu'il a peur de chaque proposition trop modérée de Bonaparte; car tout ce qu'il redoute aujourd'hui, c'est de ne pas avoir d'assez bonnes raisons à alléguer pour justifier la continuation de la guerre aux yeux de son peuple. — J'ai beaucoup interrogé Palffy sur le fond des principes et opinions de l'empereur. Il m'a juré, qu'il avait saisi et fixé les questions sous le point-de-vue le plus vaste et le plus élevé. Il veut tout, ou rien; il veut arriver à une situation, telle qu'il la demandait au moment où il prit les armes; et il aime mieux périr tout-à-fait, que de rentrer dans celle où il se trouvait alors, ou dans une autre plus pénible encore et plus circonscrite. Telle est aussi exactement la manière de voir de l'impératrice. Je n'ai pas pu dissimuler à Palffy que, si je trouvais ce système hazardé, et peut-être téméraire, je lui accordais au moins d'être conséquent et même respectable.

Le grand grief de Palffy contre Bubna est que celui-ci ne fait pas assez de cas de l'impératrice. — Mais il l'accuse de ne pas être assez revenu de son attachement pour l'archiduc Charles, de protéger Wimpffen, que Palffy a pris en horreur, et d'avoir donné dans plusieurs projets funestes de Wimpffen, lequel entre autres a voulu fonder une alliance étroite avec Bonaparte, sur le mariage de l'archiduchesse Louise avec tel prince, que Bonaparte désignerait.

J'ai eu immédiatement après une longue conversation avec Hudelist. — Le 31 août je lui avais écrit une lettre pour lui représenter combien il serait essentiel, dans le cas de la rupture des négociations, de ne pas perdre un moment pour instruire le public de la marche de ces négociations, et des raisons, qui rendaient la continuation de la guerre inévitable. — Il a lu cette lettre d'un bout à l'autre à l'empereur; et l'empereur l'a complètement approuvée. Il en a parlé ensuite au comte Stadion avant son départ. Il est décidé, qu'aussitôt que le dénouement arrive, je me rendrai à Dotis, pour prendre connaissance de toutes les pièces, et pour travailler avec le comte Stadion — à un nouveau manifeste.

La conversation s'est naturellement dirigée sur le fond de la chose. J'ai fait l'impossible pour découvrir la véritable pensée de Hudelist. Je lui ai fait les plus fortes objections contre la continuation de la guerre; il a répondu à tout de la manière la plus décisive. Je ne sais pas, s'il a profondément dissimulé, ou si depuis le retour des ministres à des vues moins favorables à la paix, il se croit obligé de parler dans leur sens, ou bien, s'il a changé lui-même comme les autres. Car Palffy à qui j'en ai encore parlé le soir, m'a répété ce qu'il m'a dit le matin, ajoutant encore, que l'empereur était tellement ennuyé du langage archi-pacifique de Hudelist, qu'il l'avait appelé plusieurs fois le prince de la paix. Il faut donc qu'il y ait quelque chose de vrai à cette assertion de Palffy, qui soutient, que si Baldacci (le seul des entours de l'empereur qui ait invariablement voté pour la guerre) n'en avait pas imposé à Hudelist, celui-ci aurait poussé la chose à la dernière extrémité, son avis étant au commencement de la négociation, qu'il fallait faire la paix à tout prix et à toute condition.

Un entretien assez développé sur la Prusse, sur le nord de l'Allemagne, sur les projets insurrectionnels, sur M. de Stein, sur Knesebeck etc. a conduit à quelques explications importantes. Je lui ai cité ce que le comte Stadion avait dit à Knesebeck à Olmütz; il m'a répondu, qu'il trouvait cela fort simple, puisqu'à cette époque-là le comte Stadion avait absolument abandonné tout espoir, et regardait la paix comme le seul remède possible. — Il est enfin parfaitement clair que le comte Stadion, et plusieurs autres avec lui, ont pendant les premières semaines après l'armistice envisagé notre situation comme désespéré, et que depuis peu ils sont revenus à d'autres opinions; cette dernière résolution s'explique 1. par les propositions exagérées et insolentes des Français, 2. par l'aspect des mesures prises en dernier lieu pour réorganiser l'armée, et pour en régénérer le commandement, 3. par les dispositions personnelles de l'empereur. Cette circonstance est peut-être la plus décisive. Car dès qu'il paraît que l'empereur est fortement prononcé pour la guerre, les ministres sont déchargés d'une grande partie de leur responsabilité, et peuvent donner beaucoup plus librement dans un nouvel essai, quelque dangereux qu'il soit. — Il me semble, que Metternich est à-peu-près dans la même catégorie que le comte Stadion. — Enfin toute la scène a changé depuis quinze jours.

Hudelist m'a dit par rapport au singulier éloignement du comte Stadion à traiter avec M. de Stein, qu'il croyait en trouver la véritable cause dans l'aversion prononcée du comte Stadion pour tout ce qui s'appelait projet révolutionnaire; chose, dont il croyait M. de Stein profondément imbu. — Ceci n'est pas absolument faux.

Le soir j'ai eu chez la princesse Esterhazy de nouvelles conversations avec Wentzel Liechtenstein, et Palffy. — Wentzel m'a beaucoup parlé du prince Jean. Celui-ci ne partage pas la manière de voir de

l'empereur; il veut la paix à des conditions honnètes
et supportables. Il ne se déclare pour la guerre, que
parce qu'il est persuadé, qu'il est impossible de les obtenir aujourd'hui. En revenant de Vienne il a tout de
suite avoué à Wentzel, qu'il avait clairement vu, que
Bonaparte ne se prêterait à aucun arrangement convenable. Cet aveu est extrêmement précieux. — Quant
à la conduite militaire du prince Jean, on fonde sur
lui les plus brillantes espérances. Il paraît certain,
qu'il n'y aura pas de demi-mesures avec lui; heureux,
il poussera ses avantages jusqu'au point le plus avancé;
malheureux, il ne se rendra qu'à la dernière extrémité.
L'armée est remplie de confiance dans ce général. Il
est parfaitement d'accord avec le nouveau comité militaire, dont Bellegarde est le chef, dont Meyer,
Bubna et Duca sont les membres, et avec lequel il
correspond par son quartier-maître-général Radetzky.
— Wentzel assure, que cette harmonie subsistera
longtemps, et que ce qui en répond le plus, c'est la
prudence et le caractère conciliant de Bubna, sans
lequel, à ce qui paraît, le prince Jean n'aurait pas accepté le commandement. Un trait remarquable de cet
homme d'ailleurs peu fameux par la générosité, a promis à Bubna une terre de 100,000 florins de valeur,
si la guerre prend une tournure heureuse.

Après tant de données rassurantes, Wentzel m'en a
communiqué une, qui ne l'était guères. Il m'a dit que
presque tous les officiers de marque de ma connaissance,
par exemple Wallmoden, Stutterheim (celui de l'é-
tat-major), le petit prince de Reuss etc. étaient fortement
dans le sens de la paix. Je n'ai pas eu le temps de
bien discuter avec lui ce sujet assez alarmant; car il

m'en a parlé dans le moment même qu'il montait en
voiture avec Palffy pour retourner à Dotis. Palffy
cependant, malgré son horreur pour la paix, a pleinement confirmé le fait.

Dimanche 10. J'ai été chez le comte O'Donnell
et nous nous sommes entretenus pendant longtemps sur
l'état actuel de nos affaires. Il voit la chose à-peu-près
comme moi. Il reconnaît l'énergie des sentimens de
l'empereur; mais il déplore son irrésolution quant aux
mesures les plus nécessaires pour effectuer ce qu'il désire avec tant d'ardeur. — Il se lamente beaucoup sur
la mauvaise disposition des Hongrois; mal, que j'ai vu
et dénoncé depuis longtemps, sans qu'on ait voulu me
croire, et qui aujourd'hui est généralement admis. Il
n'y en a pas un, qui ne demandât la paix à toute condition quelconque; et on aura à coup sûr bien mauvais jeu pour leur faire comprendre la nécessité de rentrer en guerre. — Nous avons beaucoup parlé aussi
de la conduite de presque tous ces messieurs qui se
trouvent ici des départemens de Vienne, l'archiduc
Regnier à la tête, Stahl, Baillet de la Tour, et
tant d'autres qui ne font qu'exaspérer les Hongrois. —
Un article très-alarmant est l'armée de Bohême, forte
(à ce que l'on dit) de 100,000 hommes, mais confiée à
ce malheureux archiduc Ferdinand, qui n'a pas même
auprès de lui une personne bien capable de le guider. Le
comte O'Donnell est persuadé, que la seule chose
qui empêche l'empereur de lui ôter le commandement,
est la crainte de faire trop de peine à l'impératrice,
déjà extrêmement souffrante, et à laquelle la destitu-
tion de son frère pourrait donner le coup mortel.

Mercredi 13. Le général Wallmoden est arrivé,

s'est logé chez moi et est resté deux jours. Tout ce qu'il m'a dit sur l'état de nos affaires m'a glacé d'effroi. Il est décidément pour la paix, pour la paix même à toute condition; et tel est, selon lui, l'avis de tous les généraux de marque, des deux Stutterheim, de Radetzky, de Kolowrat, de Bellegarde, des hommes les plus énergiques de l'armée, tels que Wartensleben, le jeune prince Reuss etc. Jean Liechtenstein le dissimule autant qu'il peut, mais Wallmoden est persuadé, qu'au fond de son cœur il en pense comme les autres.

A peine eut-il commencé son discours que Binder est arrivé. Celui-ci extrêmement prononcé pour la guerre, l'a entraîné dans une discussion, dans laquelle Wallmoden s'est servi mot pour mot, des mêmes argumens, par lesquels j'ai depuis l'armistice soutenu la nécessité de la paix. La conformité remarquable de nos apperçus et de nos sentimens m'a frappé d'une manière inexprimable; je ne me rappelle pas un moment de ma vie, où mon âme ait été remplie à la fois de tant de satisfaction, et de tant d'amertume. — Cet accord parfait, mon amitié pour Wallmoden, ma conviction intime de la justesse et de la clarté de son jugement, l'évidence de son raisonnement — enfin, tout me gagnait d'une manière prodigieuse; je crois, que si, par hazard, il avait eu tout-à-fait tort, il m'eut encore persuadé par ses discours. Mais cet homme avait été lui-même un des plus prononcés pour cette guerre, un des principaux acteurs dans les démarches préparatoires; cet homme s'est conduit à la bataille de Wagram avec la plus grande distinction; c'est lui qui a pris aux Français les 11 pièces de canon qu'ils y ont perdus; c'est lui qui a fait, non seulement ce qu'on lui accorde, mais encore tout ce qu'on attribue à Klenau. On lui a donné la croix; on l'a nommé lieutenant-général; il n'est donc certainement pas payé pour déclamer contre la guerre.

Il dit, que l'armée, composée d'un tiers de milices et d'insurections, et d'un autre tiers de recrues, ne peut plus se mesurer avec l'ennemi, ne le pourrait plus, quand même cet ennemi n'aurait pas ces énormes avantages, que lui donne notre déplorable position. Il dit, que si nous gagnons une bataille, nous serons encore dans les embarras les plus cruels; que, si nous la perdons, il en résultera la dissolution complète de l'armée et de l'état. Il dit, que l'empereur et tous les archiducs, et tous ceux qui gouvernent sous eux, sont tellement incapables, que toute idée de résister à Bonaparte avec de tels instrumens est le dernier comble de délire. Il dit, que Jean Liechtenstein est privé de presque toutes les qualités requises pour un grand commandement; que le nouveau conseil militaire ne sera bon à rien : enfin — à quoi bon écrire, ce qui certainement ne s'effacera jamais de mon esprit?

Wallmoden aurait produit en moi une révolution, s'il m'avait trouvé dans des dispositions contraires aux siennes; tel qu'il m'a trouvé, il devait nécessairement ajouter à mes vues un poids que dorénavant rien au monde ne peut contre-balancer.

Cependant de nos fameux Optimistes, il n'y a eu que le comte Hardenberg et Binder, qui aient été initiés dans ses opinions. Je les ai caché à tous les autres. J'en ai dit quelques mots au banquier Parish de Londres, homme sensé, extrêmement dévoué à la bonne cause, qui a fait ici un séjour de quelques semaines, intéressant pour moi à plus d'un égard, et qui est parti quelques heures après l'arrivée de Wallmoden. —

Jeudi 14. Vendredi 15. — J'étais occupé depuis quelques jours d'une lettre à Hammond que j'ai essentiellement changée d'après les données importantes de Wallmoden. Cette lettre contient en gros ma manière de voir dans ce moment; encore ai-je relevé autant que possible, et un peu au-delà de ma conviction le côté agréable du tableau; car je sais malheureusement, qu'en Angleterre, comme partout, on n'aime pas les mauvaises nouvelles, et les tristes reflexions. — J'ai pris la résolution d'aller avec Wallmoden à Dotis.

Le soir (du 15) la princesse Esterhazy est arrivée de là. Hardenberg est allé chez elle; il est venu chez moi pour me porter les nouvelles. J'avais prévu qu'elle ferait de l'état des choses un tableau tout opposé à celui de Wallmoden; je l'avais même prédit; je ne m'étais pas trompé. Son frère — à ce qu'il lui a dit — voit tout en beau, ne s'impatiente que du temps perdu, et de la longueur des négociations. — Bubna arrivé à Vienne a été obligé d'attendre trois jours Bonaparte, qui était allé à Krems; enfin il l'a vu; B. lui a dit, d'un ton très-doux et mielleux, qu'il ne nous demandait que 3 millions d'hommes (exclusivement toujours de la Gallicie, sur laquelle il persiste à nous renvoyer aux Russes et aux Polonais), qu'il consent à ce que nous choisissions nous-mêmes les provinces que nous voudrons lui céder, qu'il trouve la monarchie autrichienne trop grande, que d'ailleurs il ne désire que la paix etc. On a répondu, qu'on ne pouvait pas

souscrire à ces conditions. (On veut donner tout-au-
plus la Gallicie occidentale, le pays de Salzbourg et
la Haute-Autriche.) Bubna est resté à Vienne. On est
mécontent de lui! — Je saurai les détails et le vrai
de tout cela à Dotis.

Je savais depuis plusieurs jour que Bellegarde,
le prince Liechtenstein, et mon ami Kolowrat
avaient été nommés maréchaux, le prince Charles
Schwarzenberg général de cavalerie, Bubna et
Meyer lieutenants-généraux. J'ai cru un moment, que
la promotion de Kolowrat lui vaudrait aussi le commandement de l'armée de Bohême; mais il n'en sera
rien; elle restera sous l'archiduc Ferdinand!!

Depuis quatre ou cinq jours on se débat beaucoup
sur les affaires d'Espagne. Il est clair, comme le soleil en plein midi, que le grand projet formé contre
Madrid a manqué, que les Français extrêmement em-
barassés et menacés pendant quelques jours se sont
enfin tirés d'affaires, probablement par des fautes de
la part des alliés, que Wellesley après s'être glorieuse-
ment battu à Talavera (le 28 juillet) a dû faire sa
retraite en passant le Tage, que Venegas de son côté
est repoussé vers la Sierra Morena. — N'importe!
Nos Optimistes trouvent tout cela à merveille. „Pourvu
que l'Autriche continue la guerre, Bonaparte sera achevé
dans peu." — Ils n'ont pas de nouvelles fraîches des
Pays-Bas; on ne sait pas si Anvers a été pris.

Le 17. Je suis arrivé à Dotis à 8 heures du matin. — Je suis entré d'abord chez les aides-de-camp
du prince Jean Liechtenstein. J'ai vu le prince
Wentzel, le prince Reuss, le comte Nesselrode;
j'y ai vu aussi le général Radetzky; Wallmoden

était avec eux. Ici j'ai avalé le premier service de sorties violentes contre la guerre. — J'ai vu ensuite le comte Stadion; je l'ai trouvé dans un sage milieu, foncièrement pénétré de la nécessité de la paix, protestant toutefois (mais avec des argumens assez faibles) contre les conditions trop dures que l'on nous fait, ayant au reste pris le parti de s'en remettre à la décision, ou, comme il s'exprime, au sentiment de l'empereur. — J'ai vu ensuite successivement Ferd. Palffy, le comte Sauran, le prince d'Orange, Knesebeck, etc. etc. —

Les nouvelles de la princesse Esterhazy sont toutes ausses. Bubna était arrivé hier au soir. Il a apporté une lettre de Bonaparte, et le résultat de deux conférences qu'il a eu avec lui. — Il ne demande plus que 2 millions d'hommes en Gallicie, et 1,600,000 sur l'Ens et la Save, selon notre choix. Il n'articule aucune autre condition, ni argent, ni retention des provinces, ni mesure politique quelconque. Il paraît même qu'il céderait sur Trieste; quant à Fiume, il ne le refuse déjà plus. — Tout le monde est dans une espèce de stupeur sur ce que l'empereur peut balancer encore à entrer dans des propositions aussi modérées.

Après avoir dîné chez le comte Stadion avec Knesebeck, qui enfin paraît avoir fait une démarche positive (je crois même que quelque projet de traité est déjà en discussion entre lui et le comte Stadion), j'ai vu Bubna dans un jardin où je l'ai trouvé avec le maréchal Bellegarde et le prince Jean Liechtenstein. J'ai eu une très-longue conversation avec ces deux principaux personnages de l'armée; et leurs opinions hautement et décidément pacifiques m'auraient

fait trembler, si je n'y avais pas été préparé, et si
d'ailleurs les probabilités ne continuaient pas à être pour
la paix, quelle que soit la manie guerroyante de l'empereur. Ils m'ont laissé développer une grande partie des
argumens qui me portent à croire la paix nécessaire;
ils ont abondé dans mon sens. L'attention et l'intérêt
sincère avec lequel ils m'ont écouté, m'auraient assez
prouvé quel était leur système; mais ce qu'ils ont dit
eux-mêmes, l'un (Bellegarde) avec un peu plus de cir-
conspection, l'autre avec sa vivacité et sa chaleur ordinaire, ne m'ont plus laissé l'ombre d'un doute. Je
suis sorti de cette fameuse conversation, plus que jamais persuadé, que j'avais parfaitement vu et jugé le
problème.

J'ai passé la soirée avec Wallmoden chez Bubna.
Il nous a raconté des détails bien curieux sur ses deux
conversations avec Bonaparte. Voici les traits, que je
me rappelle. — Il lui a dit: „Vous resterez toujours la
première puissance continentale après la France (J'ai
dit littéralement la même chose dans un de mes mémoires à Metternich); vous êtes diablement fort; allié
comme je l'étais avec la Russie, je n'aurais jamais cru
avoir à soutenir une guerre continentale sérieuse; et
quelle guerre!" — Et puis — „la France est aujourd'hui ce qu'elle eut été depuis longtemps si les
Bourbons avaient su gouverner; elle ne restera pas
toujours ce qu'elle est. Encore dix ou quinze ans, je
creverai, et vous ferez de nouveau tout ce qui vous
plaira." — Parlant des conditions qu'il exige, il a dit:
„Tout le monde m'a blâmé sur la paix de Presbourg;
M. de Romanzoff m'a dit, que la seule chose dans
ma vie, qu'il n'avait pu comprendre, était, que j'avais

pu accorder à l'Autriche après Austerlitz une paix aussi
généreuse, et aussi favorable; que dirait-on, si je re-
tombais encore une fois dans la même faute?" — Dans
la première entrevue il avait presqu' abandonné Trieste;
dans la seconde il y a insisté de nouveau, disant:
„Mais Fiume vous suffit; les Anglais viendront vous apporter autant de denrées coloniales que vous désirerez."
— En parlant de l'empereur de Russie, il a dit: „J'ai lieu
d'être content de sa conduite; il a tenu bon contre les
cris de sa nation et de son armée; il a bien fait; on
ne peut jamais contenter le peuple." — Il a dit
aussi: „J'ai à-présent peu d'amis dans ce pays; mais
si vous me forcez à recommencer, soyez sûr que je
trouverai les moyens d'en avoir; je partagerai les provinces conquises; j'abolirai les droits féodaux; je saurai me faire des partisans." — A propos des fortifica-
tions de la Lobau etc. il a dit: „Vous pouvez tout voir;
on vous montrera tout; si cela vous amuse, je vous
ferai passer en revue toute mon armée." — Il a
mêlé à cela de temps en temps des propos lestes: „Il
y a peu de vérole ici; c'est étonnant." Il a été en général doux, modéré et décent, n'a fait des sorties contre personne, et a parlé en homme qui veut sincèrement la paix. On croit aujourd'hui, que cette prolongation d'armistice, sur laquelle il a tant insisté, n'avait
d'autre but, que de gagner le temps pour un voyage
en Hollande qu'il avait projeté.

Bubna était très-affligé de la réception froide que
l'empereur lui avait faite à son retour de Vienne.
Comme l'empereur veut absolument se battre, il est
tout simple, que les propositions modérées doivent
lui déplaire; nous avons fait sentir à Bubna, qu'il

pourrait bien se consoler de cette disgrâce momentanée.

Le 18. Étant retourné à Neumühl, après cette intéressante journée de Dotis, je suis allé à Komorn, où j'avais donné rendez-vous au comte Wallmoden. Nous avons été par Neuhäusel, à Konáty; nous avons vu en route les généraux Stipschitz et Steininger; puis le prince Charles Schwarzenberg et Wartensleben. Tout est prononcé contre la guerre; nous avons fait une liste vraiment fameuse des généraux les plus marquans décidés dans ce sens. Elle mérite d'être conservée et méditée.

Le 20. Je suis revenu à Dotis à 8 heures du matin. Bubna était destiné à aller encore à Vienne. — La démarche et le choix de l'homme m'ont paru trèspacifiques. Je n'avais pas encore connaissance de la lettre qu'il devait porter; il ne l'avait pas vue luimême. J'ai causé avec lui à deux reprises, et très longtemps. Il sent l'importance extrême de sa nouvelle commission; je l'ai ranimé, encouragé de toutes les manières. Je lui ai dit — et c'est un des résultats que la conduite de Bonaparte dans les derniers événemens m'a suggéré — que nous avons peut-être à nous reprocher d'avoir toujours envisagé cet homme sous un point de vue trop tragique, que nous aurions mieux fait dans plusieurs occasions, en fixant plutôt nos regards sur ce qu'il y a eu lui de l'arlequin politique, du jongleur, du Cagliostro etc., que Bonaparte est l'homme du moment, que tout ce qui est plan organisé, système profond, ensemble dans les vues et dans les desseins est beaucoup plus loin de cet homme, que nous avons bien voulu le croire. — (Je puis dire que

ces idées ont commencé à s'établir en moi dès la première lecture du bulletin de la paix de Tilsit, à Carls-
bad en 1807.) — Bubna m'a raconté encore des traits
de ses conversations avec lui. Il lui a dit qu'il savait,
que nous venions de commander l'attelage pour 120
pièces de canon de plus; Bubna lui a répondu: „Que
devons nous faire, Sire, vous avez déployé à Wagram
une artillerie si formidable, qu'il faut bien penser à des
moyens pareils. Mais que deviendront à la fin les batailles, si cette augmentation d'artillerie continue toujours?“ — Bonaparte répondit: „Laissez faire: lorsque
nous aurons de nouveau le nombre suffisant de bonnes
troupes, nous nous battrons comme auparavant. Vous
voyez bien, que mon infanterie n'est pas parfaite; la
meilleure partie, la vieille infanterie est en Espagne.“ —
Il lui a parlé, mais bien incidentellement du projet d'expédition dans l'Inde. „Je ferai peut-être une expédition dans l'Inde; je nomme l'Inde pour nommer
quelque chose; alors, si tout reste entre nous sur l'ancien pied, vous viendrez de nouveau déranger mes
projets.“ —

Bubna est parti à 2 heures après-midi. Il m'a dit,
qu'il était content de la lettre qu'il portait. Et je crois
effectivement, qu'il y aura moyen de s'arranger. Il y
a eu de très-forts orages les jours précédens. Jean
Liechtenstein surtout a parlé contre la guerre avec
beaucoup de force; et quoique l'empereur ne veuille
pas encore se rendre directement, pour peu que Bonaparte continue à nous traiter avec douceur, je suis sûr
que l'empereur finira par se rendre.

Je ne cite pas ici les conversations perpétuelles que
je menais ici avec tant de personnes intéressantes;

j'ai à peine le temps de spécifier les faits les plus dé-
cisifs.

Jeudi 21. En déjeûnant avec le comte Stadion,
j'ai beaucoup causé avec lui sur sa situation. J'ai tâché
de lui prouver, qu'il pouvait, et qu'il devait peut-être
rester en place, même après la paix faite; je lui ai tenu
ce langage par conviction, mais aussi pour lui rendre
l'idée de la paix moins pénible. Il m'a dit, qu'il ne
savait que trop bien, que déjà par son retour au quartier-général, il avait perdu dans l'esprit de plusieurs personnes, dont l'opinion l'intéressait; j'ai tâché de combat-
tre cette idée de toutes les manières. En général je trouve
le comte Stadion trop imbu encore de cette fatale crainte
de compromettre sa réputation et de tomber dans l'inconséquence si aujourd'hui il voulait trop se prononcer pour
la paix. Cette circonstance peut faire infiniment de
mal avec les dispositions guerrières de l'empereur. —
J'ai aussi longuement disserté avec Stadion sur l'intérêt
exagéré que l'on attache à Trieste, sur ce que c'est proprement que le besoin d'un débouché pour notre commerce. — Dans une visite que j'ai faite ce matin au
maréchal Bellegarde, j'ai trouvé celui-ci exactement
d'accord avec moi sur cet article, comme sur bien
d'autres.

On m'a communiqué aujourd'hui toutes les pièces
de la négociation. Quelles reflexions cette lecture m'a
fait faire! — Mais j'y reviendrai; je ferai d'ailleurs des
extraits des principales pièces. —

Le 22 Septembre. Le comte Stadion, en me parlant de la marche de la négociation, m'a raconté ce
matin, que Bonaparte a dit à Bubna en lui parlant du
fameux *Uti possidetis*: „que ce n'était qu'une mauvaise

plaisanterie, imaginée par M. de Champagny!" —Quel mot! Combien de commentaires et de diatribes cet *Uti possidetis* faisait naitre parmi nos Optimistes! Et quand on a pénétré au fond de la chose, voilà à quoi tout se réduit! N'est-il pas vrai que nous nous sommes étrangement mépris sur la manière d'envisager et de traiter Bonaparte?

J'ai eu une quantité de conversations avec Palffy sur le délire de la cour à persister dans ces abominables vues politiques. L'empereur, l'impératrice, M. Baldacci, l'archiduc Ferdinand écrivant des lettres incendiaires, quelques gens dont on soupçonne à peine l'existence, peut-être quelques faux-frères, qui ayant l'air de voter pour la paix, tiennent un autre langage lorsqu'ils parlent à l'empereur — voilà le parti qui veut la guerre!! — Palffy lui-même commence à s'en détacher. Comme il est faible et chancelant, il craint que le parti contraire ne l'emporte, et qu'il ne finisse par rester dans une ridicule minorité.

Ce soir, en étudiant à fond les pièces de la négociation, je me suis pleinement convaincu que la publication de ces pièces serait tout-à-fait contraire à nos intérêts. Extrêmement agité par cette idée, j'ai cru, qu'une fois dans le triste cas de travailler à une chose que je désapprouve si fort, je rendrais cependant un service essentiel en faisant au moins triompher la forme la moins désavantageuse. J'ai rédigé un papier, pour présenter mes reflexions sur cet objet critique.

Le 23. J'ai été de grand matin chez le comte Stadion, pour lui lire mes reflexions. Quoiqu'un peu frappé au commencement de ce que je protestais contre toute publication de pièces quelconques, il a cependant très-libéralement cédé à la force de mes raisons, et s'est décidé pour une simple déclaration telle que je la proposais. — Cette victoire remportée m'a mis de bonne humeur pour une partie de cette journée; j'ai été rédiger la déclaration avec plus de facilité et de verve que je m'y serais attendu dans un travail, qui me pesait tant sur le cœur. — Avant de dîner avec le comte Stadion je lui ai lu la première partie de la pièce; il en a été enchanté; il me traite en général avec une bienveillance et amitié touchante.

Nous avons eu de longues conversations aujourd'hui. Il m'a confié une quantité de choses qui achèvent le tableau de la faiblesse extrême de l'empereur. Il est impossible de compter sur cet homme pour un quart-d'heure; pour être sûr de lui il faudrait pouvoir (comme feu Colloredo) ne pas le quitter une minute dans les 24 heures. Il ne suffit pas de l'avoir engagé à signer; les *Handbillets* déjà mûrs pour l'expédition se changent souvent dans quelques minutes, lorsque l'un ou l'autre nouveau parleur, ou nouvel intriguant, arrive pour y mettre obstacle. Il se rendit à Budweis (où, pour le dire en passant, on délibéra sur le passage du Danube à Mauthausen, projet que Grünne a déjoué par un rapport perfide sur le pour et le contre de la chose), il s'y rendit en effet pour opérer une réduction dans le commandement de l'armée; Stadion n'y arrive qu'un jour après lui; il lui dit à 5 heures du soir: „Tout est arrangé; les Handbillets seront expédiés incessamment." — A 9 heures Stadion revient, trouve tout bouleversé. L'empereur en balbutiant quelques excuses, lui annonce qu'il a destitué Prohaska (le chef de l'état-major choisi par Grünne) mais que du reste tout ira comme auparavant. — Même pour ce qui regarde le moment actuel, le comte Stadion m'a dit plus d'une fois: „Je sais bien que l'empereur nous abandonnera; qu'il décampera après une bataille perdue, et nous recommandera au bon Dieu." —

Je lui ai fait observer plus d'une fois ce que je trouvais d'affreux dans l'idée de s'exposer à de nouvelles chances de guerre, et à quelles chances! — Grand Dieu! — avec un être aussi complètement misérable. Il en a gémi; qu'eut il pu répondre? — Mille fois, je l'avoue, j'ai été sur le point de lui adresser une question plus grave, plus embarrassante: „Comment avez vous pu entreprendre une guerre à mort avec un homme de la trempe de cet empereur?" — Mais cette question trop embarrassante, au fond trop indélicate, je n'ai jamais eu le courage de l'énoncer. C'est là cependant que se trouve le grand chef d'accusation contre le comte Stadion. La légèreté avec laquelle il s'est jeté dans une aussi pénible carrière, a été la première cause de notre perte. Dieu me garde de divulguer cette vérité, d'en convenir seulement tout haut, mais elle doit être consignée ici, car elle est une des clefs principales des événemens qui ont renversé l'État.

Le soir le comte Stadion m'a remis (en riant) deux proclamations rédigées pour être adressées au peuple dans le cas, que la guerre recommencerait. J'en ai été frappé, d'abord par l'idée, que le comité de la cour s'occupait déjà avec empressement de ces rédactions lugubres, et prouvait par là de nouveau qu'elle n'entrevoyait plus que la guerre, j'en ai été plus désagréablement frappé encore lorsque je les ai lu. L'une était de M. Baldacci, l'autre de l'empereur lui-même, secondé (comme Palffy assure) par l'impératrice. Je ne crois pas que de pareilles inepties aient jamais été enfantées par un cabinet.

Plus tard le général Stutterheim de l'état-major est venu chez moi, et nous avons passé deux heures dans des conversations sur le passé et le présent. Les portraits qu'il m'a faits de l'archiduc Charles, de Grünne, de Wimpffen — étaient fort au delà de ceux que j'en trouvais depuis longtemps moi-même; c'est tout ce qu'on peut dire de plus fort. Il est au reste aussi convaincu que tous les autres hommes raisonnables, que recommencer la guerre, et périr, sont deux choses absolument synonymes.

L'entretien avec Stutterheim, l'effet qu'avaient produit sur moi les proclamations, l'humeur dont je me sentais pénétré par tout ce qui se préparait, par tout ce qui se passait à côté de moi, m'ont affecté au point, que je n'ai pas pu fermer l'œil jusqu'à 4 heures du matin. Je me souviendrai toujours de cette nuit, de tout ce que j'y ai rêvé, médité, souffert; enfin elle m'a conduit à la résolution de tout tenter, de tout entreprendre encore, pour contribuer ma quote-part à sauver la monarchie de l'affreux naufrage qui la menacait.

Dimanche le 24, après avoir déjeûné avec le comte Stadion, je suis allé chez le prince Jean Liechtenstein. Je lui ai annoncé que je venais pour l'inviter solennellement à sauver l'État avant qu'il fut trop tard. Je lui ai parlé avec toute la chaleur que m'inspirait la gravité de la circonstance. Il m'a écouté avec beaucoup d'intérêt. Il m'a répondu d'une manière admirable. Il ma dit „qu'il avait déjà fait plus de tentatives que je ne paraissais le croire pour arracher l'empereur à son funeste aveuglement; qu'il avait presque épuisé les moyens d'autant plus qu'aussitôt qu'il se mettait à parler des affaires générales, l'empereur ne l'écoutait qu'avec déplaisir; que cependant il était pleinement résolu à faire encore un effort après l'autre avant de désespérer du succès; que ce que je lui avais dit ne contribuait pas peu à cette résolution; qu'en général mon opinion avait sensiblement fortifié la sienne; qu'il était comme moi, persuadé, que la guerre achèverait l'État; qu'il n'y avait pas pour nous de chance de salut; que c'était d'ailleurs un contre-sens complet, que d'entreprendre l'exécution d'un projet vaste ou périlleux avec un homme tel que l'empereur; que l'impératrice était certainement une des causes principales du délire qui s'était emparé de lui; que cette princesse, voyant, qu'elle ne pouvait être une femme heureuse (vu ses rapports avec son mari, sa santé délabrée, les malheurs de ses frères etc.) paraissait avoir pris le parti d'être une grande femme, et de mourir en héroïne, que cette idée romanesque la poussait à toutes les extravagances, qu'elle embrassait avec une espèce de satisfaction le phantôme même d'une fin glorieuse, et que peut-être elle visait plutôt à cette perspective-là qu'à celle de la victoire; — que, quant aux ministres, il faisait grand cas du comte Stadion, qu'il croyait un homme loyal et capable, malgré les fautes sévères, dans lesquelles il était tombé au commencement de cette guerre, mais que Metternich était à ses yeux un homme tout-à-fait pitoyable, qui lui avait donné la mesure de ses talens par la conduite qu'il avait tenue à Altenbourg, par les platitudes qu'il avait dites et écrites; — que dès son premier voyage à Vienne il

avait vu, que Bonaparte serait cette fois beaucoup plus
difficile à traiter qu'à l'époque de la paix de Presbourg,
qu'il avait débuté par des propos sur le partage de la
monarchie, le changement de couronne, etc. — que trop
habitué à négocier avec lui, il n'en avait pas perdu
courage, et qu'alors déjà la base des 4 millions avait
été articulée par lui, que cependant il avait ajouté:
„Prince Liechtenstein, ne vous mêlez pas de cette affaire; elle est bien mauvaise" — qu'enfin aucun sacri-
fice n'était trop grand aujourd'hui pour détourner la
ruine de l'État; — qu'il se sentait bien capable de faire
tuer encore à Bonaparte 30,000 hommes, en sacrifiant
le même nombre des nôtres; mais qu'il était persuadé,
que cela n'avancerait en rien notre affaire! — que par
conséquent il ne restait qu'à travailler à la paix, et qu'il
entreprendrait tout pour cet effet! — Il a déployé dans
toute cette conversation un caractère vraiment grand,
des vues saines, des sentimens nobles et exquis, et beaucoup plus d'esprit et de connaissance en fait d'hommes
et d'affaires, que je lui en ai supposé dans le temps
de mon injuste prévention contre cet homme.

Après cette entrevue, que je n'oublierai jamais, j'ai
repris mon travail sur Ferdinand Palffy. Déjà depuis quelques jours il commençait à chanceler dans
son enthousiasme; la force de mes raisonnemens l'é-
crasait. Aujourd'hui il s'est rendu tout-à-fait, et s'est
engagé à faire revenir l'impératrice. Il a tenu parole.

A dîner chez le comte Stadion j'ai eu une autre
scène mémorable. Vers la fin du dîner j'ai brusquement pris la parole, pour lui peindre l'état dans lequel
j'avais passé la nuit. Je lui ai cité Stutterheim,
pour établir une base, et un souffre-douleur, et pour

éviter de toucher mes rapports et conversations avec
Liechtenstein et Bellegarde. Il en est résulté
l'explication la plus complète et la plus vive. Stadion
a été si fort affecté de plusieurs choses que je lui ai
dites, qu'il a commencé à me faire de la peine; j'ai
voulu un moment discontinuer la conversation; mais
l'idée de la grandeur du danger, m'a fait de nouveau
aller en avant. Deux choses sont devenues claires pour
moi dans cette conversation. 1. Que le comte Stadion n'est pas, à beaucoup près, suffisamment instruit de l'étendue et de la force de l'opposition du
parti militaire; ce qui tient un peu à une certaine
nonchalance, mais plus encore à ce malheureux décousu,
qui caractérise la marche de nos affaires. J'ai vu que
ce que je lui disais à cet égard le frappait bien plus,
qu'il n'aurait dû en être frappé. 2. Que cet homme
si éclairé, si loyal, si bon, ne se sépare qu'avec beaucoup de répugnance de l'idée de continuer la guerre;
il n'a pas pu détruire mes argumens; la seule chose
tant soit peu conséquente qu'il m'ait dite, c'est que la
monarchie étant achevée de toutes les manières, autant
valait périr les armes à la main, qu'autrement. Ce so-
phisme n'était pas au moins nouveau pour moi. En
parlant de sa propre position, il est revenu à une certaine distinction un peu chimérique, qu'il m'avait déjà
produite une autre fois, c'est-à-dire que ce n'était pas
un devoir moral, mais un devoir matériel qui l'avait
engagé à retourner auprès de l'empereur. D'ailleurs,
a-t-il dit, je me regarde comme un homme mort, et
je n'existe plus que pour mes enfans; — paroles peu
faites pour inspirer la confiance dans une nouvelle phase
de la guerre.

F. v. Gentz.   11

La fin de cette conversation a une espèce d'intérêt dramatique, qui m'engage à en ajouter les détails. Il a parlé de je ne sais quoi à faire après une bataille perdue. Je lui ai dit: „Mais si la monarchie est détruite?" Il a répondu: „Elle est détruite." — Et au moment, où il a prononcé cette parole, un domestique est entré pour annoncer — que le général Bubna était arrivé. — Sur cela, il m'a dit: „Eh bien, nous en saurons bientôt davantage;" et je l'ai quitté dans une grande agitation.

Rentré chez moi j'y ai trouvé Ferd. Palffy et Johnson, qui s'entretenaient de je ne sais quel futile projet de faire assassiner Bonaparte par un homme qui était venu ici pour cet effet. J'ai souffert mort et martyre; l'impatience de savoir ce que Bubna apportait de Vienne me dévorait; je ne savais comment passer cet intervalle qui s'écoulait encore avant que j'en fusse instruit. — Enfin j'ai pris le parti de me rendre au bureau; et pendant que j'ai travaillé à quelques extraits de ces malheureux protocoles d'Altenbourg, Bubna y est venu pour parler au comte Stadion. En sortant il m'a dit qu'il rentrait chez lui. Je l'ai suivi. Il n'y était pas. Je suis retourné à 8 heures mais à peine la conversation entamée, Canouville, le Français qui se trouve ici, est entré. Je me suis promené une heure. La soirée était magnifique. La lune d'un côté, un orage de l'autre, une température de juillet. Je suis resté comme cela jusqu'à 3 heures, où j'ai enfin attrappé Bubna.

Cette fois-ci Bonaparte l'a d'abord reçu avec beaucoup d'humeur; avant de lire les lettres qu'il lui apportait, il lui a fait lecture d'une lettre de 6 pages, adressée à l'empereur (à laquelle, comme Maret lui a dit, il avait travaillé toute la nuit dernière). Cette lettre, dont des fragmens ont été insérés au procès-verbal d'Altenbourg, a fait le texte de plusieurs sorties violentes contre l'empereur et tout ce qui l'entoure. Il s'est surtout recrié sur l'aveuglement ou la mauvaise foi de ceux qui ne voulaient pas reconnaître, que ses dernières demandes étaient bien plus modérées que les premières. (Il a fait donner des éclaircissemens sur ce point à Altenbourg, qui sont consignés dans le procès-verbal de la 15me séance, et par lesquels il prouve qu'il nous remet 1 Million d'hommes sur ses premières conditions.) Il a ensuite déclaré à Bubna, que quant à Trieste et Fiume, quoiqu'il lui ait fait sentir la dernière fois, qu'il nous resterait au moins un de ces ports, il devait se rétracter, toute réflexion faite; qu'il avait déjà commis une trop grande faute au traité de Presbourg, en ne pas insistant sur ces ports; que la communication entre la Dalmatie et le reste de l'Italie, la nécessité de penser à la conservation de l'empire turc, et celle d'assurer son pouvoir sur la Méditerranée dans un moment, où sa marine était nulle, grâce aux guerres que nous lui avions faites, le forçait à ne pas lâcher cet objet; que s'il n'était pas en guerre avec nous, il nous la ferait aujourd'hui pour Trieste et Fiume, que pour le reste il serait moins exigeant, et que la ligne de nos frontières serait fixée amicalement et équitablement. Il l'a renvoyé à Maret pour les détails. Le lendemain Bubna a été chez celui-ci. Il lui a dit, que l'empereur venait de casser la lettre, qu'il avait voulu écrire à l'empereur autrichien, et qu'il attendait Bubna à Schönbrunn. Il a trouvé chez Maret le calcul du

11*

terrain à céder d'après la base des 1,600,000 âmes; et
ce qui est bien singulier, ce calcul était tellement à
notre avantage, on y avait si bien exagéré la popula-
tion de certaines provinces, qu'on ne pouvait pas se
défendre de l'idée, qué Maret l'avait arrangé exprès,
pour faciliter la conclusion de la paix, et pour nous
ménager autant que possible. — Dans la seconde entrevue qu'il a eue avec Bonaparte, celui-ci était beaucoup plus doux que la veille; et il a expédié Bubna
avec une lettre pour l'empereur de peu de lignes, en
le renvoyant pour le reste aux explications verbales
qu'il avait données à Bubna.

Dans cette entrevue il y a eu des choses bien curieuses. Il est surprenant que Bonaparte parle de
Stadion d'une manière très-modérée, jusqu'à dire qu'il
le croyait un honnête homme, un brave homme, qu'il lui
rendait justice, qu'il le croyait entraîné par son frère,
„qui est un fou, un crâne, enfin un ci-devant prêtre.“
Il a cité aussi Pozzo et Gentz. Pour Pozzo, Bubna
lui a répondu: „Où est-il; il y a bien longtemps qu'il
n'est plus chez nous; je crois qu'il se trouve en Russie.“ Pour Gentz: „Quant à celui-ci, je le connais depuis bien longtemps, et il est de mes amis, il jouit
de l'estime générale; et si V. M. le croit un partisan
fougueux de la guerre, Elle se trompe beaucoup.“ —
„Mais il a écrit le manifeste.“ — „Si V. M. ordonne
à un de ses conseillers d'État de rédiger un manifeste,
s'y refusera-t-il? On s'est servi de sa plume, parce
qu'elle est bonne, parce qu'elle a une grande réputation, etc.“ Il a eu l'air de se contenter de cette explication. — Il n'aime pas Metternich; „Il a de la tournure, il est assez maître de la parole, mais il est borné

il n'a aucune vue politique; je ne veux plus de cet homme-là." — NB. Les propos sur S t a d i o n sont d'autant plus à remarquer, que, dans l'avant-dernière mission de Bubna, il lui avait annoncé, que, si Stadion restait ministre, il n'enverrait qu'un chargé-d'affaires à Vienne. Le prince Jean Liechtenstein est arrivé pendant notre conversation. Nous avons longuement disserté sur l'état des choses; et nous étions sûrs, que le lendemain serait un jour décisif. Bubna nous a dit, que l'accueil que l'empereur lui avait fait cette fois-ci était beaucoup plus doux et favorable, que celui de la dernière fois, et qu'il était persuadé, qu'on inclinait enfin vers les idées pacifiques. — Je n'en suis pas moins rentré chez moi avec l'intention de finir mon manifeste; et j'y ai travaillé jusqu'à 2 heures du matin.

Lundi 25. A déjeûner chez le comte Stadion, je lui ai remis ma rédaction; je me suis bientôt aperçu que déjà il soupçonnait quelque changement. J'ai su que l'empereur avait appelé à un conseil à 11 heures, le comte Stadion, Bellegarde, et Liechtenstein. Comme incident, je dois raconter que Flahault est arrivé ici d'Olmütz — pour aller à Cracovie — sous prétexte de faire changer ses passes-ports; il a donc traversé toute l'armée; Knesebeck m'a dit que ce seul fait lui prouvait plus que tous mes autres raisonnemens que nos gens sont incapables de faire la guerre. —

Pendant que le conseil a eu lieu j'ai été passer une demi-heure chez Bubna. Il m'a raconté le rapport, qu'il avait fait sur sa dernière entrevue avec Bonaparte. Il m'a communiqué ensuite quelques articles d'une haute importance. D'abord Bonaparte nous a proposé la médiation de la Russie et prolongation de l'armistice à six mois, si nous ne voulions pas accepter ses conditions. Ceci n'était qu'une farce. Mais il a proposé, et itérativement proposé, de restituer la monarchie dans son intégrité, si l'empereur voulait céder la couronne au grand-duc de Würtzbourg. Il avait déjà énoncé cette idée lors du dernier voyage de Bubna; cette fois-ci, l'ayant reproduit, il a formellement autorisé Bubna à la communiquer à l'empereur!

Palffy m'a donné l'assurance que la révolution s'était faite dans l'esprit de l'impératrice, et qu'enfin elle se prêtait à l'idée de la paix. La chose est certaine, et nous en verrons incessamment les effets.

A dîner chez le comte Stadion, je l'ai trouvé dans un état d'abattement et d'épuisement, qui m'a fait comprendre, non seulement à quel point la séance du conseil avait dû être orageuse, mais à peu près aussi quel en est le résultat. Il ne m'en a pas parlé; et dans la situation, où je le voyais, je n'ai pas eu le courage de lui faire aucune question. — Après dîner cependant j'ai voulu remonter la conversation, et je lui ai raconté ce que Palffy m'avait dit de l'impératrice. Il a répondu: „Je m'en suis bien douté.‟ Une lettre, de l'impératrice même, est arrivée; je suis parti.

Un moment après j'ai appris, je ne sais plus par qui, que Bubna serait de nouveau envoyé à Vienne.

J'ai rencontré l'archiduc Jean; il m'a dit de venir le voir. Je ne l'ai pas fait; j'ai trop craint l'embarras cruel dans lequel je me trouvais avec lui, ne pouvant pas toucher une seule corde, sans lui dire des choses désagréables, ou mentir à ma conscience. (Le comte Stadion m'a dit le lendemain, que j'avais bien eu raison, qu'il avait été obligé de lui tenir tête pendant une heure et demie, ne sachant de quel bois faire flêche. C'est une chose bien extraordinaire, que l'aveuglement et l'insensibilité profonde de tous ces princes sur les fautes impardonnables qu'ils ont faites, et sur les malheurs qu'ils ont causés à leur patrie.)

J'ai passé la soirée dans l'incertitude, quoique tellement persuadé du changement de système qui avait eu lieu, que sans aucune notion particulière, j'ai à peu près prédit à Knesebeck, tout ce qui était arrivé, et tout ce que j'ai positivement su le lendemain. Je lui ai conseillé de partir, pour ne pas trop se compromettre. Il est effectivement parti, laissant seulement un billet pour le comte Stadion.

Enfin, à 11 heures du soir, j'ai pu voir Bubna, et c'est lui qui m'a annoncé la grande nouvelle, que Jean Liechtenstein, lui, et le général Meyer partaient le lendemain, pour négocier, et si faire se peut, conclure les préliminaires de la paix sur la base de l'Ultimatum français. J'ai eu le sentiment d'un homme, qui après s'être débattu dans les flots, voit enfin la terre sous ses pieds. J'ai exhorté Bubna et par lui Liechtenstein à expliquer leurs instructions, dans quelques termes qu'elles pussent être conçues, dans le sens le plus étendu, à ne craindre aucune responsabilité, à se mettre bien en tête, qu'ils ne peuvent et qui ne doivent pas retourner, sans apporter la paix. Ils partent dans ces intentions; et à moins que de l'autre côté on ne nous présente des obstacles tout-à-fait imprévus, de nouvelles demandes exorbitantes, ou quelque nouveau genre de chicanes (ce qui n'est probable), je suis bien persuadé, que maintenant la paix se fera. — J'ai encore eu avec Bubna plusieurs conversations de détail, sur les ports, sur l'article de la réduction de l'armée, etc.

— Une chose assez remarquable, c'est que Bonaparte a dit: „Je ne veux pas vous demander de l'argent; vous ne pourriez pas le payer aujourd'hui, et les payemens à terme ont de grands inconvéniens; je m'en aperçois dans le cas des Prussiens, qui ne me payent pas, et que je serai obligé d'exécuter." J'ai quitté Bubna à minuit. J'en savais maintenant beaucoup, mais les derniers éclaircissemens m'attendaient encore.

Mardi 26. J'ai trouvé le comte Stadion dans son lit; revenu à sa sérénité habituelle, il m'a donné tous les détails sur le fameux conseil d'hier. En voilà la substance. Après que l'empereur eut exposé de quoi il s'agissait, le maréchal Bellegarde a pris la parole, et a dit, que depuis très-longtemps il avait présenté à S. M. le tableau de toutes les difficultés, qui s'opposent à la reprise de la guerre; il les a résumé de nouveau, pour faire sentir, qu'on n'avait rien fait pour les lever, et pour faire entendre que la chose était impossible. Le prince Liechtenstein a parlé dans le même sens avec beaucoup plus de force et de chaleur. L'empereur a chancelé, ou plutôt le comte Stadion a vu tout-de-suite, qu'il s'était opéré un changement essentiel dans ses dispositions. Sur cela il a interpellé l'empereur; il l'a sommé de dire, s'il ne lui avait pas répété dans toutes les lettres écrites pendant son absence qu'il ne ferait pas la guerre, et qu'il ne pouvait la faire avec les moyens moraux qui existaient; si l'empereur ne lui avait pas itérativement écrit, qu'il voulait la faire; si ce n'est pas sur ces assurances multipliées, accompagnées enfin d'un ordre positif, qu'il s'était rendu à Dotis; s'il ne l'avait pas engagé, il y a à peine huit jours, d'écrire dans le sens de la guerre à Berlin, à Londres, à Constantinople; si par là il ne l'avait pas cruellement compromis etc.? L'empereur a été obligé de répondre affirmativement à tout cet interrogatoire, et de s'accuser aussi lui-même de la manière la plus directe et la plus humiliante. — Cette scène a été suivie d'une quantité d'explications mutuelles, en partie très-orageuses, dans lesquelles le comte Stadion voyant que l'empereur avait pris son parti, a déclaré qu'il ne pouvait pas rester ministre. Le prince Liechtenstein s'est offert lui-même d'aller à Vienne; le comte Stadion a appuyé cette démarche de toutes les manières, déclarant seulement, qu'il ne mettrait pas la main à ses instructions.

Voici comment il m'a développé le fond de toute cette affaire. Le départ de l'empereur pour la Hongrie n'était dans son origine qu'une fuite déguisée; c'est la peur qui l'a chassé de Prague, et qui lui a fait chercher ce réfuge. Une fois ici, il a repris courage par tout ce qu'on lui a dit des forces dont il pouvait disposer encore, et de l'infériorité de celles de l'ennemi, qu'à cette époque tous ceux qui l'entouraient, et M. de Metternich à la tête, n'évaluaient qu'à 90,000 hommes. Alors il a envoyé courrier sur courrier au comte Stadion pour l'engager à revenir. Celui-ci lui a constamment répondu, que le calcul sur lequel on raisonnait était faux, que les Français avaient au moins le double de ce qu'on leur donnait, et que d'ailleurs, en admettant, que nos forces physiques étaient plus que suffisantes pour nous engager de nouveau dans le combat, nous n'avions pas

les forces morales qu'il faudrait pour venir à bout du
problème, que nous avions été sans contredit plus
forts à l'ouverture de la campagne, et que nous n'en
avions pas moins été battus; il lui a clairement dit,
que la partie la plus faible de notre situation était
précisément celle qui le regarde de plus, la direction
centrale, et quelque chose qu'il peut avancer aujourd'hui,
lui, Stadion, était sûr, qu'il ne tiendrait pas bon jusqu'à la fin. En dépit de toutes ces objections, l'empereur a insisté sur son retour. Il est venu; il a trouvé
les choses telles qu'il les a attendu; mais l'empereur a
continué à soutenir la guerre; il a trompé (en se trom-
pant probablement lui-même) le comte Stadion, au point,
que celui-ci a rédigé dans ce sens toutes ses dernières
expéditions pour Berlin, Londres, et Constantinople; et il a
nourri l'illusion jusqu'au moment, où enfin il devait agir.

Le comte Stadion croit, que déjà depuis quelque
temps la poltronnerie naturelle de l'empereur et ses scrupules, renforcés par l'autorité des généraux avaient fortement ébranlé sa résolution; que le lendemain du dernier départ de Bubna (le 21) il a fait venir Bellegarde et Duca, pour leur demander leurs plans de
campagne, que ceux-ci se sont référés à ce qu'ils lui
avaient déjà présenté il y a quatre semaines, qu'en
même temps ils lui ont fait sentir toute l'étendue des
difficultés; que dès-lors, il a trouvé que cependant il
n'a pas osé se prononcer tant que l'impératrice per-
sistait dans des sentimens contraires, que du moment
que celle-ci a commencé à admettre la nécessité de la
paix, il s'est livré sans réserve; trop heureux d'avoir
en sa faveur des opinions aussi puissantes que celles
de Bellegarde et Liechtenstein.

La circonstance la plus remarquable dans cette histoire est peut-être celle qui regarde le congrès. L'empereur avait si complètement induit en erreur le comte Metternich par son langage guerrier, que celui est allé à Altenbourg avec la conviction la plus parfaite, que l'empereur ne ferait point la paix; et quoique Stadion lui ait donné de nombreux avertissemens pour qu'il ne s'aveuglât pas trop, il n'a pas pu ébranler sa foi. Ceci explique en partie la singulière tournure qu'on a donnée à la négociation, dont le seul but a évidemment été de ramasser des matériaux pour un manifeste. Lorsqu'il s'agissait de faire nos contre-propositions, l'empereur ne voulait proposer que Salzbourg, et une très-petite partie de la Gallicie; Metternich lui a fait sentir, à quel point cela était ridicule; mais pour l'engager à hausser seulement un peu ses propositions, (pour arriver à la moitié de la Gallicie occidentale) il a dû lui certifier et lui jurer que les Français ne les accepteraient jamais; tellement l'empereur paraissait encore s'obstiner à la poursuite de la guerre. Aussi, dit le comte Stadion, rien n'égalera la surprise de Metternich, lorsqu'il apprendra cette révolution.

J'ai longtemps discuté avec le comte Stadion ce qui regarde sa propre situation. J'ai fait l'impossible pour lui prouver, qu'il ne pouvait et qu'il ne devait pas abandonner sa place, quelque chose qui arrivât; que l'idée de son successeur faisait trembler, qu'il avait déjà traversé avec gloire une époque d'impuissance et d'inaction, qu'il trouverait le moyen, d'en traverser une seconde, sans compromettre les principes, par lesquels nous devons remonter un jour etc. Mais il m'a réfuté par de trop bons argumens. Il a dit, que c'était toute

autre chose en 1806, où les embarras et la faiblesse
de l'État n'allaient pas sur son compte, mais sur celui
de son prédécesseur; qu'après avoir fait lui-même une
guerre malheureuse, quoique sans sa faute, il ne pouvait pas décemment rester en place; que, quand même
il se réconcilierait à cette idée, il était absolument impossible, qu'il coopérât à la paix d'une manière quelconque, après avoir été si cruellement compromis vis-
à-vis des puissances, qu'aussi tout ce qu'il pouvait faire,
était de se réserver pour de meilleurs temps.

Je suis sorti de cette importante conversation, qui
a duré deux heures, avec des sentimens difficiles à
peindre. D'un côté mon attachement profond pour le
comte Stadion, et la peine que me faisait la perspective
de le perdre, augmenté par la juste indignation, que
m'inspirait la misérable conduite de l'empereur; d'un
autre côté la satisfaction que j'éprouvais par l'idée de
la presque-certitude de la paix, et par celle d'y avoir
amplement contribué. Ceci n'est certainement pas une
illusion. Il est vrai, qu'en arrivant ici, j'ai trouvé dans
les principaux généraux des dispositions extrêmement
pacifiques; mais elles ont été fortifiées et développées
par mes raisonnemens, et il est incontestable que surtout l'opposition de Jean Liechtenstein, et les efforts
qu'il a faits pour la paix (circonstance, sans laquelle
l'empereur ne se serait guère prononcé) ont été en
grande partie mon ouvrage. Ensuite, en travaillant
Palffy, en le forçant, pour ainsi dire, à adopter mon
système j'ai ramené l'impératrice; autre point absolument nécessaire pour que l'empereur se déclarât dans
ce sens. Ainsi en fournissant les deux moyens les plus
puissans pour faire arriver le résultat tant désiré (sans

compter l'influence que mon opinion a généralement exercée sur celle de tous les autres) je puis dire, que j'ai plus fait pour la paix, que peut-être aucun autre individu quelconque.

Je ne m'en repentirai jamais. Et tout en méprisant le caractère de l'empereur, sur lequel j'ai agi par tous ces moyens, j'y trouve une raison puissante de plus pour me féliciter d'avoir détourné de la monarchie une entreprise, qui sous une pareille direction ne pouvait absolument que consommer sa chûte dans très peu de temps.

J'observe encore, que Bonaparte a fait dire à l'empereur, à Bubna, „que rien ne prouvait tant les mauvais conseils dont il était entouré, que l'idée chimérique, qu'on lui ferait abandonner la position de Vienne; chose à laquelle on ne parviendrait pas dans quatre campagnes." — Un des argumens dont je me suis le plus servi, était opposé au raisonnement absurde qu'on faisait sur la situation des provinces occupées par l'ennemi.

— „Elles ne peuvent plus supporter le poids de leurs malheurs, donc il faut recommencer la guerre." Voici comme j'ai établi l'absurdité complète de cette thèse. Si vous disiez, dans la situation où nous nous trouvons le sort de telle ou telle province ne peut pas fixer nos résolutions; il faut voir l'ensemble et agir en grand, il y aurait au moins un principe et une suite dans vos raisonnemens. Mais lorsque vous dites, qu'il faut continuer la guerre, pour soulager les provinces, vous avancez une thèse insensée. Car si vous aviez même des succès, la guerre n'en finirait pas plus dans un mois ou deux, et les souffrances du pays augmenteraient en se prolongeant; si vous êtes battus, vous achevez le malheur de vos pays.

Mercredi 27. Le comte Stadion a déjà fait sa déclaration formelle à l'empereur, et il m'a dit, qu'il partirait aussitôt qu'on se trouverait ici dans le cas d'avouer, qu'on fait la paix. Nous avons causé ce matin sur nos relations avec les autres pays. C'est une grande consolation dans nos malheurs, que celle de pouvoir nous dire, qu'à l'exception des pauvres Tyroliens, personne ne peut nous reprocher de l'avoir entraîné dans quelque désastre. Les Espagnols sont battus; et (selon ma conviction) cette affaire est maintenant finie; si, malgré notre guerre ils n'ont pas pu se soutenir, et si on les a achevé pendant notre guerre (grâce à leur mauvaise conduite) ils ne peuvent pas se plaindre de notre paix. Quant aux Anglais, auxquels cette guerre aurait pu devenir si utile, leurs opérations ont été vraiment inconcevables. Le coup, qu'ils ont voulu porter en Espagne, a complètement manqué; l'expédition d'Anvers paraît finie de la manière la plus ridicule; celle du général Stuart est devenue la fable de l'Italie, et ils se sont promenés quatre mois dans la Baltique sans rien entreprendre. Nous sommes quittes envers tout le monde, excepté le Tyrol. A propos de celui-ci j'ai appris une belle chose. En parlant au comte Stadion de cette fameuse lettre du 29 Mai, dont Bubna s'est avoué l'auteur avec sa candeur ordinaire, j'ai été étonné d'entendre, que le comte Stadion ne la connaissait pas!! Voilà comme on fait chez nous les affaires!

Le comte Metternich et le prince Paul Esterhazy sont arrivés d'Altenbourg; je n'ai pu avoir avec le premier qu'une très-courte conversation après-dîner; il est allé à Komorn où l'empereur est allé aussi pour faire la revue de l'insurrection; comme il reviendra demain, c'est alors que je l'attaquerai sérieusement.

J'ai eu une conversation avec le général Stutterheim, qui m'a de nouveau appris une foule de données sur le triste état des choses. Ce nouveau conseil militaire, qu'on avait tant vanté, n'est qu'un phantôme. Il n'a fait aucun plan; Meyer le seul qui eut assez d'activité pour en produire est trop savant, trop pédant, trop diffus; il commence par Cyrus pour finir avec Bonaparte; Bellegarde ne s'explique pas; Duca n'ouvre jamais la bouche. Le prince Jean, lorsqu'il était aux séances de ce triste conseil, s'endormait ordinairement. Ce qu'il y a de plus malheureux, c'est que l'empereur se sert de cette nouvelle machine pour donner une quantité d'ordres, dont le prince Liechtenstein ne sait rien, et qui gâtent les choses les plus essentielles; il en donne aussi par-fois par le *Hof-Kriegsrath* de Pest! Si la guerre avait recommencé, l'empereur aurait continué ce train au grand détriment de l'armée et de ses opérations (NB. et d'autant plus, que l'impératrice n'avait pas manqué de lui insinuer, que le prince Liechtenstein devait être bien contrôlé dans son commandement, et que l'empereur ferait bien de ne pas trop l'abandonner à lui-même. Ceci est de Palffy). — Le prince Liechtenstein, il est vrai, aurait pris le parti du désespoir, et se serait en allé avec tout son état-major, sans plus faire attention au conseil. Mais alors il était obligé d'agir tout seul; et il ne le pouvait pas non plus; et Radetzky, bon officier, bon quartier-maître-général dans le sens ordinaire, ne pouvait pas suppléer à ce qui lui manque: la confusion serait devenue énorme. — Comment agir d'ailleurs?

Pousser en droiture sur Vienne? Raab, les inondations de la Raab, puis Presbourg — tout cela était devant nous; dans cette saison une opération pareille, toujours difficile, était impossible! Marcher sur Körment? Mais les Français étaient sur nos flancs, n'avaient qu'à se porter sur les communications, pour nous couper de notre point de départ, pour nous coller entre les montagnes de la Styrie, pour nous faire mourir de faim, sans aucune perspective de salut. Ce sont les argumens que Bellegarde a fait sentir à l'empereur; Duca nous a fait un mémoire pour les exposer; et son avis a probablement contribué à ramener l'empereur aux dispositions pacifiques. — Stutterheim m'a beaucoup parlé de l'incroyable mauvaise conduite de l'archiduc Jean, de plusieurs lettres que l'archiduc Charles lui écrivait à l'époque où il se trouvait à Körment pour l'engager à aller en avant; de l'ordre très-positif qu'il lui adressa „pour partir de Presbourg le plus vite possible, et venir prendre part à la bataille décisive, qui se préparait". — Nugent a une très-mauvaise réputation dans l'armée; tous les torts sont mis sur son compte etc.

Jeudi 28. Hudelist est arrivé de Bude — Metternich de retour de Komorn. Je n'ai pas trouvé le temps d'entamer avec lui une conversation suivie. Nous avons parlé seulement de la marche des négociations d'Altenbourg; jusqu'à un certain point il en juge raisonnablement; il a eu entre autres sur la publication, ou plutôt non-publication des protocôles la même idée que moi; cependant il n'admet pas comme de raison, la nullité absolue du rôle qu'il a joué. Il fait valoir comme un grand avantage d'avoir arraché à Champagny certains aveux, p. ex. „qu'il ne s'agissait pas d'alliance avec nous" (en quoi il a parfaitement raison) „que toute idée du rétablissement de la Pologne devait être écartée" (chose que Champagny, comme Metternich avoue lui-même, a articulé de son propre chef, ce qui la rend bien plus remarquable encore. — Sa négociation était un contre-sens absolu. Il croyait la guerre certaine, par conséquent il ne songea qu'à ramasser des matériaux pour un nouveau manifeste. L'empereur paraissait si complètement dans ce sens, que d'abord lorsqu'il s'agissait de faire des contre-propositions à la France, il ne voulait offrir qu'une très-petite partie de la Gallicie, à peine la moitié de ce qu'il a offert, et le Salzbourg. Metternich lui fait entendre qu'une pareille proposition serait réellement ridicule; mais pour l'engager à y ajouter quelque chose, il était obligé de jurer à l'empereur qu'il ne risquait rien, que les Français n'accepteraient jamais ces conditions. Il craignait la modération de l'ennemi, et la paix qui pouvait en résulter!

Je n'ai pas pu beaucoup tirer de Paul Esterhazy qui a passé une heure avec moi; et je n'ai pas revu Metternich. Il s'est rendu chez l'empereur avec le comte Stadion; ils ont travaillé ensemble au bureau jusqu'à minuit; après cela, Metternich est parti pour Altenbourg. Les mouvemens de ce soir m'ont fait concevoir pour un instant l'idée de quelque nouvelle variante; mais il n'en était pas question.

Vendredi 29. J'ai demandé au comte Stadion en plaisantant, „si la contre-révolution était faite." Il m'a dit qu'on en était très loin, et qu'à coup sûr il n'y prendrait aucune part. — Il est arrivé un courrier de Jean Liechtenstein, qui a annoncé que la négociation a été entamée sur la base de l'Ultimatum des Français. On croit qu'on sauvera encore quelque partie de la Croatie et de la Carniole, en substituant à la Save une ligne de frontière peu favorable à nos intérêts.

J'ai écrit une longue lettre à Londres; c'est une chose bien singulière, que le 21 Kraus a passé par ici, se rendant en courrier à Londres, pour y porter la nouvelle positive de la prochaine reprise des hostilités, et que j'ai pris sur moi, de mander dans une courte lettre, qu'il y avait 10 à parier contre 1 pour la paix. J'avais bien jugé la chose, et quoique le résultat n'ait pas pu être agréable à Londres, on doit cependant avoir été frappé de la justesse de mes apperçus dans un moment où ils étaient directement opposés à des notifications officielles.

Longue conversation militaire avec le général Stutterheim. Il m'a exposé toutes les hypothèses possibles pour faire une opération militaire contre les Français — par Raab — par Körment et Oedenbourg — par la rive gauche contre le Marchfeld — et m'a prouvé quels obstacles s'opposeraient à chacune. Un général comme Bonaparte lui-même ne les vaincrait pas, à moins qu'il fût aussi souverain; alors le problème deviendrait résoluble; mais il serait encore effrayant.

Samedi 30. Bathurst est arrivé ici comme une bombe pour se convaincre de la vérité de ce qu'il avait appris. Le comte Stadion a été fort embarrassé d'abord de sa visite; mais la chose s'est assez bien arrangée;

je crois même qu'il en résultera quelque bien; Bathurst est parti d'ici avec des idées très-modérées sur
le grand tort qu'il supposait à l'Autriche pour avoir
songé à la paix; il présentera à son gouvernement les
aperçus qu'il a recueillis lui-même.

Octobre 1809.

Lundi 2. Aujourd'hui l'aspect des affaires a paru un moment changer. Un courrier arrivé hier de Vienne a annoncé toutes sortes de difficultés et d'entraves, arrêtant la négociation. Le langage de l'empereur et de ses entours prenait de nouveau une couleur guerrière. Hudelist m'a parlé pendant une heure dans un sens si équivoque, que, si je ne connaissais pas son jargon mystérieux, j'aurais pu croire à la rupture des négociations. Des motifs de délicatesse m'empêchaient de presser le comte Stadion sur un objet, qui sous tous les rapports devait lui être pénible. Cependant, avant le dîner, je l'ai un peu attaqué; il m'a dit avec empressement et chaleur, qu'il ne me laissait pas partir, que tout se déciderait dans quelques jours.

Le soir les deux généraux Radetzky et Stutterheim sont venus chez moi dans de grandes inquiétudes. Des mots lâchés par l'archiduc Jean, et par Kutschera, des propos de Baldacci etc. leur ont donné soupçon, qu'on méditait encore la reprise des hostilités. Je les ai rassuré aussi bien que j'ai pu; car au fond, je n'ai que très-faiblement partagé ces inquiétudes. Radetzky m'a raconté un fait que je ne savais pas, et qui mérite d'être consigné. Depuis quelque temps déjà les enragés de la trempe de Baldacci attachaient beaucoup de poids aux mouvemens populaires, sur lesquels ils comptent de la part des pays occupés par l'ennemi. Je le savais; il en était même obscurément question dans cette absurde proclamation de Baldacci; (voy. 23 septembre), et Palffy m'en avait souvent parlé. Mais ces messieurs m'ont appris, que lorsque le comte Saurau a été ici, on a tenu une espèce de conseil, présidé par lui et le général Meyer, pour discuter les moyens d'exécution, c'est-à-dire, pour organiser les massacres, donner à la guerre un caractère de cannibalisme bien prononcé et nous précipiter dans de nouveaux abîmes, dont Dieu même ne nous sauverait plus.

Le comte Metternich est arrivé ce soir; il m'a dit que le congrès était dissous; mais je n'ai pas bien pu comprendre, comment et pourquoi. J'ai su seulement, que Champagny ne recevait pas; que Floret et Paul Esterhazy s'étaient rendus avec les papiers à Vienne, et que Metternich se fixait ici.

Mardi 3. Le comte Stadion m'a dit ce matin, qu'il n'y avait au fond aucun nouveau motif pour regarder la paix moins vraisemblable, que les difficultés étaient telles, qu'on avait pu les prévoir, et pas d'un autre genre, et que quelques propos de l'empereur, fondés sur quelques propos de l'archiduc Jean, était la seule source de tout ce qui se disait depuis hier. — Il a parlé en même temps de son départ pour Prague d'une manière si positive, et avec tant de détail, que l'idée d'un nouveau changement de système ne pouvait certainement pas trouver accès dans mon esprit. Cependant, ne connaissant pas les rapports que la députation avait fait depuis son arrivée à Vienne, il restait toujours un certain vague sur le véritable état des choses.

Ce soir, au thé chez le comte Stadion, il s'est entamé une conversation sur la bataille de Wagram, qui m'a fait faire bien de reflexions. Wallmoden m'avait donné sur cette bataille les détails les plus authentiques; le tableau, que Metternich en a fait, ressemblait si peu à la vérité, qu'il aurait été, je crois, également applicable à celles de Leuthen ou de Höchstädt. Selon lui, et selon ce qu'il prétend savoir par les Français, les Français étaient déjà tellement battus le 5 au soir, que tout autre que Bonaparte, n'aurait pas hazardé le combat le 6! — Ce dernier jour tout était à notre avantage; l'aile droite avait complètement vaincu! Le centre de Bonaparte était entouré!! L'aile gauche pliait à la vérité; mais si l'archiduc Jean était venu seulement à 5 heures du soir, non-seulement il rétablissait tout, mais la retraite de cette aile était même un avantage pour nous!!! Enfin, avec ou sans l'archiduc Jean, nous n'avions qu'à vouloir gagner la bataille, qu'à nous dire qu'elle l'était, et la victoire ne nous manquait pas!! — Voilà les illusions dont se bercent encore aujourd'hui nos premiers hommes d'État.

Mercredi 4. Ce matin j'ai eu avec Metternich seul une longue conversation, qui m'a éclairé sur plusieurs articles.

D'abord nous nous sommes expliqués sur la question fondamentale. Metternich m'a déclaré, qu'en considérant notre situation *in abstracto*, et en la rapprochant de celle de l'ennemi, sur laquelle il avait de meilleures données que tout autre, il nous croirait très-fort en état de continuer la guerre avec succès, mais qu'en la prenant telle qu'elle est, *in concreto*, avec un souverain tel que celui-ci, des rapports de pouvoir, de travail etc. tels que les nôtres, et l'opposition de tant de généraux, il protestait, comme moi, contre toute idée de guerre; il ne la ferait pas, si l'empereur le nommait ministre. — Je me suis contenté de cette explication, quoique elle ne réponde pas à ma manière de voir; car je persiste à croire, que les généraux ont raison, non-seulement *in concreto*, mais encore *in abstracto*, et que tout ce que l'on dit contre eux, soit pour détruire l'effet de leurs avis, soit par humeur et par dépit, est d'une injustice complète et criante.

Après cela il m'a exposé ce qui se passe. Aussitôt que le prince Liechtenstein est arrivé à Vienne et a produit ses plein-pouvoirs, Bonaparte a déclaré, qu'il ne reconnaissait plus de congrès d'Altenbourg, qu'il regardait comme nul tout ce qui avait été fait, sans toutefois se retracter sur son Ultimatum. Par conséquent la négociation se trouve transportée entièrement à Vienne et s'y traînera peut-être encore bien de semaines. — Il est persuadé que l'empereur, du moment qu'il s'était décidé à traiter sur la base de l'Ultimatum français aurait beaucoup mieux fait d'annoncer cette résolution à son ministre à Altenbourg et d'y faire suivre la négociation. Il dit (et non pas sans quelque raison) que, pour se soumettre aux conditions de Bonaparte, on n'avait pas besoin d'envoyer une députation solennelle à Vienne; que c'était une démarche ridicule que d'employer pour cette mission le commandant-en-chef de l'armée; que c'était clairement avouer à Bonaparte, que le parti pacifique se trouvait dans l'armée, et que ce parti l'avait emporté sur l'autre; que dans ses pourparlers avec Champagny il avait si souvent déclaré, que l'empereur ne céderait pas le Littoral, qu'il se croyait positivement sûr d'avoir pu au moins sauver Fiume et Porto-Ré etc., si l'affaire était resté entre ses mains; que lorsque Liechtenstein a passé par Altenbourg, il lui avait si bien fait voir, quelles seraient les suites de sa mission, que celui-ci avait voulu au premier moment retourner à Dotis; mais qu'ensuite il lui avait conseillé, de ne présenter à Vienne ni la lettre de l'empereur, ni ses pleins-pouvoirs, mais de ramener la négociation autant que possible dans sa première voie, que Liechtenstein lui avait promis d'en agir ainsi, qu'il n'avait pas suivi cette marche, qu'ayant une fois produit la lettre, il n'avait pas pu s'empêcher de produire les pleins-pouvoirs, que Napoléon, saisissant cette circonstance, avait tout-de-suite nommé Maret, pour négocier avec lui; que peu de jours après, Champagny avait paru à la place de Maret, qu'à-présent les Français étaient tout-à-fait maîtres de la négociation.

(A tout cela, il n'y a qu'une chose à répondre; le mal qui peut résulter de l'envoi de la nouvelle députation, est l'ouvrage de ceux, qui ont donné au congrès d'Altenbourg le caractère équivoque et de mauvaise foi qu'il a pris, qui ont confirmé l'empereur dans ses idées extravagantes, et qui en travaillant sur le principe de rendre la paix à-peu-près impossible, ont amené tous les mouvemens violens, ces sombres inquiétudes, cette terreur parmis les généraux, enfin cette espèce de désespoir, dont le conseil du 25 septembre, les détails qui ont eu lieu, les résolutions qui y ont été adoptées, la retraite précipitée du comte Stadion et

le départ plus précipité encore de la députation —
n'ont été que le contre-coup inévitable.)
En parlant sur l'avenir, Metternich m'a dit, qu'il
était loin de croire, qu'il serait chargé du porte-feuille;
qu'il prévoyait plutôt, que Napoléon protesterait formellement contre lui, en le dénonçant à l'Europe comme
un ministre furibond et perfide; qu'il avait déjà préparé ses attaques, en signifiant au prince Liechtenstein, qu'il regardait les conférences d'Altenbourg comme
un jeu, et que ce n'était que depuis que l'empereur
avait confié la négociation à des personnes, qui voulaient sincèrement la paix, qu'il la croyait enfin possible.
— Il a ajouté, qu'il n'accepterait pas le porte-feuille,
du moment que Bonaparte se déclarerait hautement
contre lui, quand même l'empereur le lui offrirait. —
Je lui ai demandé qui devait donc l'avoir. Il m'a avoué
qu'il savait aussi peu que moi répondre à cette question; que cependant il croyait pouvoir me rassurer
complètement sur les craintes de le voir entre les mains
de Stahremberg.
Après l'avoir quitté, nous nous sommes retrouvés
au déjeûner du comte Stadion. La conversation est
devenue bien intéressante. On a parlé des différentes
proclamations, qui ont été publiées au commencement
de la guerre. Metternich les a indistinctement blâmé, à commencer par celle de Hormayr aux Tyroliens. J'abondais depuis longtemps dans ce sens. J'ai
rappelé au comte Stadion plusieurs lettres que je lui
avais adressées de Vienne après son départ, sur cet
important objet. Le comte Stadion nous a franche-
ment avoué qu'il en pensait comme nous, qu'il avait
blâmé toutes ces pièces, sans excepter l'adresse aux

Allemands (que cependant son frère avait protegée, sinon écrite lui-même), sans excepter la lettre au roi de Bavière; qu'il avait fait ce qu'il avait pu pour y mettre ordre, mais qu'il n'y avait jamais réussi (aveu précieux, quoique terrible!) qu'aussitôt que l'on avait franchi la frontière, chacun avait fait ce qui lui plaisait; que l'archiduc et Grünne avaient poussé l'arrogance et le despotisme au point de ne pas même le consulter dans les choses qui étaient essentiellement de son ressort; qu'il avait vu venir ce malheur avant de quitter Vienne; qu'il en avait prévu et redouté les effets les plus funestes dans le cas même que la guerre eut été heureuse; que déjà dans plusieurs occasions et notamment lorsqu'il était question des instructions pour son frère, l'archiduc et Grünne avaient annoncé avec si peu de retenue le projet de concentrer tous les pouvoirs entre leurs mains; qu'il était à la veille de se brouiller avec eux, et de leur signifier qu'à des conditions pareilles il ne pouvait pas être ministre; que depuis ils avaient repris la même marche; que les autres archiducs s'étaient formé sur le même modèle, et avaient publié et ordonné partout ce que l'aveuglement, la passion, ou les plus mauvais conseils leur inspiraient; que de là était résulté ce système révolutionnaire si déplacé que l'ennemi nous avait reproché avec tant d'amertume etc.

Cette conversation s'est étendue plus loin encore, et Metternich a entamé enfin cette question si épineuse, que j'avais toujours évitée, comment le comte Stadion avait pu se fier aux misérables instrumens avec lesquels il était entré dans cette guerre. Stadion s'est expliqué avec sa candeur ordinaire. Il a avoué

qu'il s'en ferait toujours les reproches les plus violents;
que cependant beaucoup de choses se présentaient pour
sa justification; qu'après tout ce que ses gens lui
avaient dit depuis le mois de mars 1808, après plusieurs démarches qu'ils avaient réellement faites, après
l'espèce de vigueur qu'ils avaient montrée dans l'affaire
de l'organisation de la milice etc. — il avait été entraîné dans la persuasion, qu'un grand changement
s'était opéré dans leurs dispositions, et qu'enfin leur
conduite répondait une fois à leurs discours. Metternich a dit, que sur cet article, il n'avait jamais été
d'accord avec Stadion; il m'avait dit dans notre conversation particulière, que rien ne l'aurait décidé à faire
la guerre avec la certitude qu'il avait de la nullité absolue de ce gouvernement.

La situation actuelle des choses est manquée. J'ai
écrit aujourd'hui à quelqu'un: „Si vous demandez, qui
est ici ministre des affaires étrangères, je serais fort
embarrassé pour vous le dire, quoique je passe ma vie
avec les deux hommes entre lesquels on est obligé
de le chercher. Il y a des momens où l'un serait re-
gardé comme tel, et d'autres où l'autre paraît l'être;
encore d'autres où tous les deux le sont; d'autres de
nouveau, où aucun des deux ne l'est; enfin plusieurs,
où personne ne l'est." — Ceci est l'exacte vérité.
Ni Metternich ni Stadion savent qui a proprement
rédigé les pleins-pouvoirs pour Liechtenstein!! L'empereur, entouré ou de ses frères (aujourd'hui il y en
a une demi-douzaine ici pour sa fête) ou de l'impératrice moribonde, souvent délirante, livrée à l'exaltation,
d'une personne qui ne se croit plus de ce monde, ou
de deux animaux, qui l'accompagnent partout, de

Wrbna (abruti jusqu'à la stupidité) et du général Kutschera(!) — tout en croyant gouverner encore, n'est déjà qu'une ombre de souverain; l'anarchie complète a remplacé le gouvernement. — Et ses misérables gens vous parlent encore de temps en temps de la reprise des hostilités; ils veulent se battre, grand Dieu! tandis qu'ils ont 70,000 malades, qu'ils ne savent pas faire guérir! que chaque jour des régiments entiers se plaignent de manquer de fourages! que toutes les branches de leur administration sont frappées de désordre et de paralysie!

Jeudi 5. J'ai fait avec le comte Metternich une longue promenade. Il m'a dit, que Stadion partira demain. J'en ai été terrassé. Nous sommes rentrés dans la discussion de l'affaire de la négociation. Je lui ai demandé de m'expliquer, pourquoi, avec l'idée qu'il s'était formée de la marche de cette affaire, il avait consenti à l'avant-dernière mission de Bubna, et à cette lettre de l'empereur qui a provoqué celle de Napoléon du 15. Il m'a répondu, qu'il n'avait été pour rien dans cette mesure, qui lui avait été à peine connue. Il m'a dit, que selon sa conviction intime, l'empereur avait toujours voulu la paix; que la révolution du 25 n'était pas le passage des sentimens anti-pacifiques aux sentimens opposés, mais celui de la résolution bien prononcée de ne faire la paix qu'à de certaines conditions, à celle de l'accepter aux conditions sévères de l'ennemi. — En attendant, il est en possession du ministère; et il faut pour le déplacer, que quelque chose soit faite en sens contraire à Vienne, ce qu'il continue à croire très-vraisemblable.

Il a fait une reflexion bien vraie et bien fâcheuse.

Voilà la troisième fois que nous faisons la paix au milieu d'un interrègne ministériel, tandis que Bonaparte ne change ni de système ni d'instrumens, et va son train sans se déranger. Cette reflexion n'a jamais trouvé une application plus directe et plus douloureuse que cette fois-ci.

A déjeûner le comte Stadion a confirmé au moins qu'il partait. L'archiduc Jean est venu nous interrompre. Je me suis promené une heure avec Hudelist, qui aujourd'hui m'a parlé absolument à cœur ouvert et sans masque. Il craint, que les différentes difficultés, que la négociation doit nécessairement amener, ne produisent encore plus d'une fois de ces demi-révolutions dans les sentimens de l'empereur, qui feront naître l'idée du renouvellement de la guerre; mais au fond il est persuadé, comme Metternich, que de manière ou d'autre nous finirons par la paix. — Il déplore, comme moi, le départ du comte Stadion, et croit comme moi, que n'étant pas parti le lendemain du conseil, il aurait dû rester jusqu'au dénouement final.

J'étais chez moi avec Palffy à me lamenter sur cet événement affligeant, et à lui peindre l'abîme dans lequel nous laissons cette monarchie; la solitude, la détresse de l'empereur, l'anarchie effrayante qui régnera, Metternich, rempli de mécontentement et de dépit, et placé sur un piédestal tout-à-fait précaire, ne pouvant être considéré que comme un demi-ministre — lorsque le comte Stadion est entré, avec l'intention de s'expliquer sur ce que je venais de dire à Hudelist par rapport à son départ. Il m'a dit, qu'il venait exprès pour éclaircir un fait, sur lequel il ne voulait pas me laisser des doutes. Il avait donné sa démission dans la séance même du conseil; depuis ce moment il ne se regardait plus comme ministre; le lendemain il avait renouvelé sa démarche dans toutes les formes; mais ce n'est qu'hier que l'empereur y a répondu. — Je n'avais pas besoin de lui expliquer ce que je voulais dire par mon observation; mais je n'ai pas manqué de saisir le moment, pour lui exprimer toutes les idées noires, que son départ faisait naître dans mon âme. Il m'a renvoyé pour les développemens à demain, m'ayant proposé de l'accompagner à Komorn, et d'y passer la soirée avec lui. En attendant, je lui ai demandé ce qui arriverait, si pourtant la guerre recommençait. Il m'a répondu, que d'abord il était persuadé que cela n'arriverait pas, que la paix se ferait à telle condition ou à telle autre, mais qu'elle se ferait dans tous les cas, l'empereur s'étant déjà mis hors de toute mesure pour continuer la guerre; que si, par quelqu'événement tout-à-fait extraordinaire, il en était autrement, il doutait encore très-fort, que l'empereur le fît appeler de nouveau; et que si enfin cela avait lieu, il reviendrait encore une fois, pour périr avec l'empereur, étant sûr, qu'il périrait par la guerre, comme aujourd'hui il périra par la paix. — Il m'a dit encore, qu'il n'était pas d'accord avec Metternich sur tous les points, que par conséquent il valait mieux lui abandonner la barque, que tirailler l'empereur dans de différens sens.

Palffy est revenu peu après. Je me suis gendarmé de nouveau contre la facilité et l'insensibilité, avec laquelle l'empereur consentait au départ de Stadion. Il m'a dit, qu'il en était moins étonné depuis qu'il s'était clairement aperçu, que la cour était mécontente de la dernière conduite de Stadion; il n'a pas pu m'expliquer sur quoi porte proprement ce mécontentement; il sait seulement que l'impératrice lui a dit dans sa dernière conversation: „Cher Stadion, je suis fâchée, que vous ayez eu si peu d'énergie,“ et que l'archiduc François, organe de l'impératrice, a plusieurs fois répété: „Stadion! Comment peut-il se conduire de cette manière?“ — Voilà l'histoire des ministres les plus distingués, lorsqu'ils quittent leurs places, et le prélude de ce qui attend le comte Stadion.

Le général Stutterheim (celui qu'on appelle le beau) est arrivé de l'armée. Il est un de ceux, qui ne regarderaient pas notre situation comme désespérée, si nous avions un homme, capable de commander. — J'ai eu ensuite de longues conversations avec Radetzky, qui m'a entretenu de tout ce qu'il y a de défectueux dans l'administration militaire etc. Il m'a parlé aussi — et d'une manière qui m'a étonné de la part d'un homme aussi calme et aussi réglé — des idées qui commencent à circuler dans l'armée sur l'incapacité de l'empereur, et sur l'avantage qui pourrait résulter d'un changement total de dynastie.

J'ai écrit une lettre très-forte à Bubna, pour l'encourager à persister dans ses efforts pacifiques. Cette lettre était autant destinée au prince Liechtenstein qu'à lui. Mon principal but était de les mettre en garde contre l'inconvénient majeur de ces courriers et de ces demandes d'instructions perpétuelles, dont chacune ne fait que renouveler l'agitation, les doutes, et détériorer et compliquer notre position.

La soirée a été remarquable sous un autre rapport. J'ai pris le thé chez M. de Stadion, avec le comte

Metternich, le comte Wrbna et Palffy et Stutterheim. Celui-ci a été infiniment scandalisé de la conversation gaie, légère, et leste des ministres. Après
son départ elle est devenue plus sérieuse; on a beaucoup parlé de la bataille de Wagram (où l'empereur
appelait Metternich „seinen Scher“, parce qu'il se
trouvait là avec un grand télescope, s'écriant sans cesse:
*Unvergleichlich! Vortrefflich! Nun haut unsere Ka-
vallerie ein! Nun geht es vorwärts u. s. w.*).

Vendredi 6. Paul Esterhazy est arrivé de Vienne.
La négociation est lente et difficile. Le prince et Bubna
paraissent être désolés. J'ai cru d'abord, que les Français avaient articulé de nouvelles conditions insuppor-
tables. Mais peu-à-peu j'ai tiré la chose au clair; et le
fait est, que les Français n'ont rien mis en avant de
nouveau, mais qu'ils insistent sur leur Ultimatum. Les
grandes pierres d'achoppement sont — l'arriéré des contributions, et la détermination des frontières en Gallicie.
Les Français avaient imposé aux pays occupés, 190 millions de contributions; on prétend qu'environ 150 en
ont été payés; cependant ils ne conviennent pas du
calcul; et ils en demandent encore 134, soit aux provinces, soit à l'État. Quant à la Gallicie, comme ils
avaient exigé d'abord 2 millions d'âmes, et puis (dans
la lettre de Napoléon du 15 septembre) „moins que la
moitié de la Gallicie,“ il est tout simple, que, la Gallicie
occidentale n'en contenant que 1,200,000, ils insistent
encore sur la cession de quelque cercle de l'autre Gallicie. La réduction de l'armée, la rupture avec l'Angleterre, et d'autres points pénibles ont été traités aussi,
comme c'était à prévoir.

Metternich s'est beaucoup recrié sur leur perfidie,

leur insolence etc. Il a eu l'air de porter fortement dans le sens de la guerre. Je n'en crois rien. Je suis persuadé, qu'il tient ce langage dans l'idée, que les Français, nous voyant très-décidés, céderont sur l'un ou l'autre point. Car il est à peu près impossible que Metternich pense sérieusement à la guerre.

Il m'a fait lire la lettre qu'il avait composée pour servir de réponse à celle de Napoléon du 15. Il a grande opinion de cette lettre. Tout ce que je puis dire, c'est que je suis bien aise que celle du comte Stadion soit partie au lieu de la sienne. Il y faisait dénoncer l'armistice; bravade, qui aurait pu nous couter cher. — Il m'a montré aussi deux dépêches, qu'il avait écrites de Paris peu de jours avant l'ouverture de la guerre; elles n'ont point haussé mon opinion de ses talens ou de ses vues politiques. Je ne pardonnerai jamais à Metternich l'indifférence et la légèreté, avec laquelle il voit partir le comte Stadion, et la confiance vraiment choquante, avec laquelle il se charge d'une tâche aussi terrible, que celle de la direction des affaires dans ce moment. Je ne veux pas même nourrir le soupçon, qu'il ait contribué d'une manière quelconque à ce scandaleux revers de Stadion; j'en ai assez de sa conduite ostensible.

J'ai été dire adieu au maréchal Bellegarde, aux généraux Radetzky et Stutterheim. — Le comte O'Donnell se trouvant à Dotis, j'ai eu avec lui une conversation d'une heure, dans laquelle je n'ai pas été content de lui. Il y aura ce soir un conseil; et je prévois que, s'il ne vote pas directement pour la guerre, il s'appesantira au moins si fort sur ce maudit article de l'argent, que la négociation en souffrira de nouveau.

A trois heures après-midi, je suis monté en voiture avec le comte Stadion. Quel moment! Comme tout était changé! Je me suis rappelé le jour de son départ de Vienne au mois d'avril. Une centaine de personnes l'entouraient; toute la maison était remplie de monde. Cette fois-ci — pas un chien ne s'est montré. Metternich et Hudelist étaient venus lui dire adieu pendant que nous dînions. Mais pas une âme ne l'a vu partir!

Chemin-faisant, et le soir à Komorn je me suis beaucoup entretenu avec lui. Il avait repris toute sa sérénité; il faut tout dire, il sentait vivement le bonheur d'avoir échappé à tant de tourmens, à tant de chagrins, à tant de cochonneries. — Il m'a éclairé sur un article, que je ne savais pas bien, sur l'envoi de cet officier russe, Czernicheff. L'empereur ne l'avait pas envoyé, comme on croit, avec une lettre d'exhortation à la paix; c'est notre empereur qui a écrit à celui de Russie, au moment où les négociations ont commencé. Czernicheff a porté la réponse, qui d'après ce que le comte Stadion m'a dit, était conçue de la plus mauvaise grâce possible. Le reste de nos conversations roulait sur des objets, que nous avions souvent traités, en grande partie aussi sur des objets étrangers à la question du moment.

Samedi 7. A 5 heures du matin je me suis séparé du comte Stadion. Il a pris le chemin de Prague, moi celui de Bude. Nos adieux ont été tendres et touchants. Jamais il ne m'a montré plus d'attachement et plus d'amitié. Chose bien remarquable! Il y a eu dans ces derniers temps une nuance d'opposition assez caractérisée dans nos vues politiques; j'ai même directement travaillé contre lui, et je me glorifie de l'avoir fait. Et cependant, la pureté de nos intentions réciproques, et la réunion de nos idées divergentes dans un centre commun, jointes à des sentimens personnels, que chacun connaissait à l'autre, ont conservé et même consolidé nos rapports. Le comte Stadion inclinait pour la guerre, mais il rendait justice aux motifs qui me portaient à la paix, et au fond il les approuva. Moi, j'étais prononcé pour la paix; mais je concevais et ne désapprouvais pas absolument les raisons qui le faisaient pencher pour la guerre. La destruction de la monarchie, quoique également certaine par la paix et par la guerre, était la base commune de notre tolérance réciproque.

Dimanche 8. Revenu de Bude, j'ai eu bien des orages à essuyer. Les personnes que je vois le plus, sont celles qui peuvent le moins supporter l'idée de cette paix; la plupart d'entre elles se doutent à peine du véritable état des choses; et ne comprennent pas ce qu'on veut dire, en leur assurant que cette grande question de paix ou guerre n'est enfin devenue pour nous qu'une question du second ordre; le grand objet étant de savoir, si un État, tombé dans cet excès d'engourdissement et d'inanition peut se relever, ou peut subsister un an, soit en guerre, soit en paix.

Palffy est arrivé de Dotis. Bubna y est venu le lendemain de mon départ. Il y a eu un conseil de ministres vendredi (auquel Bellegarde, Metternich, et O'Donnell ont assisté) et un autre conseil samedi, composé par les mêmes et présidé par l'empereur. Le comte Metternich a été nommé ce même jour ministre des affaires étrangères. Palffy prétend, que tout est à la guerre, que la conduite des Français est horrible, que Bubna est au désespoir, qu'il se fait des reproches d'avoir présenté la paix comme trop facile etc.

Après avoir examiné de près tout ce verbiage, j'ai trouvé qu'il se réduisait à rien, que les Français n'avaient pas avancé des prétentions nouvelles, que les principales difficultés sont toujours celles qui regardent les contributions, que la véritable clef de ces mouvemens, de ces nouvelles agitations, de ces déclarations se trouve dans la répugnance de l'empereur et de quelques-uns de ses entours à se soumettre à une paix, que leur ineptie a rendu nécessaire. — J'ai écrit à Bubna une lettre extrêmement énergique, pour le mettre en garde contre le découragement et les faux aperçus, et pour le faire envisager sa propre situation dans le véritable jour. Cette lettre doit produire quelque effet.

Lundi 9. Palffy est retourné à Dotis; l'impératrice en est partie et arrivera ici; cette malheureuse princesse se meurt.

J'ai eu hier et aujourd'hui plus d'une conversation remarquable — avec Bathurst, la princesse Esterhazy, Hardenberg, la princesse Grassalkowitsch, le commandeur Ruffo, etc. — mais celle qui m'a le plus intéressé et saisi était avec le prince Reuss, un des aides-de-camp du prince Liechtenstein, que j'ai souvent déjà cité dans ce Journal. — Beaucoup d'officiers de distinction dans l'armée sont si profondément pénétrés de l'incapacité, de la nullité absolue et incurable de notre gouvernement, que l'idée de voir périr la dynastie actuelle, loin de les effrayer, commence à leur sourir. Je crois bien, que les propos, qu'ils tiennent dans ce sens sont pour la plupart du temps le fruit d'un dépit momentané, mais ils peignent toujours la disposition actuelle des esprits, et l'état déplorable dans lequel nous nous trouvons. — Le prince Reuss m'a raconté une quantité d'anecdotes sur la campagne; car il a été présent à tous les grands événemens; c'est lui p. ex., qui a porté à l'archiduc Jean, le 6 juillet à 8 heures du matin à Marcheck, l'ordre de l'archiduc Charles, qui l'engageait à hâter sa marche pour prendre part à la bataille. L'archiduc Jean a paru recevoir cet ordre avec enthousiasme; mais ayant tenu conseil avec ses généraux, il a été décidé, qu'on ferait reposer et dîner la troupe; et lorsqu'ensuite il s'est mis en marche vers Siebenbrunn — la bataille avait disparu; il n'a plus vu ni amis ni ennemis.

Mardi 10. J'ai eu une conversation avec le comte O'Donnell, qui est arrivé hier de Dotis. Il m'a dit, que Bubna était retourné hier à Vienne, et que les probabilités étaient toujours pour la paix. Je n'ai pas cependant été ici tout-à-fait tranquille, ni tout-à-fait content du comte O'Donnell. Il me paraît attacher beaucoup trop de prix à un objet relativement aussi petit, que les payemens qu'on nous demande, et qui sont aussi le principal obstacle à la conclusion de la paix. Cent millions de plus ou de moins ne peuvent pas être mis en balance avec un danger comme celui que nous courons par la guerre. Le comte Mercy est absolument de mon avis; il m'a prié même d'entreprendre encore le comte O'Donnell avant qu'il retourne à Dotis, pour le ramener autant que possible dans la bonne voie. En attendant la circonstance, que Barbier a été envoyé à Vienne pour fournir au prince Liechtenstein les renseignemens nécessaires sur le chapitre de l'argent et des contributions, est essentiellement faite pour me rassurer.

Mercredi 11. J'ai passé presque toute la journée avec le prince de Reuss dans des entretiens graves et profonds. Ce jeune homme est un de ceux, que je crois destinés à jouer un grand rôle dans le monde. Il juge parfaitement les hommes et les choses, et il est capable de se placer sur un grand et vaste horizon. Entre mille choses curieuses qu'il m'a raconté, il m'a donné aussi des détails sur la démission de l'archiduc Charles. La première démarche qui l'a motivée était une lettre de l'empereur écrite de Komorn qui commençait par ces mots: *„So ist es denn wahr, dass Sie den Waffenstillstand unterzeichnet haben!"* et dans laquelle on lui reprochait de s'être laissé entraîner dans cet armistice par les conseils de quelques officiers „fatigués de leur métier." Bientôt après il reçut la notification, que l'empereur avait pris lui-même le commandement en chef de l'armée, et que les rapports des autres armées iraient dorénavant à lui; ce qui était dire, que l'archiduc ne commanderait plus que celle qu'il avait sous ses ordres directs. Sur cela il donna sa démission, se flattant toujours, qu'elle ne serait pas acceptée; le prince Liechtenstein avec une générosité infiniment honorable proposa de se rendre avec l'archiduc à Komorn, pour le réconcilier avec son frère; cette proposition fut refusée. L'empereur accepta la démission, et tout était fini.

Le prince Reuss est d'accord avec moi que Jean Liechtenstein est le seul grand caractère, qui ait paru de notre côté dans toute cette malheureuse entreprise!

Jeudi 12. J'ai été voir Hudelist, qui est revenu de Dotis. L'excès du chagrin et du dépit l'a monté au point, qu'il m'a ouvert toute son âme. Il ne pardonne pas au comte Stadion d'être parti, beaucoup moins encore de nous avoir laissé Metternich, dont il parle avec un mépris et une rage, qui m'a étonné, malgré tout ce que j'en savais. Il ne se contente pas de l'accuser, comme moi, sur la légèreté inouie, avec laquelle il s'est chargé du porte-feuille; il prétend, qu'il l'a brigué de la manière la plus scandaleuse, et que pour combler la mesure, il dit toute sorte de mal de son prédécesseur. Son grand grief contre la marche actuelle de la négociation, c'est qu'après avoir gâté la sienne par une conduite absolument déraisonnable, par un amour-propre déplacé et ridicule, et par des traits d'inconséquence impardonnable (comme de s'être permis des sarcasmes sur Bonaparte, sur Champagny etc.), il se voit privé de l'espoir, qu'il avait, de traiter ses propres affaires. Hudelist prétend, qu'il n'a jamais voulu autre chose que la paix, l'empereur lui ayant fait sentir que s'il la faisait, il resterait ministre, tandis que Stadion serait rappelé, si on était obligé de continuer la guerre. Mais à force de s'imaginer, et de faire croire à l'empereur, qu'il ferait une paix glorieuse, il a manqué tous ses objets. Dans le conseil de samedi dernier (auquel Hudelist a assisté) il a tenu encore la conduite la plus inconséquente, parlant paix et guerre selon le vent qui soufflait, y mêlant de nouveau des sarcasmes etc. — Il croit au reste, qu'il est impossible, qu'il se soutienne longtemps, quand même Napoléon ne protesterait point contre lui; et il est assez probable, qu'il n'en fera rien d'après ce que Bubna a dit à Hudelist. Il m'a assuré, qu'il était très fort question de Thugut; que les Français le protégeaient et le cajolaient beaucoup; et qu'il ne tenait qu'à peu de chose qu'il n'attrapât le gouvernail.

Hudelist a été de même parfaitement d'accord avec moi sur les autres objets importants. Il trouve comme moi, que ce serait le comble de délire, que de renouveller la guerre pour une somme de 50 ou 60, ou 100 millions en papier; il désapprouve comme moi, le langage que le comte O'Donnell a tenu sur cet objet au conseil; il est persuadé, comme moi, que du moment que l'on se croit convaincu, qu'il est impossible de faire la guerre, rien ne peut être plus absurde, que de se gendarmer sur telle ou telle condition secondaire. Je conclus de tout ce qu'il m'a dit, qu'il est très-mécontent de ce qui s'est passé au dernier conseil. Il m'a même fait peur, en ajoutant, que l'envoi de Barbier à Vienne n'était pas une circonstance bien rassurante puisque cet homme, dépourvu de toute grande vue politique, ne ferait valoir que l'intérêt pécuniaire, et ne faciliterait point l'arrangement. — Cependant il m'a relevé en me parlant de Bubna, avec lequel il a eu une conversation avant de monter en voiture, et à qui il a fait entendre lui-même qu'il ferait bon de suivre ses propres lumières, et de se ficher du conseil. Il m'a assuré, que Bubna avait repris tout son courage; si mes deux lettres le trouvent à Vienne, il y puisera encore, j'espère, tout ce qui pourrait lui manquer.

Ce qui m'a le plus étonné c'est que Hudelist juge le prince Jean Liechtenstein absolument comme moi, qu'il le regarde aussi, comme le seul homme capable de sauver ou de soutenir la monarchie, qu'il a parfaitement saisi la grandeur et la beauté de son caractère.

— Hudelist au reste pouvait méditer sa retraite; Binder est allé cette nuit à Dotis; si celui-ci voulait accepter une place pareille (mais il ne l'acceptera sous aucune condition) l'affaire serait bientôt arrangée.

Vendredi 13. Palffy est arrivé de Dotis et avec lui le général Nugent. Celui-ci, négociateur en second à Altenbourg, est un des grands apôtres de la paix. Il m'a dit, que la position de notre armée n'était pas du tout mauvaise; „car elle a une grande rivière devant elle, et une plus forte au centre"!!! — Je lui ai fait sentir par ma réponse, que je n'étais pas un écolier, auquel on débite des phrases de quelque livre élémentaire sur la stratégie. — Palffy m'a dit, qu'on était toujours encore dans les incertitudes, mais qu'au fond tout le monde s'attendait à la paix.

Samedi 14. J'ai renoué mes anciens liens avec le prince de Ligne. Ce vieillard, ou „ce vieux radoteur," comme nos grands diplomates se plaisaient à l'appeler, a mieux vu et mieux jugé la chose, que nous autres. J'ai honte, d'avoir pu le sacrifier au vain caquet des coteries. Il m'a cependant reçu, comme si jamais il n'y avait eu d'éloignement entre nous, et nous nous sommes mieux entendus que jamais.

Le prince de Ligne m'a communiqué une chose extrêmement intéressante, une série de lettres que lui a écrites le général Grünne sur plusieurs événemens de la campagne. Ces lettres sont des matériaux précieux pour l'histoire de cette malheureuse guerre. J'en ai pris soigneusement copie.

Le prince d'Orange m'a de même communiqué aujourd'hui sa correspondance avec le roi de Prusse dans les derniers mois. Elle est essentielle pour confirmer ce qui est dit du prince sous le 26 d'août. — J'en ai fait des extraits.

Dimanche 15 et Lundi 16. Ces deux jours j'ai eu de longues conversations avec le prince Reuss sur l'histoire de la campagne; les lettres de Grünne en ont fait la base; nous avons confronté ces lettres avec les cartes, et avec tous les bulletins français et autrichiens, et je puis dire, que c'est enfin la première fois, que je me suis formé une idée claire et nette de tous ces événemens, mais principalement des cinq fameuses journées du mois d'avril qui ont décidé de la guerre.

La paix a été signée le 14. La première nouvelle en est venue à Bude le 16 au soir. C'est Knesebeck qui me l'a portée, le prince Reuss étant chez moi. — Elle était fondée sur une lettre de Binder au comte Mier. Le lendemain, 17, on a encore nourri quelques doutes, et je les ai partagé, quoique faiblement, n'ayant encore reçu aucune nouvelle directe de Dotis. Enfin

Mercredi 18. Palffy est arrivé, et a tout confirmé. Peu après nous avons su, que le général Lauriston était arrivé de Dotis. La paix n'était pas encore ratifiée, quand Palffy est parti; mais il croit qu'on s'est décidé à la ratifier. — Je me suis proposé d'aller samedi à Dotis.

Jeudi 19 et Vendredi 20. Je me suis presque exclusivement occupé des rapports infiniment intéressants sur les affaires du Tyrol, que M. de Hormayr m'a communiqués. J'en ai fait de longs extraits. Ce sont des pièces bien remarquables pour l'histoire du lieu.

Samedi 21. Je suis parti pour Dotis; mais avant

d'arriver à la première poste, j'ai rencontré Bubna, qui m'a annoncé l'incroyable nouvelle, que l'empereur l'avait disgracié, à cause de la part qu'il a eue à la signature de la paix. Je suis retourné avec lui à Bude; et il m'a donné les détails de cette affaire. L'empereur, très-mécontent de la paix, non pas pour les pays qu'il perd, et pour les peuples qu'il a sacrifiés, non pas pour ces choses affligeantes qui déchirent les liens entre lui et ses alliés et ensevelissent l'honneur de la Monarchie, mais pour 50 millions de livres, qui ont été accordés au-delà des instructions (voyez 12 octobre) — mais n'osant pas attaquer le prince Liechtenstein, s'en est lâchement pris à Bubna, et (poussé par Baldacci et Kutschera!!!) lui a dit „que sous un gouvernement monarchique tout le monde devait obéir; et que, comme il n'avait pas obéi, il le renvoyait à Pest, pour reprendre sa place au conseil de guerre et au département des haras." — Voilà donc la récompense de cet homme, qui a sauvé la monarchie, à qui l'empereur doit la conservation de toutes ses couronnes (qu'il est si peu digne de porter) et que tous les grands cordons réunis n'auraient pas suffisamment récompensé!

Bubna se console de cette disgrâce, et se félicite comme de raison, de l'heureuse détermination qu'ils ont prise, lui et le prince Liechtenstein, de se mettre au-dessus de leurs instructions. Il m'a dit, ce qui me fait le plus sensible plaisir, que la lettre, que je lui avais écrite le 5 de Dotis, était venue extrêmement à-propos, qu'elle avait puissamment contribué à décider le prince Liechtenstein, et à disperser ses scrupules, et qu'il avait été tellement saisi de cette lettre, qu'il l'a lui avait arraché pour la garder. — Voilà donc encore un bien essentiel, que j'ai été en état de faire.

Il m'a instruit de tout ce qui est contenu dans la paix, et dans les articles séparés ou secrets. Ceux-ci se rapportent d'abord à l'argent. Les Français nous avaient demandé encore 134 millions de livres; nous leur en offrions 30! Ils ont baissé leurs prétentions jusqu'à 85; de ces 85, 30 doivent être payés, moitié en numéraire, moitié en billets-de-banque à l'époque de l'évacuation de Vienne; le reste en lettres-de-change payables après un intervalle de trois mois, à 4 millions par mois, pour les 5 premiers mois, et à 6 par mois pour ceux qui suivent. Voilà l'article qui constitue la grande accusation contre les négociateurs. — Les autres articles séparés se rapportent à la Russie, dont la France garantit l'acceptation — et à la réduction de l'armée à 150,000 hommes, et à l'exclusion du service de ceux qui sont nés en France, ou dans les pays italiens réunis à la France.

Lorsque Bubna est parti la dernière fois pour Dotis, Champagny leur a péremtoirement déclaré, que Napoléon ne céderait plus sur la moindre des choses, que si cette négociation était rompue, c'était la dernière pour toujours, qu'au moment même où le prince Liechtenstein partirait de Vienne, on prendrait possession définitive de tous les pays occupés, et qu'on attendrait le reste. Après une pareille déclaration il n'y avait pas à balancer.

Bubna a eu plusieurs conversations avec Napoléon; quelques unes en commun avec le prince Liechtenstein, d'autres seul. Une seule fois Bonaparte s'est violemment emporté contre le prince. C'était à l'occasion du fameux projet de faire raser les remparts de Vienne. Le prince lui a dit: „Vous n'en ferez rien, Sire.“ Napoléon: „Et pourquoi pas?“ — „Parce que c'est contre votre caractère.“ — A cela Napoléon, se fâchant, lui dit: „Mon caractère restera tel qu'il a toujours été; je n'y changerai rien, et je ne me ferai donner des leçons de personne.“ — A cette scène près il a toujours été bien avec le prince Liechtenstein, et jamais autrement avec Bubna. Il a une fois raconté à celui-ci l'histoire de toute sa vie, à commencer par le siége de Toulon, en passant par les campagnes d'Italie, l'expédition d'Egypte, le retour en France, la chute du directoire, et l'établissement du consulat etc. — Il lui a parlé avec sa franchise et sa naïveté ordinaire des événemens de la dernière campagne. Il lui a dit entre autres: „Mon grand avantage, c'est d'être constamment sur l'offensive avec vous, non-seulement en grand, mais aussi en détail, et dans chaque moment particulier. Je ne suis sur la défensive que lorsque je ne vous vois pas, p. ex. la nuit; mais aussitôt que je vous vois, je reprends l'offensive, je forme mon plan, et je vous force à fuir mes mouvemens.“ Il lui à juré qu'il ne faisait jamais de plan d'avance, pas même la veille d'une bataille, mais toujours dans le moment, où il voit la position et les desseins probables de son ennemi. — „Votre armée serait tout aussi bonne que la mienne, si je la commandais; toute autre armée qui se mesurera avec vous, russe, prussienne etc. sera sûre d'être battue.“ En fait de politique: „Je vous répète que je n'ai jamais eu et que je n'aurai jamais le projet de vous nuire. Mais vous? me laisserez-vous en repos? — Je veux croire que cette paix durera 5 à

6 ans; mais après cela, vous me chercherez querelle de nouveau, si tout ne change pas chez vous." — „Pourquoi se lamenter sur la perte de quelque lambeaux de terrain, qui vous reviendront pourtant un jour? Tout cela peut durer, tant que j'existe. La France ne peut pas faire la guerre au-delà du Rhin. Bonaparte l'a pu; mais avec moi tout est fini."

Bubna lui a encore parlé de moi en présence du prince Liechtenstein et il prétend l'avoir absolument ramené sur mon compte.

Après ma conversation avec Bubna je suis parti de nouveau pour être le lendemain rentré à Dotis.

Dimanche 22. Journée remarquable, que j'y ai passée! Floret est justement arrivé de Vienne après l'échange des ratifications; et lorsque je suis venu chez le comte Metternich, il m'a donné à lire le traité dans le magnifique exemplaire original, revêtu des grands sceaux etc.

Le grand objet de conversation était naturellement le renvoi de Bubna. Mais ses amis disaient déjà tout haut, qu'il serait incessamment rappelé. Grand mouvement, grande fermentation. — Le prince Charles Schwarzenberg est nommé ambassadeur à Paris, le général St.-Julien à Pétersbourg. — Une question très-intéressante c'est qui sera le chef de l'armée, après la paix. L'empereur paraît très-disposé à nommer un archiduc. Bellegarde sera gouverneur en Gallicie; j'ai eu une longue conversation avec lui; il m'a exprimé le plus grand dégoût pour tout ce qui l'entoure; je crois cependant, qu'il n'aurait pas été fâché d'avoir la place, mais sa trop grande finesse et duplicité l'a fait tomber en discrédit avec tous les partis. — Il ne reste donc au fond que Jean Liechtenstein, et on m'a fortement engagé à employer tous mes moyens pour détruire son projet de retraite.

En attendant, après avoir beaucoup causé avec Binder, Ferdinand Palffy, le prince Reuss etc. j'ai eu une conversation avec le comte O'Donnell, évidemment affecté par l'article de la paix, qui concerne les payemens. Il a été jusqu'à me dire: „Vous croyez que nous avons la paix? Je vous dis, que nous ne l'avons pas. Ces messieurs, en outre-passant leurs instructions, nous ont imposé des conditions inexécutables. Les Français n'avanceront pas; ils resteront en force et la guerre recommencera d'elle-même." — Il m'a dit que la raison, pour laquelle il avait lui-même conseillé à l'empereur de ratifier la paix, malgré les terribles objections qu'il avait contre elle, était, que le peuple serait révolté de l'idée, que les difficultés pécuniaires pouvaient seules le porter à une rupture, tandis qu'il avait consenti à tant d'autres conditions affligeantes, idée qui se présenterait d'autant plus, que l'opinion d'un grand trésor amassé par l'empereur se trouvait universellement répandu. — Ce qui est bien curieux, c'est que même après la ratification l'empereur a encore demandé à O'Donnell, si dans le cas que les Français ne se désistassent pas de leurs prétentions pécuniaires, il ne devait pas reprendre les armes. — Je dois observer ici, que le misérable caractère de l'empereur le porte à tout moment à rentrer dans le langage menaçant, et qu'il dit à droite et à gauche, „que ce ne serait pas pour longtemps qu'il — recommencerait pourtant la chose etc."

A dîner chez le comte Metternich j'ai vu le prince

Jean, le prince Charles Schwarzenberg, puis le comte Zichy, le maréchal Bellegarde, le général Kutschera, puis Wartensleben, Nostitz etc. Il ne s'y est passé rien de remarquable. Vers les 6 heures j'ai eu une longue conversation particulière avec le prince Jean Liechtenstein. Je lui ai présenté toutes les bonnes raisons, qui l'engageaient à se charger de la direction de l'armée, et les modifications sous lesquelles je voudrais qu'il eut cette place. Il est parfaitement entré dans mes raisonnemens. Nous avons beaucoup parlé aussi de la paix. Il m'a dit, que la résolution de signer cette paix en outre-passant directement les instructions par rapport aux payemens, ne lui avait pas couté peu de chose, qu'il n'avait pas pu cacher à Champagny l'état d'agitation où il se trouvait, en signant, mais que l'idée des suites affreuses de son refus l'avait finalement emporté sur toute autre considération. (Les autres l'accusent d'avoir été effrayé par la perspective d'être arrêté de sa personne; Bubna convient, qu'on leur a insinué que telle chose pourrait avoir lieu; mais il proteste, que cette crainte n'a été pour rien dans la résolution de signer; et j'en suis bien persuadé.) — En arrivant à Dotis, il a proposé à l'empereur, de refuser sa ratification, et de l'envoyer, lui et Bubna, dans quelque forteresse, si la paix lui paraissait inacceptable. Sur cela, l'empereur a laissé tomber quelques mots de mécontentement et de désobéissance. Le prince a saisi celui-ci, et lui a dit, que s'il devait le servir il ne pouvait pas le faire comme une machine aveugle; sur quoi l'empereur lui a follement cité l'exemple de Wrbna, qui le contredisait et le grondait souvent, sans en exécuter moins scru-

puleusement ses ordres. — Le prince Liechtenstein a
noblement, quoique faiblement défendu l'empereur, dont
j'ai parlé à plusieurs occasions avec peu de ménagement. A la fin, la conversation étant tombée sur le
rappel de Bubna, il m'a dit, que Metternich (!) s'était
chargé de représenter encore une fois à l'empereur, combien lui (Liechtenstein) se sentait compromis et offensé
du renvoi de Bubna; et j'ai vu, qu'il comptait beaucoup
sur cette démarche! Il m'a même dit, en sortant avec moi:
„Eh bien, si Bubna est rappelé, n'est-ce pas que vous
serez un peu moins sévère par rapport à l'empereur.“

J'ai eu ensuite une conversation avec Radetzky
sur les moyens de réaliser le projet de charger le prince
Jean de la direction de l'armée en temps de paix. —
Je crains toujours, que la rancune que l'empereur gardera à Liechtenstein, et sa prédilection constante pour
ses frères, n'empêche l'exécution de ces projets.

J'ai eu plus tard une longue conversation avec
Hudelist, dont j'ai été, on ne peut pas plus content.
Je l'ai retrouvé dans les mêmes dispositions dans lesquelles je l'avais laissé le 12, sous tous les rapports.
Il a été complètement d'accord avec moi sur l'impossibilité absolue d'arriver à la paix par aucune autre
voie, que celle qui a été choisie. Il a parlé de Liechtenstein et de Bubna, comme des deux sauveurs de la
monarchie; il s'est surtout exprimé sur Bubna avec
une véritable admiration, disant qu'il le regardait comme
le seul homme qui ait vu les choses en grand, et
qui ait agi en conséquence. Il est revenu sur ce fameux conseil du 8, et m'a répété, qu'après avoir entendu
déraisonner pendant plusieurs heures de la manière la
plus cruelle, l'arrivée de Bubna (admis à ce conseil) lui

avait paru comme un rayon de lumière, qu'il avait dit
des choses plus sensées dans un quart-d'heure, que les
autres pendant toute la durée de la séance, qu'au reste
il avait extrêmement bien fait, mérité les récompenses
les plus brillantes, et au défaut de cela, la reconnaissance éternelle du pays, en se mettant au dessus des
instructions, que le temps des finesses diplomatiques
était passé etc. etc. Je puis dire, que si mon opinion
pouvait encore devenir plus prononcée qu'elle ne l'est,
peu de choses auraient autant contribué à l'affermir,
que de me trouver si exactement d'accord avec un
homme aussi froid, aussi solide, aussi clairvoyant, aussi
peu accessible à des jugemens précipités que Hudelist.
C'est pour cela que cette conversation a fait sur moi
une impression profonde.

Enfin j'ai eu une avec Metternich; et j'ai été un
peu plus content de lui, que je n'aurais cru pouvoir
l'être. Il n'a pas cessé à la vérité, de se lamenter sur
le moyen qu'on avait adopté pour faire conclure la paix,
et de soutenir, qu'il l'aurait faite meilleure. Ceci est
dans l'ordre. Mais il a été assez juste, pour convenir,
que dans la situation, où Liechtenstein et Bubna
se trouvaient, le bon Dieu lui-même ne serait pas parvenu à un meilleur résultat. — Il a hautement blâmé
l'exaspération et les alarmes du comte O'Donnell. Il m'a
assuré que les conditions pécuniaires, quelqu' onéreuses
qu'elles pussent être, pouvaient être exécutées, et
qu'elles le seraient. Il a dit de plus, ce que j'ai
trouvé très-louable, qu'il ne fallait pas désespérer de
notre situation, qu'il y avait encore beaucoup de choses
à faire, et que pour peu que chacun fît son devoir,
nous n'avions nullement perdu le droit de viser encore

à des destinées brillantes. — En attendant il est décidé à suivre strictement la ligne qui est tracée par la paix, et à désavouer, et contrarier tout ce qui pourrait faire naître le soupçon de mauvaise foi, ou de nouveaux projets hostiles contre la France. — Le même esprit a percé dans beaucoup de choses qu'il m'a dites, sur l'Angleterre, sur le comte Hardenberg, sur la gazette autrichienne, sur moi-même, etc.

Lundi 23. Je suis parti de Dotis à 8 heures du matin, et arrivé à Bude avant 6 heures. — Bubna a soupé avec moi. Il se préparait à partir pour ses haras. Je lui ai dit tout ce qui s'était passé hier, surtout à son égard, et je l'ai engagé à en attendre le dénouement. — Bathurst est venu chez moi, m'annoncer ce que j'avais déjà appris à Dotis, que le comte Metternich l'y avait appelé pour lui parler.

Mardi 24. Knesebeck est parti ce matin pour Berlin etc. J'ai été très-content de lui dans les derniers temps. Je puis dire que j'ai opéré un miracle sur cet homme. Il était arrivé ici avec la fureur de la guerre; il s'en va profondément convaincu, que la paix était notre seul moyen de salut. Il a rectifié toutes ses idées, et est revenu de toutes les illusions.

Le soir, me trouvant chez Bubna avec le général Nostitz, il est arrivé des dépêches de Dotis. A notre grande surprise et confusion Bubna a reçu un *Hand-Billet* de l'empereur, par lequel il le charge de l'odieuse commission de remettre aux Français la Dalmatie, Fiume, et les îles de Quarnaro. Le prince Liechtenstein lui a écrit en même temps, pour lui présenter cette commission comme une marque de faveur. Mais la lettre de l'empereur n'était point équivoque. On lui reprochait

14 *

de nouveau „le traité qu'il avait signé contre les in-structions qu'il avait eues," et on parlait „des compli-cations qui pouvaient résulter de la prise de posses-sion des sus-dits pays, et que le comte Bubna était particulièrement intéressé à applanir, pour diminuer d'autant la responsabilité qui pesait sur lui". Comme si ces prétendues complications étaient l'effet des articles, que Bubna avait accordés contre son instruc-tion! Comme si la cession du Littorale avait quelque chose de commun avec le seul reproche, que l'injustice même et l'ingratitude pourraient lui faire! — Nous avons été extrêmement choqués de cet incident. La lettre était évidemment rédigée par Baldacci, pas même par le département des affaires étrangères!

Mercredi 25. Hormayr m'a dit aujourd'hui qu'une députation était arrivée du Tyrol, et que l'empereur n'avait pas eu le courage de leur avouer, que la paix était signée!! — Les pauvres députés ont été adressés à Hormayr, qui m'a consulté sur une lettre qu'il vou-lait écrire à Hofer. Une chose étonnante est, qu'il y a dans ce moment 13,000 prisonniers dans le Tyrol! On assure même que la femme et les enfants du ma-réchal Lefèvre sont du nombre. Ils ont plus de 40 pièces de canon; toutes les routes sont barricadées. — Je suis persuadé, que, si ces gens trouvent un négo-ciateur habile, ils sortiront encore de leur embarras à des conditions très-honorables. Mais je suis bien d'ac-cord avec H. que l'empereur aurait dû faire pour eux quelques démarches particulières auprès de Napoléon. — Il ne se fâche, il ne crie, que lorsqu'il doit donner de l'argent.

Bubna devait partir demain, j'ai encore passé avec

lui une grande partie de la journée. — Parmi les choses qu'il m'a communiquées, j'ai vu entre autres l'instruction qu'on lui avait donnée, lorsqu'il alla à Vienne le 20 septembre. C'est un *Gutachten* du comte Stadion. — Il y est dit, qu'il doit représenter, combien l'Ultimatum de Bonaparte était insupportable etc., faire sentir ensuite que les quinze jours de l'armistice seraient suffisants pour convenir d'une base, cependant éviter soigneusement le soupçon qu'il voulait dénoncer l'armistice! — On n'a jamais rien vu de plus faible, de plus louche, de plus inconséquent. La conduite de Stadion dans toute cette affaire est vraiment inconcevable. Celui qui lira cette malheureuse pièce, ne s'imaginerait certainement pas, que l'homme qui l'a écrite, favorisait la guerre; et cependant il la désirait au fond de son âme, et il a quitté sa place, lorsqu'on a sérieusement entamé la paix!

Ensuite il m'a dit, que l'empereur, en lui ordonnant d'accompagner le prince Liechtenstein à Vienne, lui a enjoint en secret d'aller chez Thugut, pour savoir son opinion! Celui-ci lui a dit, que la seule chose qui l'étonnât, était, qu'on pouvait balancer encore un instant pour accepter les conditions de Bonaparte, et que la seule crainte, qui l'agitait sans cesse, était celle, que du jour au lendemain Bonaparte ne se retractât sur ces conditions; après quoi, si on recommençait la guerre, il ne resterait pas un village à l'empereur. —

Encore une chose très-remarquable, que Bubna m'a dite. Lorsque le prince Liechtenstein fut envoyé la première fois de Komorn à Vienne, dans le mois de juillet, il proposa à Metternich de s'y rendre avec lui; il insista même beaucoup sur ce projet. Mais

Metternich, probablement effrayé de la colère que Bonaparte avait témoignée contre lui, ou Dieu sait dans quelle autre vue d'égoïste, s'y refusa avec obstination, sous le prétexte futil, qu'il lui faudrait plusieurs jours pour se préparer à un voyage pareil, et pour se mettre au fait de tout ce qui s'était passé! Et voilà l'homme qui se plaint aujourd'hui du mal, qui est résulté de la part que le prince Jean a eue à la négociation!

Jeudi 26. La paix a été publiée. Les intrigues, les sarcasmes, les invectives sont à l'ordre du jour dans le cercle diplomatique. Ce moment est cruel pour moi. Je fais ce que je puis pour éviter les discussions. Mais comment y échapper?

Bathurst est revenu de Dotis très-mécontent; et il y a de quoi. Metternich l'a reçu, à ce qu'il dit, avec toute la froideur et toute la morgue ministérielle; il ne lui a pas même doré la pillule. Entre autres il a refusé de faire des démarches pour lui procurer des passe-ports pour le Nord de l'Allemagne; et le pauvre Bathurst sera obligé de s'en aller par Fiume. Toute cette conduite est bien pitoyable.

Bubna est parti pour Fiume. D'après ce que Bathurst m'a dit, les bâtimens de guerre anglais sont tous partis de l'Adriatique de manière qu'il n'y a rien à craindre pour „des complications" avec les Anglais.

Samedi 28. J'ai eu avec le comte Mercy une conversation très-intéressante sur l'état des finances de la monarchie. Je me doutais depuis longtemps que l'idée que j'avais eue sur la quantité des billets-de-banque en circulation avait été exagérée; maintenant j'en ai la certitude, au mois de septembre 1808 la somme des billets en circulation n'excédait pas 500 millions, et avec

le fond-de-caisse 600 millions. Depuis ils ont été
considérablement augmentés; mais d'après tout ce que
Mercy m'a dit, le total n'a pas encore, à l'heure qu'il
est, atteint un milliard, peut-être 900 millions tout au
plus. Voilà une circonstance, qui serait bien rassurante
sur l'avenir, si avec un gouvernement foncièrement incapable aucune chose pouvait l'être.

J'ai diné chez la princesse Grassalkowitsch avec
le général Stutterheim (celui de Saxe) en trois. Il a
été beaucoup question des événemens de la guerre.
Stutterheim a dit, surtout sur ceux de Ratisbonne,
des choses extrêmement lumineuses, lesquelles, jointes
à tout ce que j'en savais déjà, ont achevé pour moi le
tableau à jamais mémorable de ces funestes journées. —
Wartensleben m'avait dit l'autre jour, que si Bellegarde n'avait pas détruit le corps de Davoust, avant
qu'il n'arrivait à Ratisbonne, la faute en était aux ordres absolument positifs que l'archiduc lui donnait pour
sa marche; mais Stutterheim a parfaitement bien
prouvé qu'un manque de résolution de la part de Bellegarde entrait pour beaucoup dans l'explication de cette
affaire.

Mon séjour à Bude a fini avec le 1 novembre, jour
où je suis parti pour Prague. Il y aura donc un intervalle de quelques semaines où je n'aurai rien à con-
signer dans ce journal. Avant de quitter la Hongrie
j'ai écrit encore au comte Metternich (sur la forme
à donner pour l'avenir à la gazette autrichienne
d'après des conférences avec Schlegel et Hormayr)
— à Hudelist, à Binder, au prince Jean Liechten-

stein, au général Radetzky, au prince Reuss etc.,
enfin à Mr. Adair à Constantinople.

Ici finit une des époques les plus mémorables de
ma vie. Peu de personnes connaissent, comme moi, la
vraie histoire grave, désastreuse; je suis ouvertement
appelé à en devenir un jour l'historien. —

1810.

Der Anfang dieses Jahres war ziemlich unbedeutend. Am 22. Januar wohnte ich der Vermählung meines guten Leopold mit Nanette Zelisko bei, und erlaubte ihm, sie in's Haus zu nehmen. Ich zitire dieses Faktum mit Vergnügen, weil diese beiden Personen, und weiterhin ihre Kinder zur Zufriedenheit und zum Lebensgenuß meiner spätern Jahre so wesentlich beigetragen haben.

Im Februar erhielt ich durch den Grafen Wallis, damaligen Gouverneur von Böhmen, die Aufforderung (von Seiten des Finanzministers O'Donnell) mich nach Wien zu begeben. Ein Memoire über das Papiergeld, welches ich in dieser Zeit geschrieben hatte, war die Veranlassung zu einer Reise, die ich unter den damaligen Umständen ziemlich ungern antrat, wozu ich mich jedoch endlich entschloß.

Am 9. April fuhr ich nach Töplitz, um mit dem dortigen Brunnenarzt, dem braven Ambrosi meine vorhabende Badecur zu verabreden, und kehrte am 12. nach Prag zurück.

Am 6., 7., 8. und 9. Mai machte ich mit Graf Stadion und seinem Bruder, die ich täglich sah, Graf Kolowrat u. a. eine Lustreise nach Horzin, einem Schlosse des Fürsten Anton Isidor Lobkowitz, und von da aus

zu den merkwürdigen Felsen von Kokorzin, — nach Mel=
nick — und dann über Weltrus zurück. Die Reise durch
diesen sehr pittoresken Theil von Böhmen habe ich als
äußerst reizend beschrieben; und sie war es auch wirklich.

Bei meiner Rückkehr nach Prag wurde mir die trau=
rige Nachricht vom Tode des Grafen O'Donnell be=
stätiget.

Am 23. Mai reiste ich nach Töplitz, wo ich die Bäder
nehmen, und den größten Theil des Sommers zubringen
wollte. An Gesellschaft aller Art fehlte es nicht. Das
Clary'sche Haus allein, mit dem Fürsten von Ligne,
und der liebenswürdigen Titine (nachher Gräfin O'Don=
nell) war eine beständige Ressource; außerdem nenne ich
hier nur unter vielen — Frau von der Recke, Frau von
Grotthuß, Fürst Dietrichstein, Fürst Lichnowsky,
General Winzingerode — von Gelehrten Fichte und
Fr. Aug. Wolf, meine altem Freunde Eichler und Am=
brosi nicht zu vergessen.

Am 23. Juni kam die Kaiserin, (des Kaisers dritte
Gemahlin) in Töplitz an. Ich wurde von dieser außer=
ordentlichen Frau mit der größten Auszeichnung behan=
delt; sie unterhielt sich viel, und über die wichtigsten Ge=
genstände mit mir. Sie gab mir häufige Rendezvous in
dem sogenannten Tempel im Schloßgarten, wo gewöhn=
lich nur die Oberst=Hofmeisterin Gräfin Althan und deren
Gemahl, allenfalls noch der Fürst Lichnowsky zugegen
war. Unter einer Menge schmeichelhafter Worte, die ich
aus ihrem Munde vernahm, zitire ich nur, was sie bei
Gelegenheit von Goethe (den sie kurz zuvor in Karlsbad
viel gesehen hatte) zu mir sagte: „Es ist nicht Allen ge=
geben so zu schreiben, wie Sie, und sich doch jedermann
so klar und unbefangen mittheilen zu können.“

Vom 6. bis 17. Juli eine Reise nach Karlsbad, wo ich mit der Gräfin Lanckoronska, Fritz Stadion, Goethe, Frau von Eybenberg, Lord Findlater ꝛc. lebte. Zu dieser Zeit kamen eine Menge Preußen nach Töplitz und Karlsbad. Die Gräfin Reede mit ihrer bild= schönen Tochter und ihrer Mutter, die Grafen Ingen= heim und Voß, Minister Buchholz — die Prinzen August und Heinrich, Warburg ꝛc.

Am 22. Juli erhielt man zu Töplitz die traurige Nachricht von dem Tode der Königin von Preußen.

Da ich mich entschlossen (warum weiß ich selbst nicht recht) auf einige Tage nach Prag zu gehen, so nahm ich am 23. Juli Abschied von der Kaiserin, und hatte ein zweistündiges Gespräch mit ihr, das tiefen Eindruck auf mich machte.

Hierauf trieb ich mich bis zum 31. theils in Prag, theils bei der Familie Chotek zu Weltrus herum. Bei mei= ner Zurückkunft nach Töplitz fand ich den Herzog von Weimar, mit seinem Sohne Bernhard, den Prinzen Solms=Braunfels, Feldmarschall Kolowrat, Goethe, Major Rühle, Alexander von Marwitz und alle meine militairischen Tisch= und Spielgesellen, auch einen meiner trefflichsten Freunde aus Dresden, Major Bose (später in russische Dienste getreten und in Warschau gestorben).

Am 10. August traf die Prinzessin von Solms, die Schwester der verstorbenen Königin, jetzige Herzogin von Cumberland, ein; nach meinem Geschmack die schönste Frau, die je mein Auge gesehen, nach der Meinung Aller eine der liebenswürdigsten. Sie wurde nun die Sonne, nach welcher meine Blicke sich kehrten. Sie verfiel in eine gefährliche Krankheit. Bis zum 28. August war ich des Glückes beraubt sie zu sehen. In der Zwischenzeit ver=

kehrte ich mit dem Herzog von Weimar, den kurlän=
dischen Prinzessinnen, und einem Heer von Kolowrat's,
Lobkowitz, Kinsky, Klebelsberg, Rohan, Fürstenberg 2c.

Der Monat September verging in einem beständigen
Wechsel von Gesellschaften und Promenaden. Die Prin=
zessin Solms blieb immer die Hauptfigur; doch noch
eine Menge anderer Personen, meine Freunde Buol und
Bose. General Wallmoden, Paul Esterhazy, Mad.
Frohberg und Mlle. Saaling aus Berlin 2c. wurden
viel kultivirt.

Als aber in den ersten Tagen des Oktober die Fa=
milie Clary sich zerstreute, der Fürst von Ligne abging,
die Fremden nach und nach verschwanden, und selbst der
Zirkel der Prinzessin, nachdem ihr Bruder, der Prinz
George von Mecklenburg=Strelitz, Töplitz verlassen
hatte, der brutale Solms fast nie zum Vorschein kam,
— sich zuletzt auf die Prinzessin selbst, und die geistreiche
Frau von Berg beschränkte, — da wurden mir, im täg=
lichen Umgange mit diesen zwei vortrefflichen Frauen, drei
genußreiche Wochen zu Theil. Noch heute (nach 16 Jahren)
erhebt sich mein Gemüth, wenn ich an diese Herzogin
denke, und das Wohlwollen, womit sie meine aufrichtige
Huldigung belohnte, rechne ich mir als eine der schönsten
Dekorationen meines Lebens an.

Auf diesen wirklich glänzenden Sommer, folgte ein sehr
trauriger Winter. Bereits in der letzten Woche meines Aufent=
haltes in Töplitz hatte ich beschlossen, mich nach Wien zu be=
geben; ich hielt mich daher nur vier Tage in Prag auf,
und reiste am 28. Oktober ab. Ich besuchte die Familie
Sternberg (die treffliche Frau ist der Welt entrissen)
in Zasmuk, und die Familie Chotek in Neuhoff, und kam,
nach einer höchst beschwerlichen Reise — weil bereits in

den letzten Tagen des Oktober viel Schnee gefallen war, am 6. November in Wien an, wo ich am Kohlmarkt neben den drei Läufern eine für den ersten Augenblick erträgliche Wohnung fand.

An Zerstreuungen und Zeitvertreib mangelte es in Wien nicht. Ich hatte davon weit mehr als gut und vernünftig war; ich ward überall, wie sonst, sehr gern gesehen, und konnte nur um die Wahl meiner Gesellschaften verlegen sein. Man lebte in der großen Welt zu Wien, als wenn man auf Rosen läge, obgleich der Kurs des Papiergeldes bis auf 10 und zuweilen 8 Prozent seines Nominal-Werthes sank, und man in allem Ernste einer schrecklichen Katastrophe entgegensah. — Auch muß ich zu einiger Beschönigung meiner Dissipationen bemerken, daß es unter den Personen, mit welchen ich umging, sehr interessante gab, an die ich mich dann vorzugsweise hielt, obschon der Strom der Frivolität mich oft genug in die Mittelmäßigkeit und Plattheit fortriß. Die Häuser der Fürstin Bagration, der Gräfin Lanckoronska, der Herzogin von Sagan und ihrer Schwestern, Rasumoffski, Zichy, Erbödy, Fürst von Ligne u. s. f. wurden am häufigsten besucht. Als Matadors in diesen Gesellschaften will ich hier nur Humboldt (der damals als preußischer Gesandter nach Wien kam) und dessen Frau, Graf Stadion (dem in Prag ebenfalls die Zeit lang geworden), Graf Schulenburg, Steigentesch, Novosilzoff ꝛc. nennen. Ueberdies sah ich Graf Hardenberg, Bubna, General Wartensleben, Ferd. Palffy ꝛc. oft und viel.

Außer ein paar unnützen Aufsätzen über den Zustand unserer Finanzen aber leistete ich nichts, weder für das Publikum, noch für die öffentlichen Geschäfte, noch für mich selbst. Wie konnte es anders sein? Das Bedürfniß, mich auf eine anständige Weise zu betäuben, sprach laut in mir. Graf Metternich — mit welchem ich noch überdies seit seiner Rückkehr von Paris über verschiedene wesentliche Punkte nicht harmonirte, und der eben deß=halb mir auch das Geheimniß seiner Gedanken nur sehr unvollständig aufschloß — empfing mich zwar mit alter gewohnter Freundschaft und Achtung, eröffnete mir aber nicht die mindeste Aussicht auf einen bestimmten Geschäfts=kreis. — Meine Geldverhältnisse standen schlecht, die au=ßerordentlichen Hülfsquellen in England (denn eine regel=mäßige Pension hatte ich nie gehabt) schienen auf immer versiegt; jede Art von Sorge und Mißmuth lag schwer auf mir. Es war ein sehr melancholischer Augenblick, als ich am 19. Dezember die Nachricht von dem Tode mei=nes 84jährigen Vaters erhielt. Ich bin weit ent=fernt, meine damalige Lebensweise und Zeitverschwendung vor mir selbst rechtfertigen zu wollen, wer kann aber be=rechnen, welche Wendungen die Schicksale eines Menschen genommen haben würden, wenn er in diesem oder jenem Moment seines Lebens zu einer entscheidenden Revolution geschritten wäre? Hätte ich Kraft genug besessen mich da=mals dem Wirbel der Welt, in welchen ich einmal gezo=gen war, zu entreißen, zu einsamen anhaltenden Studien zurückzukehren, für die Welt, oder für die Nachwelt zu arbeiten, und meinen Geist, nicht desultorisch (wie es wohl immer geschah), sondern regelmäßig und beharrlich auf große und seiner würdige Gegenstände zu richten — so fragt sich, ob ich auf diesem Wege, als nun die bessern Zeiten herannahten, mit gleicher Leichtigkeit als es jetzt geschah, die wichtigen Geschäfts=Verbindungen wieder hätte anknüpfen können, denen ich, in meinen spätern Lebens=jahren, so nützliche und ehrenvolle Resultate verdanke.

1810.

Février.

La politique étant suspendue pour longtemps et après l'inutilité de tous nos efforts, la conservation de la paix reconnue enfin pour le premier besoin de tous les États du continent, le calme dont je jouissais à Prague, me ramena à des études pacifiques. La situation des finances de la monarchie autrichienne, la baisse rapide du papier-monnaie, qui immédiatement après la paix était tombé à 300, et dont à la fin de l'année 1809 le cours fut noté à Augsbourg à 500, devint naturellement un des principaux objets de mes réflexions.

Un mauvais article de gazette, une misérable brochure sur les billets-de-banque („Von einem Rechtsgelehrten") que malgré son absurdité palpable on citait avec une espèce d'étonnement, enfin une proclamation du gouvernement bien faible, bien stérile, bien maladroite, par laquelle on prétendait tranquilliser les esprits — voilà ce qui me détermina à donner un corps à quelques-unes de mes idées et à les jeter sur le papier. Elles se développèrent et se fixèrent mieux pendant ce travail. Je vis successivement tous les faux systèmes imaginés sur les billets-de-banque disparaitre devant quelques principes simples et incontestables, et il en résulta la ferme conviction de l'inadmissibilité et

plus tard de l'absurdité de toutes les mesures, tendant
à priver la monarchie de ce qui constituait une fois
son seul et légitime moyen de circulation. Le mémoire
que je rédigeai avait donc pour but de prouver, que les
billets peuvent et doivent être maintenus, et que
l'idée de les démonétiser, ou de les réaliser, doit être
proscrite sans retour. La lecture de plusieurs ouvrages, que je connaissais depuis longtemps, mais qui
maintenant me frappaient sous de nouveaux rapports,
tels que celui de Thornton etc.) contribua à me raffermir dans ces aperçus; et la publication de cet évangile de profondeur politique, de mon ami Adam Müller (Elemente der Staatskunst), publication qui donna
en général un nouvel essor à mon esprit, et me valut
quelques heures des plus heureuses de ma vie, mit le
dernier sceau à mon système.

D'un autre côté il y eut des circonstances qui re-
froidirent beaucoup le zèle avec lequel je m'étais jeté
dans cette partie. Tout ce qui se passait à Vienne
était fait pour confirmer, et s'il avait été possible d'augmenter la mauvaise opinion, que ma connaissance intime de tout ce qui compose ce gouvernement, m'a-
vait inspiré depuis longtemps de ses lumières, de ses
talens, et de ses principes d'administration. Chaque
jour manifesta de nouveau, que l'empereur est tout
aussi incapable de régner en temps de paix qu'en temps
de guerre. Il venait de dissoudre l'ancien conseil d'é-
tat; mais rien n'était mis à sa place; les personnes
les plus instruites commençaient même à soupçonner,
que le véritable but de ce changement avait été d'é-
loigner tout le monde, et de nourrir la funeste illusion
de l'empereur, qui avec toute son ignorance et sa

médiocrité avait encore la rage de gouverner lui-même. Aucun homme marquant, sur lequel on ait pu placer une espérance. Le comte O'Donnell était absolument le seul des ministres qui réunissait au moins quelques-unes des qualités d'un homme d'État. Mais son influence n'était pas, à beaucoup près, illimite; sans compter le crédit obscur de quelques misérables routiniers, tels que les Schittlersberg, Baldacci etc. — Le comte Zichy avait toujours sous main la première voix dans toute affaire de finance. Chotek avait été admis à faire sa paix avec l'empereur, mais on n'en voulait pour aucune affaire importante. Metternich n'avait ni assez d'instruction en fait d'administration, ni assez de connaissance du pays, ni assez de solidité et de persévérance, ni même assez de crédit, pour venir au secours de cette branche.

La patente sur l'argenterie, et cet instrument à jamais scandaleux, qu'on fit signer à l'empereur, pour s'engager envers les banquiers de Vienne, qui avaient fourni les 10 millions, vinrent augmenter le mécontentement général, et menacer le crédit public d'une destruction totale. — Cependant les plaintes mêmes, que ces mesures firent naître partout, la fermentation, qu'elles causèrent, et le spectacle d'un manque absolu d'idées nettes, de ressources réfléchies, de calculs raisonnables sur l'objet de tant d'inquiétudes, me fournirent un nouveau motif pour suivre le cours de mes travaux, et pour en lancer quelque échantillon au milieu de ce faible ministère.

J'adressais donc le 15 janvier au comte O'Donnell un mémoire, ayant pour titre: „*Gedanken über die Urtheile des Publikums von den österreichischen Banko-*

Zetteln.“ — J'accompagnais cette pièce d'une lettre particulière, dans laquelle je m'expliquai avec beaucoup de
franchise et de force sur la nécessité de relever et de
consolider le crédit public — par une administration digne de confiance. Je ne dissimulais pas
danse ette lettre, que, tant que le nom du comte Zichy
paraîtrait à la tête du département des finances, il était
inutile de s'occuper d'une réforme de cette partie.

Ces pièces produisirent un effet, qui surpassa de
beaucoup mon attente. Quoiqu'à-peine relevé d'une
maladie mortelle, le comte O'Donnell me fit écrire,
par le comte Mercy, son premier secrétaire, une lettre, qui ne me laissa pas le moindre doute sur le plaisir que lui avait fait mon mémoire et ma proposition
de servir le gouvernement dans tout ce qui pouvait diri-
ger l'opinion par rapport à ce grand objet. Il me
rassura absolument sur la crainte que l'administration
ne fût elle-même pour quelque-chose dans la déprécia-
tion du papier-monnaie. Il me fit savoir qu'il parle-
rait au comte Metternich, pour s'informer, si je pouvais me rendre à Vienne sans inconvénient; et dans le
cas que rien ne s'y opposât, il voulait m'inviter à une
entrevue.

Je reçus cette lettre le 27 janvier. — Le 29 M. le
grand-bourggrave, comte de Wallis me fit inviter de
passer chez lui. Il me remit une autre lettre de Mercy
contenant une proposition très-pressante de me rendre
à Vienne le plutôt possible. Le comte Wallis avait
été officiellement initié dans le secret; et on le chargea
de m'assigner 1200 fl. pour le voyage.

Cette démarche un peu brusque, et sur tout la
forme officielle qu'on lui avait donnée, ne me plut

guère. Mon projet de ramener l'opinion, de me servir pour cet effet d'une sorte de réaction de celle des
pays étrangers sur le nôtre etc., n'était pas trop com-
patible avec la publicité qu'un voyage à Vienne devait
nécessairement donner à toute mesure concertée entre
le gouvernement et moi.

Cette circonstance me fournit des objections sérieu-
ses; et comme d'ailleurs il s'agissait de constater et de
sauver mon indépendance, et de ne perdre aucun de
mes avantages contre des gens, que, pour l'intérêt même
de la chose publique, il faut toujours tenir en échec,
— je pris la liberté de protester.

Ma lettre étant partie le 29, je pouvais avoir la
réponse le 5 février au plus tard. Dans l'intervalle
j'eus l'extrême satisfaction de voir mes idées sur les
billets de banque, approuvées, goutées, applaudies, par
les hommes les plus distingués de Prague, par les deux
Stadion, le comte Sternberg, le comte François
Kolowrat, le prince Ant. Lobkowitz, mon ami
Buol, le jeune prince de Reuss etc.

Je n'eus pas de réponse, ni le 5, ni le 6. — Je
sentais cependant, que mon voyage serait une chose
très-utile; tous mes amis le désiraient beaucoup. On
pouvait avoir mal compris, ou mal pris mes objections;
je commençais à sentir quelque inquiétude à l'idée d'a-
voir détruit un plan, dont les suites pouvaient être
aussi bienfaisantes pour l'État, que mémorables pour
moi. — Mercredi 7, je pris la résolution d'aller chez le
grand-bourggrave et de lui annoncer, que je partirais
vendredi, ce qu'il approuva sans réserve. J'instruisis
Mercy de ma — résolution par une lettre de peu
de lignes.

15*

Jeudi 8, le comte **Finckenstein** arriva de Vienne et m'apporta une lettre de Mercy, aussi conforme à celle par laquelle j'avais protestée, que j'avais pu le désirer. On s'en remit à moi avec une politesse extrême; je viendrai à Vienne, lorsque je le croirai moi-même à-propos; j'y resterai autant que cela me conviendra etc. Tout le contenu de cette lettre me prouva surabondamment, que le comte O'Donnell au moins était tout-à-fait entré dans mes idées, et attachait le plus grand prix à mes services.

Je me félicitais beaucoup de la résolution que j'avais prise, et après avoir arrangé dans la journée de jeudi, un grand nombre d'affaires intéressantes (l'expédition du courrier Morande par Berlin à Londres, un nouvel arrangement avec Ballabene pour l'Angleterre etc.) — quittant Prague avec d'autant plus de regrets, que Wallmoden y était arrivé mardi, je partis pour Vienne.

Vendredi 9. Trouvant les chevaux prêts partout, et la route très-bonne, je me rendis à Czaslau sans descendre de la voiture, et y passai la nuit.

Samedi 10. Je suis allé jusqu'à Iglau; et le soir, m'étant beaucoup occupé pendant la journée d'objets de finance, j'ai écrit des notes sur plusieurs passages des dernières communications de M. O'Donnell.

Dimanche 11. Je suis allé jusqu'à Znaym, et j'ai passé de la même manière la journée et la soirée. — D'excellentes idées me sont venues aujourd'hui; et mon travail du soir m'a bien satisfait.

Lundi 12. Parti de Znaym à 7 heures; passé toute la journée avec le livre de Thornton. — Je n'ai pas trouvé les environs de Vienne aussi maltraités qu'on me l'avait dit. — Arrivé à Vienne à 6 heures du soir.

Annoncé mon arrivé au comte Metternich, au comte
O.'Donnell et aux princesses de Courlande. J'ai trouvé
au Kohlmarkt un logement élégant et même magnifique.
— Je n'ai vu ce soir que la duchesse de Sagan, M.
King, M. Fonbrune, le comte Ferdinand Palffy, —
puis chez la princesse Bagration, Mlle. Marassi,
Henriette Lichnowsky, le comte Ferd. Wald-
stein, le prince de Montbazon.

Mardi 13. Je suis sorti à 11, et j'ai vu d'abord la
princesse Jeanne, et Pauline; ensuite le comte Metternich, puis le comte Mercy, le comte O.'Donnell;
M. Collin, M. de Binder etc. J'ai été instruit de la
situation actuelle de la grande affaire des finances. Le
comte O'Donnell a remis à l'empereur un grand plan
pour les mesures à prendre relativement aux billets
de banque; et il a proposé à l'empereur de nommer
une commission mixte, où ce plan serait discuté con-
tradictoirement. Cette commission a été nommée en
effet, et elle s'est rassemblée hier pour la première fois.
Elle est composée du prince Trauttmannsdorff,
président, de MM. de Chotek, Zichy, O'Donnell,
Ugarte, Erdödy, Baldacci, Bartenstein, Metternich, Schittlersberg, Cohary, Barbier, et
Collin; la première séance n'a encore produit, comme
de raison, aucun résultat. — Plus tard, j'ai été chez
le prince Dietrichstein; à 4 h. j'ai été dîner chez
les princesses de Courlande, avec Mad. de Fuchs,
Mad. de Fünfkirchen, Louis Rohan; Ignace Hardegg, Windischgrätz, Rosty, Delaure etc. —
Après-dîner j'ai eu avec M. O.'Donnell une conversation d'environ 3 heures. Il m'a communiqué verbale-
ment (les papiers n'étant jamais entre ses mains) tout

son plan de finances. L'impression totale qui m'en est restée est un sentiment de regret de ne pas avoir pu être à Vienne quelques mois plutôt; j'aurais peut-être acquis assez de crédit pour qu'on m'eût consulté avant la rédaction définitive du plan. Maintenant c'est trop tard. Quelques objections que je puisse faire à O'Donnell, il ne pouvait plus proposer lui-même des changemens essentiels. D'ailleurs avec d'excellentes qualités, il a assez d'entêtement, lorsqu'il croit avoir approfondi un objet. Il est, par exemple irrévocablement décidé à quitter le ministère, si son plan n'est pas adopté dans toutes ses parties essentielles. — Je ne puis encore juger ce plan. Il y a des choses qui me plaisent; mais le caractère général du travail tient cependant trop au malheureux système de la réalisation des billets de banque. Quelques-uns des premiers moyens d'exécution, tels que l'emploi d'une grande partie des biens ecclésiastiques, ne sont rien moins que de mon goût; et je crains en général qu'il ne soit bien difficile pour moi d'amalgamer ce projet avec mes principes. — Cette conversation, où O'Donnell a traité avec moi une quantité de choses très-intéressantes, entre autres aussi ce qui le regarde lui-même, ses relations avec Zichy etc. — et où il a débité de temps en temps des idées très-lumineuses — m'a cependant en dernière analyse moins satisfait que je ne l'avais espéré. Mais je suspendis mon opinion définitive jusqu'au moment, où j'aurai tout vu et lu moi-même. — J'ai passé le reste de la soirée chez la princesse Bagration.

Mercredi 14. J'ai eu la visite du comte Hardenberg, du général Wartensleben etc. — J'ai été à la chancellerie d'État; j'y ai eu d'abord une longue con-

versation avec Metternich. Il ne paraît pas fort enchanté du plan de M. O'Donnell; et quoiqu'il ne soit
point financier, il saisit cependant les côtés faibles d'un
travail de ce genre. Il est décidémment contraire à
l'idée de toucher aux biens ecclésiastiques. Il m'a
développé à cet égard des principes très-sains et très-
respectables; il est persuadé que toute la force morale
de la monarchie autrichienne se trouve en ce que tout
le monde la regarde comme le point central et de ral-
liement de tout ce qui est encore resté d'anciens principes, d'anciennes formes, d'anciens sentimens, et que
c'est cette idée-là qui, tant qu'on pourra la soutenir,
donnera toujours un grand nombre de puissans alliés
à l'Autriche. Cette conversation m'a tout-à-fait récon-
cilié avec Metternich, contre lequel j'avais de grands
griefs à l'époque de la paix. J'ai eu ensuite une conversation avec Hudelist, j'ai vu avec plaisir, que mon
opinion sur la situation politique de la monarchie, et
sur les résultats favorables, que la guerre avait eu
pour la totalité de notre existence, est aussi la sienne,
et qu'il abonde même dans mon sens. — Après cela
j'ai fait une visite à Mad. Lanckoronska, que j'ai
trouvée au lit, et où j'ai vu Pozzo. — Ensuite j'ai été
voir le général Stutterheim, malade aussi. — Diné
chez les princesses, avec la duchesse de Sagan, Mad.
Wood, le comte Metternich, Louis Rohan etc. —
Le soir d'abord chez le prince de Ligne, qui était
sorti; je n'ai vu que les dames. Ensuite une visite chez
la maréchale Ferraris, où j'ai vu Molly. — A 9½
chez la duchesse de Sagan, et puis avec les princesses
chez Mad. de Fuchs, où j'ai passé la soirée avec la
princesse Czartoriska, Mlle. Tekla, le prince de

Hesse-Hombourg, le général Neipperg, le comte La Tour, le prince Windischgrätz etc. Rentré à 1½ heures.

Jeudi 15. Le comte Hardenberg, (avec lequel j'ai eu une longue conversation sur les finances) — M. de Hormayr, le baron Binder, le général Wartensleben, M. Schlegel — ont été chez moi dans la matinée. — J'ai été ensuite chez Ferd. Palffy, puis chez le comte Mercy. — Diné chez la duchesse de Sagan avec la princesse Czartoriska et Tekla. — Le soir chez la princesse Lobkowitz; c'est là que la nouvelle du mariage de l'empereur Napoléon avec notre archiduchesse a été racontée, par le prince Clary, comme authentique et indubitable; on en avait parlé dès ce matin; je savais, que Floret était arrivé la nuit de Paris; mais Binder ignorait encore la chose à 11 heures, et depuis je n'avais pas eu occasion de la vérifier. La princesse Esterhazy, qui est venue chez la princesse Lobkowitz s'est jetée dans les grandes lamentations au sujet de cette nouvelle. — J'ai été de là chez Mad. Lanckoronska, où j'ai trouvé la princesse Clary, Mad. de Palffy, Titine, la princesse Czartoriska, Mad. Alexandre Potocka, le comte Charles Clary, Bonnay, Pozzo, le comte O'Donnell, frère du ministre, mon ancien ami etc. La grande nouvelle y a été amplement agitée; mais sans produire des explosions sensibles. — Il en a été autrement chez la princesse Bagration, où j'ai passé la fin de la soirée avec le comte Schuvaloff, ministre de Russie, les deux Rohan, Binder, O'Donnell etc. La princesse s'est livrée à de terribles sorties contre le mariage! mais elle n'a pas trouvé d'acclamateurs.

Vendredi 16. Hormayr, le comte Hardenberg,
le général Wartensleben ont été chez moi dans la
matinée. J'ai été chez le comte Zichy, chez le prince
de Ligne, chez le comte Rasumoffsky, à la chancellerie d'État, où j'ai vu Floret, le comte Mier,
Hoppe, Krufft etc. — Diné chez le comte Ferdinand Palffy, avec Binder, et Hardenberg. Grande
discussion sur la constitution de Hongrie! Cela nous a
mené jusqu'à 6½. — Ensuite j'ai été au bain près du
Danube, et je me suis livré à la jouissance jusqu'à 8.
Alors chez Collin, avec lequel j'ai eu une conversation
de deux heures, dans laquelle j'ai appris beaucoup, tant
sur les choses, que sur les personnes, auxquelles le
sort de nos finances se trouve lié. Collin est le premier instrument, et peut-être le premier favori de M.
O'Donnell; personne n'est donc plus en état de m'instruire que lui. Nous avons beaucoup parlé du nouveau plan, de ses avantages, de ses défauts, de sa
destinée et de ses résultats probables. Je commence
à croire, qu'il triomphera de l'opposition. Au reste le
grand problême est singulièrement changé depuis vingt-
quatre heures. La nouvelle du mariage a fait remonter les billets à 300, à 390, à 360 etc. — Vive le papier-monnaie! — Chez la princesse Bagration, la
princesse Pauline m'a fait une scène peu agréable sur
l'histoire du mariage.

Samedi 17. J'ai été dans la matinée chez Ferdinand Palffy, et chez la princesse Pauline, pour des
explications à-propos de mes opinions sur le mariage.
— Hormayr vient souvent chez moi, pour me soumettre ses projets littéraires. — J'ai diné chez le comte
Étienne Zichy avec son fils et la femme de celui-ci,

fille de la princesse Stahremberg, sa fille et le mari de celle-là, le prince Windischgrätz, le comte Ferdinand Waldstein. — J'ai fait ensuite visite chez le prince Lobkowitz; puis chez Mad. Lanckoronska, où une autre energumène, Mad. de Specht, a fait pendant quelques heures les sorties les plus violentes, les plus forcenées contre le mariage. — Enfin j'ai été au souper de la princesse Bagration, où une conversation raisonnable avec Metternich m'a un peu dédommagé de mes souffrances.

Dimanche 18. A 8 heures du matin au bain; puis Hormayr, le comte Hardenberg, le prince de Reuss-Greiz, et le prince Schönburg chez moi. Sorti à midi, pour aller voir Collin, et puis le général Stutterheim. — Dîné chez la princesse Bagration; visite chez Rasumoffsky, où j'ai trouvé réuni un grand nombre d'oppositionistes, la princesse Esterhazy tonnant contre l'archevèque de Vienne et tous ceux qui regardaient le mariage comme nécessaire, Rasumoffsky lui-même me traitant assez froidement. — Ensuite chez la duchesse de Sagan, où Pauline et Metternich ont eu une explication politique, qui m'a beaucoup amusé; — puis chez Mad. Lanckoronska; enfin à 10 heures avec Wartensleben chez le comte Fries, où j'ai passé le reste de la soirée. —

Lundi 19. A 9 heures fait une visite au prince Jean Liechtenstein; puis chez M. de Binder, puis chez la princesse Pauline, pour la féliciter à l'occasion de son jour de naissance. Rentré chez moi, j'ai eu la visite du prince Hohenlohe-Bartenstein. — Wartensleben, comme tous les jours. Dîné chez le comte E. Zichy, avec M. et Mad. de Zichy —

Stahremberg, le comte Zichy, ministre des finances, son fils aîné et sa femme (Molly), son second fils Charles avec sa femme, le comte Dietrichstein, M. de Barbier, etc. Ce dîner m'a fait plaisir; j'ai fait ma paix avec Molly après un entretien bien intéressant; j'ai admiré la beauté vraiment divine de Mad. de Zichy-Festetics; enfin j'ai été fort content. — Le soir j'ai été d'abord à un thé chez le prince Lobkowitz, où il y a eu un assez mauvais spectacle allemand joué par les acteurs du grand théâtre, Brockmann, Mlle. Adamberger etc. J'y ai vu la princesse Jean Liechtenstein, Mad. de Kaunitz, la princesse Charles Schwarzenberg, le prince Joseph Schwarzenberg, M. de Steigentesch, le comte Schönborn etc. — Vers les 9 heures je suis allé chez la duchesse de Sagan, où j'ai assisté à un autre spectacle pour la fête de Pauline; proverbes (de M. de Vargemont), tableaux etc. Je me suis notablement ennuyé, au point même de m'endormir tout-de-bon; j'ai même perdu le courage d'entamer une conversation dans ces éternels entr'actes, il y avait pourtant le prince de Ligne, le prince Clary, le comte Metternich, M. de Bruges, M. de Russo etc. — A minuit, quoique le spectacle ne fut point fini, je suis rentré chez moi.

Mardi 20. J'ai été au bain à 8½; ensuite chez M. de Hoch; puis chez le général Stutterheim; à 1 heure chez Mad. Lanckoronska, pour lui parler de Wartensleben et de la fameuse passion, qu'elle lui a inspirée; cette négociation a eu un succès assez heureux. — Dîné chez le comte Erdödy, avec sa belle, Ferdinand Palffy etc. — Après-dîner j'ai fait une longue et agréable visite à la princesse Grassal-

kowitsch; de là j'ai été chez le prince Windischgrätz, malade; puis, rentré chez moi. — Wartensleben est venu à 9 heures, me demander des nouvelles de mon entrevue du matin; le temps étant devenu
exécrable, une neige a tout enseveli, un vent affreux,
un froid pénétrant (j'ai vu dans l'espace de huit jours
à Vienne tous les genres de mauvais temps, qu'il soit
possible d'imaginer), je me suis décidé à rester chez
moi avec W. qui ne m'a quitté que vers 4 heures.

Mercredi 21. J'ai eu la visite du comte Hardenberg, de Hormayr, du général Carneville, de Wartensleben etc. A midi je suis allé chez Collin, et
puis chez M. le comte O'Donnell. Son grand plan
a passé au tribunal du comité; il en paraît extrêmement content. Reste à savoir, si ce phénomène imprévu, la hausse inouie du papier — M. O'Donnell
dit qu'il aurait été hier à 250, si l'administration n'é-
tait point intervenue — ne dérangera pas plusieurs
parties de ce plan. — J'ai ensuite été chez la princesse Pauline et chez la petite Fuchs. — Dîné chez
la princesse Czartoriska, avec Mad. Alexandre Potocka (née Tyszkiewicz), le comte Metternich, le
comte Mier, le comte Charles Clary, et Mlle. Tekla.
Le comte Metternich est ivre de joie; voyant à quel
point la grande nouvelle réussit, il ne craint plus d'at-
tribuer à son art et à son mérite la totalité de cet
événement, peut-être même ce qui en est dû au hazard, ou à des causes étrangères à notre cour. —
Nous avons fait chez la princesse un dîner exquis. —
Rentré chez moi, à 9½ d'abord chez la princesse Bagration; puis chez la princesse Czartoriska, où il
y a eu un souper, pour la fête de Mad. de Fuchs. —

Les princesses de Courlande, Mad. de Fünfkirchen, Mlle. Walterskirchen, le prince de Hesse, le général Neipperg, le général Nugent, le prince Reuss et le prince Schönburg, le comte Düben, M. de Binder, beaucoup de jeunes gens de la première volée militaire y ont été. Je suis resté jusque vers 1 heure.

Jeudi 22. Je suis allé à 11 heures chez le comte Metternich, et resté une heure avec lui; ensuite chez Stutterheim. — Diné avec Wartensleben à l'auberge. — Le soir chez Mad. Lanckoronska et la princesse Bagration. Le temps est toujours affreux. — J'ai vu aujourd'hui Paul Esterhazy qui va à Braunau à la rencontre de Berthier.

Vendredi 23. Je suis allé à 11 heures chez Metternich. Il m'a fait une ouverture remarquable. Il m'a prié de composer un mémoire sur les questions du moment, et de le composer en me mettant à sa place, c'est a-dire, d'y développer sans aucune retenue tout ce que je voudrais faire aujourd'hui en agissant comme ministre dirigeant. Il a mis dans cette proposition beaucoup d'obligeance et des nuances très-flatteuses, disant entre autres, que ce mémoire pourrait devenir l'ouvrage le plus intéressant de ce temps, une espèce d'évangile politique etc. — Je l'ai accepté comme de raison; mais me voilà pris pour bien plus longtemps, que je n'avais compté séjourner à Vienne! Il m'a avoué au reste, qu'il a le projet d'aller à Paris, si de là on n'a rien à objecter contre ce voyage. Il m'a communiqué ses idées principales, que j'ai trouvé justes et raisonnables; mais où est la garantie de leur exécution?

Après cela j'ai été faire une longue visite au comte Chotek (où j'ai d'abord trouvé M. de Stahl); il a parlé très-raisonnablement sur l'affaire du jour; mais il n'a pas touché à l'article des finances.

J'ai dîné chez le prince de Ligne, avec la famille Clary, le prince Louis Rohan, et quelques jeunes officiers, comme M. d'Aspre etc. J'ai été ensuite au bain; puis chez Collin, qui m'a communiqué des choses extrêmement intéressantes, sur tout sur la grande question de la réduction de l'armée; j'en ai fait des notes. — Rentré à 9 heures, sans plus sortir.

Samedi 24. J'ai fait une visite à Mad. Lanckoronska. — J'ai dîné chez le prince Jean Liechtenstein avec le comte Chotek, le comte Ferd. Palffy, le général O'Reilly, M. de Nesselrode etc. etc. — Le soir j'ai passé quelques heures avec Stutterheim; puis Wartensleben est venu chez moi; et finalement j'ai été au souper de la princesse Bagration, incommodée elle-même et ne pouvant pas paraître; mais la soirée s'est bien passée avec les trois princesses de Courlande, le prince Clary, Binder, le comte Waldstein, les princes de Reuss et Schönburg. Rentré à 12½.

Dimanche 25. J'ai eu la visite du général Carneville, dont l'affaire m'est devenue plus intéressante depuis que je connais son projet d'épouser Henriette Lichnowsky, du comte Hardenberg, du général Wartensleben, du comte E. Zichy etc. Dîné chez le comte Rasumoffsky avec la princesse Esterhazy, la chanoinesse Thürheim, le commandeur Russo, le comte Hardenberg, le comte Ferdinand Waldstein, le comte Dietrichstein, Pozzo, Bonnay, Capellini etc. etc. — A 6½ je suis allé chez le prince Stahremberg, arrivé hier au soir de Londres, dont il est parti le 29 janvier. Il m'a parlé de l'état des choses en Angleterre, il m'a dit, qu'il n'y était point question de paix, malgré ce que M. de Metternich m'avait dit du contraire. — J'ai vu aussi la princesse Stahremberg, et la belle Léopoldine, le comte Sickingen etc. — Après cela j'ai été chez Mad. de Fünfkirchen, où j'ai vu les princesses de Courlande, Mad. de Fuchs et beaucoup de militaires. — Enfin j'ai passé la dernière partie de la soirée chez le comte Fries, avec Mad. de Fries, Schwartz, Pechier, le comte Purgstall, Wartensleben etc.

Lundi 26. J'ai commencé aujourd'hui mon mémoire politique pour le comte Metternich. J'ai eu la visite du comte Waldstein, qui m'a remis un mémoire politique. J'ai été voir le pauvre prince Windischgrätz, toujours très-souffrant. — J'ai dîné chez Mad. Lanckoronska avec le comte J. O'Donnell, Pozzo, Binder. — Le soir j'ai été chez Collin, où j'ai appris que la fameuse patente doit paraître demain. — Rentré chez moi, j'ai passé une heure avec Wartensleben; puis, je suis allé chez la princesse Bagration, que j'ai trouvée au lit, et où le comte Metternich et le comte Waldstein sont aussi venus. Metternich nous a raconté les détails de son échange contre Dodus, que je n'avais jamais connus dans leur ensemble. — Rentré à 11 heures; je me suis occupé avec intérêt du mémoire politique du comte Ferd. Waldstein; c'est un des meilleurs ouvrages que j'ai vu depuis longtemps dans ce genre, quoique les principes n'appartiennent plus guères à l'ordre de choses, qui vient de s'ouvrir.

Depuis avant-hier un dégel général a succédé à la neige et aux glaces.

Mardi 27. J'ai reçu la patente sur le nouveau système des finances. .J'ai été à la chancellerie d'État; mais je n'ai pas pu voir Metternich. Schlegel et Ferdinand Palffy, que j'y ai rencontrés, sont venus chez moi. — Dîné chez la princesse Czartoriska avec le vieux chanoine, comte Truchsess, Mlle. Walterskirchen et Tekla. — A 6 heures je suis allé chez le comte Mercy, où j'ai commencé la lecture infiniment intéressante des pièces relatives à un nouveau système. Je l'ai continuée jusqu'à 9 heures. — J'ai passé ensuite une heure chez Fries.

Mercredi 28. Je suis allé vers les 11 heures chez le comte Mercy, et j'ai continué mes lectures jusqu'à 3 heures. J'ai fait tout ce que le temps m'a permis d'extraire de ces papiers intéressants qui enfin m'ont dévoilé tous les secrets de cette branche de notre administration. — Dîné chez la princesse Grassalkovitsch, avec la princesse Charles Schwarzenberg, Mad. de Kaunitz et son mari, et le comte (Naso) Dietrichstein. — J'ai été ensuite chez les princesses de Courlande, où j'ai vu le comte Trogoff, arrivé de l'armée. — Ensuite j'ai fait une très-longue visite chez le prince Stahremberg; mais j'en ai été bien peu content; il s'est livré à des sorties furibondes contre le comte Stadion etc. — A 9 heures je suis allé chez la princesse Bagration, qui m'a reçu dans son lit, et où je suis resté jusqu'à 11 heures. — Enfin il y a eu un joli bal chez Mad. de Fuchs, où j'ai été jusqu'à 1½. J'y ai vu le prince et la princesse Esterhazy, le prince et la princesse Maurice Liechtenstein, la princesse Grassalkovitsch, Mad. de Kaunitz, Mad. de Wimpffen, la princesse Jeanne, Mad. de Fünfkir-

chen, les demoiselles Goubo, Wentzel Liechtenstein, le prince Grassalkovitsch, le comte Goloff-
kin, le comte Metternich, le comte Rasumoffsky,
le prince Stahremberg, le colonel comte Stahremberg et sa femme, enfin une quantité de jeunes gens.

M a r s.

Jeudi 1. J'ai été à 11 heures chez le comte Metternich. Nous avons parlé du projet de réformer nos
lois de censure, sur lequel je lui avais remis une note,
puis de son voyage (projeté à Paris), des finances etc.
J'ai été très-content de lui. Après cela je suis allé à
la chambre des finances, et j'ai achevé la lecture des
pièces qui m'avaient été communiquées. — Dîné chez
le prince de Ligne, avec la famille Clary; le général
Narbonne y est venu. A 6 heures je suis allé chez
le comte O'Donnell, et j'ai eu avec lui une conversation très-intéressante de quelques heures. Je ne suis
pas entièrement convaincu de l'exécutabilité de son
plan; au contraire, je me suis fortifié dans mon sy-
stême négatif; mais les argumens de cette tête bien-
organisée et vraiment pratique n'en sont pas moins
irrésistibles; et puisqu'il fallait en venir à l'extinction
successive du papier-monnaie, je crois, que tout bien
considéré, personne n'imaginera un projet mieux com-
biné dans toutes ses parties que le sien. Nous sommes
aussi convenus de la forme, sous laquelle je pourrais
le plus efficacement contribuer au succès du nouveau
système dans l'opinion; et à ma grande satisfaction il est

d'accord avec moi sur le terme de quinze jours que j'ai fixé pour retourner à Prague. — J'ai encore été chez la princesse Bagration, où j'ai trouvé aussi M. de Narbonne.

Vendredi 2. Je ne suis pas sorti de la matinée; j'ai travaillé à une traduction française de la patente sur le nouveau système des finances. J'ai eu une longue visite du comte Ferd. Waldstein; Wartensleben est aussi venu comme tous les jours. — Dîné chez les princesses de Courlande. Le général Lauriston est arrivé à Vienne, annonçant Berthier pour dimanche. — Rentré et travaillé jusqu'à 9 heures. Puis chez Mad. Lanckoronska, où j'ai trouvé la princesse Esterhazy, Mad. Ferraris et sa fille, Mad. Alex. Potocka, Rasumoffsky, Clary, Pozzo etc. — A 10 heures je suis allé chez la princesse Czartoriska, et j'y ai passé le reste de la soirée avec les trois princesses de Courlande.

Samedi 3. Je suis allé à 11 heures chez le comte E. Zichy, puis chez le comte Metternich, qui s'est longtemps entretenu avec moi. A l'occasion de la gazette semi-officielle, qui va être publiée, il m'a fait entendre, qu'il ne serait pas fâché que je restasse à Vienne; mais j'ai fait la sourde oreille. — Ensuite j'ai été chez le comte Ferdinand Palffy. — Dîné chez le prince Dietrichstein avec son frère Jean-Charles, le comte Charles Harrach, le comte Ferd. Waldstein, le comte Ferd. Palffy, M. J. de Leykam, le comte Wratislaw de Prague (arrivé en député avec le comte Wallis et Kolowrat de Reichenau), le baron de Bühler, et Fonbrune. Nous avons beaucoup discuté le nouveau plan de finances, qui trouve bien des contradicteurs. — Après 6 heures j'ai été faire visite chez le prince Jean Liechtenstein; une forte partie d'hombre entre lui, Ferd. Palffy, et Eugène Wrbna, m'a engagé à y rester avec le prince de Rosenberg. Je suis parti à 9 heures, et allé chez la princesse Bagration, où j'ai vu le comte Metternich, le prince de Monbazon (de retour de Prague), M. de Narbonne, Binder, etc. A 10 heures je suis rentré chez moi, et j'ai commencé un petit travail sur la patente, destiné à une feuille publique.

Dimanche 4. Je ne suis pas sorti de la matinée; j'ai vu Wartensleben, Maurice Dietrichstein etc. Travaillé du reste à mon article d'hier. — Dîné chez le prince de Ligne, avec les Clary, le comte Schouwaloff, et Narbonne; mais pendant le dîner sont arrivé les deux Messieurs La Grange, officiers français, qui m'ont fait faire du mauvais sang, et m'ont conduit à la résolution de ne plus m'exposer à de pareilles rencontres. Je ne veux rien voir des solennités, qui vont avoir lieu. — Je suis allé chez la duchesse de Sagan, que j'ai trouvée avec ses sœurs et Metternich. — Plus tard j'ai été chez la princesse Bagration, qui m'a fait de fameuses confidences. Rentré à 9 heures.

Lundi 5. Continué mon travail. Entrée de Berthier à Vienne. Les plus belles dames de la ville ont voulu se réunir chez moi, pour voir passer le cortège; mais il n'a pas traversé le Kohlmarkt, et j'en ai été quitte. Je n'ai rien vu de cette cérémonie. — Dîné chez la princesse Czartoriska. — Le soir, au lieu d'aller à la salle d'Apollon, comme tout le monde, j'ai été chez le prince de Windischgrätz et puis chez Collin, pour causer avec lui du nouveau système des finances.

16*

— Rentré ensuite, et écrit des lettres pour Prague, par Saunier.

Mardi 6. A 10 heures j'ai été faire une visite à Madame Pedrillo-Eigensatz, qui m'a reçu à merveille. Stutterheim, Wartensleben, le prince Louis etc. sont venus. — Dîné chez les princesses de Courlande, avec Mad. de Fünfkirchen, Trogoff, etc. Toute la belle jeunesse (Rosty, d'Aspre, Wolkenstein etc.) y est venue après-dîner. — J'ai été faire une visite à la princesse Stahremberg, plus tard, tout le monde était au bal de la redoute, où je n'ai pas voulu aller; j'ai été avec Wartensleben à la salle d'Apollon, dont je n'avais jamais vu le local. On m'en avait tant dit, que la réalité est restée au-dessous de mon attente. En entrant j'ai eu un accès de vertige, qui m'a passablement inquiété. Je ne me sentais pas bien depuis quelques jours. Nous sommes restés jusqu'à 11½; puis, quoique mal-disposé j'ai soutenu une discussion avec W. jusqu'après 1 heure.

Mercredi 7. Je me suis levé avec des vertiges. Je suis resté chez moi la matinée à travailler. J'ai dîné chez le comte Erdödy (Mlle. Meyer) avec le prince Grassalkovitsch, M. de Schall, Ferdinand Palffy etc. — Après-dîner je me suis trouvé beaucoup mieux. — A 6 heures j'ai été au bain, et en rentrant chez la princesse Bagration. — Rentré chez moi à 10 heures et couché de suite.

Jeudi 8. Vers midi j'ai eu de nouveau un accès de vertige, et j'ai été en général mal disposé. — J'ai eu la visite de Stutterheim (qui m'a rendu compte des conversations extrêmement intéressantes, qu'il a eues la veille avec Berthier et son aide-de-camp), de M. de

Steigentesch, Wartensleben. — Diné chez Mad. Lanckoronska avec Wartensleben, Pozzo, le prince Montbazon, Binder. — Le soir chez la princesse Bagration, puis chez la princesse Czartoriska, où j'ai trouvé la petite Fuchs, puis avec la princesse Czartoriska et Tekla chez la duchesse de Sagan. Metternich y est venu nous rendre compte de ce qui s'était passé à la cour, où il y a eu ce soir la demande formelle pour le mariage. Metternich a eu la toison; il y a eu beaucoup d'autres grâces distribuées.

Vendredi 9. Aujourd'hui j'ai été beaucoup mieux. J'ai repris mon travail pour le comte Metternich, dont le voyage à Paris est maintenant décidé. J'ai fait une visite au comte Kolowrat-Reichenau, que j'ai trouvé plus sottement que jamais entiché de son projet d'une place diplomatique. Stutterheim a causé avec moi un quart-d'heure. Diné chez la princesse Czartoriska, avec le comte Étienne Zichy, sa fille et son mari, et la comtesse Fanny, née Stahremberg. — Il y a eu aujourd'hui grand diner chez Berthier, et grand spectacle à la Wieden, auquel j'ai renoncé comme à tout le reste. J'ai été voir le comte O'Donnell et Collin; plus tard la princesse Bagration, où j'ai trouvé Molly Zichy, le prince Montbazon, le comte Waldstein etc. Rentré avant 10 heures.

Samedi 10. Il y a eu aujourd'hui la fête des ordres; je n'y ai pas plus été qu'à toutes les autres. — Diné chez les princesses de Courlande, avec la duchesse de Sagan, le comte Wratislaw, le comte Kolowrat-Reichenau etc. — Le soir chez la princesse Bagration; soupé avec les princesses de Courlande, le comte Metternich, le comte Roger-Damas, le prince de Montbazon, Binder etc.

Dimanche 11. A 11 heures chez M. de Metternich; causé avec lui sur les affaires du moment. Son voyage à Paris fixé à jeudi. Je l'ai trouvé dans les meilleurs dispositions possibles. — Dîné chez la princesse Bagration; il y est arrivé un colonel russe en courrier de Bukarest, qui lui a porté des lettres et des cadeaux de son mari. — La soirée de ce jour, où la cérémonie du mariage s'est faite, et où la ville a été illuminée, est une des plus tristes, des plus mélancoliques de ma vie. Je n'ai voulu aller, ni à l'église, ni à la cour; et n'ayant pris aucun arrangement positif, je suis resté seul pendant tout le vacarme de cette nuit. J'étais malade; je souffrais beaucoup de douleurs rheumatiques dans toutes les parties supérieures du corps; je n'avais le cœur à rien. Cependant je suis sorti vers les 7 heures; j'ai vu les commencemens de l'illumination; j'ai entendu le canon annoncer l'événement; j'ai pleuré comme un enfant; les plus tristes réflexions sont venues m'accabler. J'ai encore fait deux autres courses plus tard, pour voir l'illumination; mais la foule et la mauvaise humeur m'ont toujours fait rentrer bientôt; et j'ai fini par passer une mauvaise nuit.

Lundi 12. J'ai eu ce matin avec Wartensleben, une conversation sur sa passion pour Mad. Lanckoronska, et se croyant malheureux de ce qu'il n'avait pas assez réussi la veille, une scène pénible. A 11 heures j'ai été chez le comte Metternich. — Dîné chez le comte Erdödy. — En sortant de là je me suis rendu à mon nouveau logement, Wartensleben ayant eu la bonté de me céder la belle moitié du sien au Hohenmarkt. Je m'y suis trouvé beaucoup mieux que dans l'autre. J'ai eu aussi la satisfaction de calmer Wartensleben entièrement. — Le soir chez la princesse Bagration.

Mardi 13. Collin a été chez moi dans la matinée pour une affaire; le comte de Dietrichstein aussi. — Diné chez le prince de Ligne. — Aujourd'hui la nouvelle impératrice est partie avec toute sa suite. Le temps est beau et doux depuis huit jours, cependant toujours variable, et ce climat ne me convient plus. — Le soir chez la princesse Bagration, où j'ai soupé avec Mad. Lanckoronska.

Mercredi 14. Le comte Finckenstein est venu chez moi. A 11 heures j'ai été chez Metternich. — Diné chez les princesses de Courlande. — Aprèsdîner au bain. Rentré chez moi. Ecrit, travaillé, souffrant, mal disposé.

Jeudi 15. J'ai employé la matinée à achever mon travail pour Metternich. J'en ai été très-mécontent; jamais je ne l'ai été plus de moi-même que pendant toute cette époque. — J'ai dîné chez M. de Steigentesch, avec le comte O'Donnell, le ministre, son frère Jean, le général Vincent, le comte Purgstall, le comte Keglovitsch, et M. de Binder. — Rentré pour écrire. A 9 heures je suis allé chez le comte Metternich, pour lui dire adieu; j'ai concerté avec lui un autre travail relatif à la paix de l'Angleterre, objet de la plus haute importance, qu'il envisage comme moi. S'il n'arrive pas quelque contretemps bien imprévu, ce voyage du comte Metternich ne peut faire que du bien. Il n'est guère possible que les défauts de son caractère gâtent absolument les vues justes et sages dans lesquelles il part. Je lui ai aussi parlé de mon avenir; et je crois, que si la nécessité l'exige, je pourrais tôt ou tard commencer quelque nouvelle carrière. — Son père, le prince Metternich, est chargé du portefeuille pendant l'absence du fils; j'ai eu ce soir de longues et ennuyeuses conversations avec lui. A 11 heures je suis allé chez la princesse Bagration, que j'ai trouvée au lit.

Vendredi 16. Le comte Finckenstein et Meyer sont venus chez moi. Longue conversation avec Wartensleben. — Sorti pour faire une visite au prince Windischgrätz, qui est dans un état de santé trèsalarmant, et que les princesses de Courlande ont établi chez-elles, pour mieux le soigner. De là chez le général Stutterheim, qui a eu aussi une petite rechûte de sa fièvre. — Dîné chez les princesses avec Wartensleben, qui a fait sa paix avec elles, avec le prince Löwenstein, Rosty etc. — Rentré chez moi, souffrant, languissant, je me suis traîné sur la chaiselongue jusqu'après 9 heures. J'ai été un moment chez la princesse Bagration; et rentré chez moi, j'ai écrit une longue lettre à ma sœur.

Samedi 17. A midi je suis allé chez Mad. Lanckoronska, et j'ai eu avec elle un entretien de plus de trois heures, tant sur les affaires publiques, que sur les miennes, et principalement sur celles de Wartensleben, qui ne vont pas mal. — Dîné chez Laure (la comtesse Fuchs) avec le prince de Hohenlohe, les deux princes de Hesse-Hombourg, le prince Reuss etc. — J'ai fait ensuite une visite à la princesse Czartoriska, où j'ai trouvé la duchesse de Sagan, Mad. de Specht, King etc.; puis chez le prince Stahremberg, où j'ai vu le commandeur Zinzendorff, la princesse Schwarzenberg. — Passé ensuite une heure chez la princesse Bagration et rentré chez moi très-souffrant.

Dimanche 18. Je me suis levé de bonne-heure et j'ai commencé le grand travail, que Metternich m'avait légué; j'ai été très-content de moi-même. Le comte Ferd. Palffy et le comte Fries sont venus. — Dîné chez la duchesse de Sagan avec ses sœurs, le prince Dietrichstein, le comte Wratislaw etc. — Après-dîner visite chez le comte Rasumoffsky; puis chez Mad. de Ferraris, où j'ai trouvé un grand rassemblement pour la fête du maréchal; toute la famille Zichy; on a chanté; Mad. d'Appony, née Nogarola, et Mad. de Zichy, née Szechenyi; mais mon attention a été absorbée par l'incomparable beauté de Julie (Mad. Zichy-Festetics). — J'ai été ensuite voir un moment le prince Windischgrätz, que je n'ai pas trouvé beaucoup mieux. — Ensuite il y a eu thé et souper chez les princes de Reuss et Schönburg réunis; les deux princesses, Laure, Mad. de Fünfkirchen, le prince de Hesse, Rosty, d'Aspre, Wolkenstein, Trogoff, le prince Louis etc. — Rentré vers 1 heure.

Lundi 19. Travaillé sans interruption toute la matinée. — Dîné chez Mad. Lanckoronska, avec Wartensleben, Roger-Damas, Binder etc. — J'ai voulu ensuite faire quelques visites; mais j'ai eu un fort accès de douleurs rhumatiques; cependant Wartensleben étant venu, et m'ayant égayé, je suis sorti à 10 heures, et resté une heure chez les dames de la princesse Bagration, elle-même étant couchée et très-malade.

Mardi 20. Je suis resté chez moi jusqu'à 5 heures

du soir à travailler. — Dîné chez le prince Stahremberg; Mad. de Zichy, sa fille, revenant de Braunau, nous a donné tous les détails de ce voyage. Rentré et travaillé de nouveau jusqu'à 9. Au lieu d'aller à un spectacle de société chez le prince de Ligne, j'ai été finir la soirée avec la princesse Bagration.

Mercredi 21. A $8\frac{1}{2}$ heures, je suis allé au bain. — J'ai eu les visites du comte Maurice O'Donnell, de M. de Binder, et du médecin Schiedsbauer, que j'ai enfin sérieusement consulté sur mes maux. — Dîné chez les princesses de Courlande avec les princes de Reuss et Schönburg, le chanoine Truchsess, Delaure etc. — Rentré et travaillé jusqu'à 10 heures. — Le reste de la soirée chez Mad. de Fuchs.

Jeudi 22. J'ai commencé à prendre les remèdes, que le médecin m'avait ordonnés. Travaillé chez moi toute la matinée. Visite du comte Waldstein. — Dîné chez le prince de Ligne. Une heure chez la princesse Bagration. — Rentré, déshabillé, établi sur ma chaise-longue pour toute la soirée; quelques heures de sommeil, et plusieurs autres de travail.

Vendredi 23. Travaillé pendant la matinée. Dîné chez le comte E. Zichy, avec le comte Charles Zichy, ses fils, François et Ferdinand, le comte Althan (grand-maître de l'impératrice), le prince Stahremberg, le comte Dietrichstein (Naso), le baron Fels, le conseiller d'État Atzell, le comte Ferd. Waldstein, M. de Schall, M. et Mad. Lisniewski, née Zichy, et M. et Mad. Zichy, née Stahremberg. — J'ai fait ensuite une visite à la princesse Bagration; puis rentré chez moi, et passé la soirée absolument comme hier.

Samedi 24. Travaillé la matinée. A midi au bain. Visite du prince de Ligne. — Dîné chez les princesses de Courlande; Windischgrätz va un peu mieux. — Visite chez la princesse Bagration; où j'ai rencontré le général Stutterheim et Carpani. Il régnait depuis hier beaucoup de fermentations à cause du retour de Mad. Laszansky, qui, au lieu de suivre l'archiduchesse à Paris, l'a quittée à Munich. Cette histoire a fait baisser le cours de 20 pour cent; on y ajoutait, Dieu sait, quels articles de la gazette d'Augsbourg; enfin Carpani a débité, qu'il y avait dans le Moniteur des lettres trouvées sur M. Bathurst, dans lesquelles la cour de Vienne, et notamment le comte Stadion étaient très-compromis. Je suis parti de chez la princesse pour aller vérifier cette nouvelle, qui m'a beaucoup chipoté; j'ai été chez Mercy; j'y ai eu le Journal de l'Empire, où j'ai vu que tout était cruellement défiguré. Je suis resté avec Collin jusqu'à 9 heures — puis rentré.

Dimanche 25. Travaillé pendant la matinée. Dîné chez le comte O'Donnell, avec son frère Jean, et son fils, le comte Herberstein, le comte Mercy, M. de Steigentesch, M. de Binder, M. de Collin. Madame O'Donnell a dîné avec nous. Après-dîner j'ai vu chez elle la belle Julie. — Le soir chez la princesse Bagration et chez Mad. Lanckoronska.

Lundi 26. Dîné chez Mad. Lanckoronska avec Mad. de Specht, le prince Louis Liechtenstein, le prince Wentzel Liechtenstein, le comte Eugène Wrbna, le landgrave Fürstenberg et Wartensleben. — Rentré, et travaillé sans relâche, et avec beaucoup de succès à mon mémoire sur la paix maritime, qui est heureusement fini.

Mardi 27. J'ai mis ce matin la dernière main à mon ouvrage. Dans l'état de santé et d'humeur, où je me suis trouvé en le rédigeant, j'ai été vraiment étonné moi-même d'avoir pu lui donner ce degré de perfection. — Je suis allé chez le prince Metternich; j'ai eu une longue conversation avec Binder et Palffy. — J'ai passé une heure chez la princesse Grassalkovitsch avec Stutterheim. Dîné chez les princesses de Courlande; Windischgrätz va mieux; il part samedi; c'est aussi le jour fixé pour mon départ. J'ai vu le prince Paul Esterhazy et la princesse Léopoldine Liechtenstein. Le soir chez la princesse Bagration, et puis chez la princesse Czartoriska.

Mercredi 28. Je suis allé chez Mercy vers les 10 heures; j'y ai appris l'arrivée du comte Stadion de Prague; j'ai eu avec Wartensleben une scène pénible sur sa folle passion. A midi j'ai fait une visite au comte Stadion. — Rentré chez moi, et à 3 heures encore chez le comte Stadion, où je suis resté jusqu'à 4 heures. Dîné tête-à-tête avec Mad. Lanckoronska; j'ai été remettre mon mémoire au prince Metternich; j'ai encore été un moment chez la princesse Bagration; mais mes douleurs rhumatiques ont tellement pris le dessus, que j'ai été obligé de m'emballer tout-à-fait dans de la toile cirée et de me tenir immobile. Heureusement que j'ai assez bien dormi la nuit, ce qui joint à mes remèdes m'a un peu relevé. Je craignais déjà ne pas pouvoir partir.

Jeudi 29. Le général Stutterheim, le comte Finckenstein, le comte Wratislaw de Prague, Meyer etc. ont été chez moi pendant le déjeûner. — J'ai été ensuite chez le comte Ferdinand Palffy, puis chez

Mercy, Maurice O'Donnell, Collin, chez le prince
de Ligne. — Le comte Hardenberg, arrivé de la
campagne, est venu me voir. — Dîné chez la princesse
Bagration; après-dîner visite d'adieu chez le comte
O'Donnell. Rentré chez moi, et écrit des lettres jusqu'à
9 heures. — Seconde illumination de Vienne. —
J'ai été prendre le thé chez la princesse Czartoriska,
et puis passer une heure chez la princesse Bagration.
— Après cela j'ai été me promener un peu pour
voir l'illumination du château; la foule était infiniment
moindre que la première fois. Je me suis porté passablement ce soir; si bien, que mon départ ne sera
point remis.

Vendredi 30. Le général Stutterheim, Wartensleben, Finckenstein, Meyer etc. à déjeûner. — Je
suis sorti à 10½ pour déjeûner avec Mad. Lanckoronska et lui dire adieu. — De là j'ai fait une visite
au comte E. Zichy; puis au prince de Metternich,
qui m'a comblé de bontés. De là j'ai été faire avec
Binder une promenade sur les remparts, la seule depuis que je suis à Vienne (où je n'ai vu ni spectacle,
ni Prater, ni promenade, ni rien). Elle m'a conduit
chez le comte Mercy, à qui j'ai dit adieu, ainsi qu'au
comte Maurice O'Donnell. J'ai été ensuite dire adieu
au comte Stadion; j'y ai trouvé la princesse Bagration, qui m'a conduit chez moi. — Dîné chez les princesses de Courlande avec Ignatz Hardegg, Ferd.
Palffy, Binder etc. — Visite chez la duchesse de
Sagan — chez la princesse Stahremberg, où j'ai
rencontré la princesse Schwarzenberg — chez la princesse Czartoriska, une des personnes, qui m'ont témoigné le plus d'amitié — chez la princesse Bagration.

— Plusieurs autres visites — chez Fries, chez Erdödy, chez Collin etc. me sont devenues impossibles;
je n'en pouvais plus; je me suis tiré d'affaire par des
politesses écrites ou des messages. Enfin, à 10½ j'ai
encore été chez les princesses de Courlande; je l'ai
presque regretté; la sotte conduite de la duchesse de
Sagan m'a absolument gâté l'heure que j'y ai passée,
et que j'aurais bien mieux employée en allant chez
Mad. de Fuchs, que je me reproche d'avoir quittée
sans adieu.

Ce voyage de Vienne est une triste époque de ma
vie. Ma santé y a éprouvé un dérangement, dont peut-
être je ne me remettrai pas de si-tôt. Une partie de
mes anciennes relations ont croulé; d'autres me sont
devenues odieuses; mes idées de ma position dans le
monde, et mes perspectives de l'avenir se sont extrêmement rembrunies. Il est vrai, que j'ai tout vu à
Vienne par le télescope d'un corps souffrant, et d'une
humeur diabolique; mais malgré cela je ne puis pas
me flatter de m'être trompé en tout.

Pour l'objet, qui a proprement amené ce voyage,
je suis venu trop tard. Quelques mois plutôt, si
O'Donnell m'avait traité alors avec la franchise et la
confiance qu'il y a mise à-présent, j'aurais pu rendre
quelques services. Au reste, sous ce rapport-là je me
suis bien instruit sur une quantité de choses, que
jusqu'ici je ne connaissais qu'imparfaitement. C'est un
gain réel de mon voyage.

Pour la politique, j'aurais pu venir plus à-propos,
si les bornes du temps, de ma santé et mon humeur

m'avaient permis de m'en occuper davantage. Metternich m'a traité particulièrement bien; pour un homme
distrait, occupé toujours de cent mille objets, et peut-
être trop de ses propres intérêts, il a eu beaucoup
d'attention pour moi. Je crois même, qu'en le culti-
vant je m'ouvrirais par lui une nouvelle sphère d'activité. — Le mémoire général, auquel j'ai d'abord travaillé pour lui, n'a point réussi; j'en ai été furieusement mécontent. Celui que j'ai rédigé ensuite sur la
paix maritime, m'a plus satisfait; mais oserait-on
espérer qu'il pût jamais être utile?

La monarchie, consolidée par la dernière guerre —
quoique les gens à petites vues ne s'en doutent pas —
consolidée de nouveau par le mariage, quelque amer que
puisse être ce dernier remède — peut subsister, et
braver toutes les tempêtes, si en travaillant sans relâche au rétablissement de toutes ses forces, elle évite
chaque emploi de ses forces à des guerres quelconques,
au moins pour six ou huit ans.

Mais gouvernée et administrée comme elle est, il
est certain, qu'elle n'atteindra pas le premier de ces
objets, et très-douteux qu'elle s'assurera de l'autre.

Le malheur de cet état n'est point dans l'influence
de tel ou tel homme, ou de tel ou tel parti. Il se
trouve tout entier dans le manque absolu d'un lien
central — et dans l'extrême médiocrité de ceux qui
dirigent les branches principales.

On sent que la conquête de la Hongrie est la
première condition de toute réforme essentielle; on le
dit dans toutes les occasions. Les difficultés sont peu
considérables; une forte volonté et quelques mesures
adroites suffiraient pour assurer le succès. Mais per-

sonne n'a un plan; personne ne sait où commencer; personne ne veut sonder et fixer le problème; et si quelqu'un y réussissait, qui aurait-il pour l'exécution?

Le département de la guerre est dans une anarchie complète. Le comte Bellegarde n'arrive pas (probablement pour pouvoir dire en arrivant, que tout a été organisé sans son concours) et quatre où cinq conseillers antiques, avec quelques généraux ou absolument nuls, ou pires que nuls par les travers de leur esprit (p. ex. Radetzky, Klenau etc.) font en attendant tout ce qu'ils peuvent, pour détruire le matériel et le moral de l'armée, sans aucun espoir de résurrection.

Les départemens de l'interieur, dirigés par Ugarte, par Erdödy, par Hager etc. doivent être, comme de raison, dans un état déplorable.

Le département des finances va un peu mieux que les autres. L'influence pernicieuse de Zichy a tout-à-fait cessé dans les grandes affaires; et comme d'un autre côté la fameuse opposition des Zinzendorff, Chotek, Stahl, Bartenstein etc. est paralysée, le comte O'Donnell jouit au fond d'une autorité très-étendue dans cette branche. Il a beaucoup d'esprit, beaucoup de sagacité, un vrai talent politique, le travail infatigable, un attachement sérieux (et très-rare à Vienne) aux devoirs de sa place. Mais il n'est pas entouré, comme il devrait l'être; et ce qui est plus affligeant, il n'est pas heureux lui-même dans le choix de ses entours. Barbier est un bon calculateur; Collin est un garçon rempli de mérite; mais ni eux, ni Herberstein, et quelques jeunes gens, dont ils font un cas infini, ne sont de force pour les objets graves et difficiles, qu'ils doivent traiter; et même dans l'opinion publique leur médiocrité incontestable rejaillit sur le chef d'une manière peu avantageuse.

Et pourtant, si le nouveau système ne pouvait pas se soutenir, ou si une autre cause quelconque amenait la chute du comte O'Donnell, quel moyen pour le remplacer? — Cette détresse constitue la maladie fondamentale de la monarchie.

Les affaires étrangères ne sont pas absolument mal entre les mains du comte Metternich. Il se croit heureux; c'est une qualité excellente. Il a des moyens; il a du savoir-faire; il paye beaucoup de sa personne. Mais il est léger, dissipé, et présomptueux. Si son étoile le seconde pendant quelques années il peut prendre et donner à l'État une assiette très-convenable. Mais gare aux nouvelles crises. Elles le renverseraient; et (grâce au vice radical) il est tout aussi difficile à remplacer, que le comte O'Donnell!

Une personne d'un esprit supérieur, d'une âme sublime, réunissant dans sa conduite tout ce que la dignité et l'amabilité peuvent produire, et dont la tenue, pendant ces fêtes si contraires à ses vœux, a surtout étonné et enchanté les connaisseurs — l'impératrice enfin, serait capable d'opérer une grande révolution, si elle était moins desservie par les circonstances. Mais, tourmentée par une maladie mortelle, elle a à faire à un homme, qui s'aveugle contre tout ce qui n'est pas dans le cercle d'une routine stupide, et qui pour le désespoir de 20 millions d'hommes, ne peut, ni gouverner lui-même, ni supporter l'idée de mettre un autre à sa place.

F. v. Gentz.

17

Samedi 31. Wartensleben, Finckenstein, Meyer ont assisté à mon départ. Je suis parti un quart après 8 heures; j'ai cru que les deux Windischgrätz et Louis Rohan, qui devaient partir aussi ce matin, me devanceraient; mais tout au contraire, je suis arrivé partout avant. qu'il fut question d'eux. Les chemins étaient bons; le temps assez agréable; j'ai fait un petit dîner à Hollabrunn; et arrivé à Znaym après 8 heures, je me suis senti si fatigué, qu'au lieu d'attendre l'arrivée de Windischgrätz et de son beau souper, je me suis couché après 9 heures.

Dimanche 1 Avril. J'ai déjeûné avec les Windischgrätz et Rohan, puis continué ma route, et arrivé à Iglau à 7 heures du soir. Les autres, n'y étant pas encore à $9\frac{1}{2}$, j'ai encore fait comme hier; je me suis couché sans les attendre.

Lundi 2. Nous sommes partis de Iglau, après un bon déjeûner. Je suis arrivé à Czaslau à 6 heures. Cette fois-ci, me sentant beaucoup mieux, et les autres arrivant à 8 heures, j'ai fait avec eux un excellent souper; après quoi je me suis couché à $10\frac{1}{2}$.

Mardi 3. Parti de Czaslau à 8 heures; et malgré un retard de plus d'une heure à Kollin, j'ai été à Böhmisch-Brod à 2 heures. Là Windischgrätz ayant trouvé ses chevaux m'a quitté; je suis arrivé à Prague à 6 heures. Mon ami Buol est venu à ma rencontre hors de la ville. J'ai ensuite passé quelques heures avec lui; et le reste de la soirée avec Thérèse, en prenant d'excellent thé. J'ai été très-content de me retrouver chez moi avec toutes mes aises.

1811.

Der Rest dieses Winters war den Monaten des vori=
gen Jahres ganz ähnlich. Das Tagebuch bietet mir kaum
etwas anderes als eine ungeheure Menge vornehmer Na=
men, täglicher Mittags= und Abend=Gesellschaften dar.
Ich ließ mich sogar verleiten am 19. Februar an einem
figurirten Schachspiel, welches der Fürstin Hohenzollern
zu Ehren gegeben ward, Theil zu nehmen. Ich spielte
dabei die Rolle eines Thurmes, mit Fürst Lichnowsky,
Graf Joseph Dietrichstein (nachmaligem Landmarschall),
und Graf Jaroslaw Potocki.

Mein Umgang mit Gelehrten beschränkte sich auf Col=
lin, Hormayr und Friedrich Schlegel. An der ver=
änderten Organisation, oder vielmehr zweiten Stiftung des
Oesterreichischen Beobachters hatte ich guten Theil,
und in dieser Zeit fing mein täglicher Umgang mit Pi=
lat an.

Inzwischen hatte ich durch mehrere Monate an einer
neuen und sehr ausführlichen Abhandlung über unser
Papiergeld gearbeitet. Gerade als diese Arbeit, der ich
doch, unter allen meinen Zerstreuungen viel Zeit gewidmet
hatte, fertig war, erschien (am 15. März) zu nicht geringer
Bewegung im Publikum, das berühmte Finanz=Patent
des Grafen Wallis. — Am nämlichen Tage berief mich

dieser Minister zu sich und machte mir den Antrag, als
Vertheidiger oder Lobredner seines Planes aufzutreten.
Es lag manches in diesem Plan, das sich allerdings ver=
theidigen ließ; aber auch vieles, wogegen meine Ueber=
zeugung sich auflehnte; und da die Sache äußerst verhaßt
war, und man mich zur rechten Zeit nicht zu Rathe ge=
zogen hatte, so glaubte ich, den Antrag zurückweisen zu
müssen. Dies geschah jedoch in den anständigsten und
freundlichsten Formen. Graf Metternich, mit welchem
ich mich den Winter hindurch in ein sehr angenehmes und
intimes Verhältniß gesetzt, war völlig mit mir einverstan=
den, und half mir bei der Ausführung meines Ent=
schlusses.

Als der Sommer herannahte (es war der frühe und
so merkwürdige, den man lange zitiren wird) fühlte ich
dringend die Nothwendigkeit einer neuen Einrichtung mei=
ner Oekonomie. Mein Etablissement in Prag bestand noch;
aber jeder Gedanke dahin zurückzukehren, mußte nun,
theils als unnütz, theils als unausführbar, aufgegeben
werden. Durch den redlichen Beistand, den der Graf
Hardenberg und der brave Johnson mir leisteten, ver=
schaffte ich mir eine für die damaligen Zeiten nicht unbe=
trächtliche Summe Geldes, löste das Etablissement in Prag
auf, und vertauschte die mir unerträglich gewordene Woh=
nung auf dem Kohlmarkt gegen ein Interims=Quartier im
Wetzlar'schen Hause (an der Ecke der Teinfalt=Straße),
welches mir Fürst Louis Jablonowski für den Sommer
überließ, und welches ich in den letzten Tagen des Juni bezog.

Adam Müller hatte sich zu derselben Zeit mit sei=
ner Familie in Wien niedergelassen. — Auch August
Wilhelm Schlegel und Franz Baader aus München
kamen damals zum Besuch nach Wien.

Im Monat Juli war ich häufig in Baden. Ich hatte
im Frühjahr verschiedene, obgleich immer nur kurze An-
fälle von Gichtschmerzen in den Armen gefühlt, und der
alte Frank hatte mir — faute de mieux — die dortigen
Bäder angerathen. Vom 21. bis 26. Juli machte ich mit
Johnson eine kleine Reise über Krems und Zwettel nach
Rosenau, einer Herrschaft des Grafen Hardenberg,
woselbst wir King antrafen, der als geheimer Agent
Englands, blos durch ein Schreiben des Marquis Wellesley
bei dem Grafen Metternich akkreditirt, in Wien residiren
sollte.

Auch im August war ich häufig in Baden, wo die
Metternich'sche Familie wohnte; mit den Bädern hörte ich
bald wieder auf.

Zu Anfang des September unternahm ich eine ernsthafte Arbeit über die berühmte Frage der Depreciation
der englischen Banknoten, wozu mir Johnson, dem
ich überhaupt viel verdanke, eine große Menge von Ma-
terialien aus England verschafft hatte. Ueberhaupt nahm
mein Geist wieder einen solidern Schwung. Die Gesellschaft war großentheils zerronnen. Nur des Abends ein
kleiner Zirkel bei der Fürstin Bagration, wo Graf
Metternich, Humboldt, Schulenburg u. a. fast täglich erschienen. Graf Nesselrode, Gesandtschafts-Sekretair
in Paris, kam auf einige Wochen nach Wien, und wir
stifteten damals die enge Freundschaft, die mir nachher so
werth und wichtig geworden ist, und welche nur der
Sturm der griechischen Insurrektion (im Jahr 1824) einigermaßen hat erschüttern können. — Alles bereitete sich
zum Kriege zwischen Frankreich und Rußland vor.

Am 1. Oktober machte ich eine Reise nach Preßburg,
wo damals der Landtag versammelt war. Dort hatte ich

eine lange und höchst interessante Unterredung mit der
Kaiserin. Am 6. kehrte ich nach Wien zurück und bezog
eine elende kleine Wohnung in der Seiler=Gasse, die ich
jedoch dergestalt auszuzieren wußte, daß sie drei Jahre
lang von den vornehmsten Personen in Wien und aus der
Fremde (denn ich hatte sie noch während des Kongresses)
besucht werden konnte.

Zu Ende des Oktober ging ich zum zweitenmale mit
Graf Metternich nach Preßburg, wo die Sachen sich
in einer für den Hof nicht günstigen Lage befanden. Man
fing an sehr ernsthaft von der nothwendigen Entfernung
des Grafen Wallis zu sprechen. — Der Krieg zwischen
Frankreich und Rußland rückte immer näher.

Alexander Humboldt, den ich seit 15 Jahren nicht
gesehen hatte, war in der Mitte des Oktober zu Wien an=
gekommen, und begab sich mit seinem Bruder zu uns nach
Preßburg.

Mit King, der sich nun in Wien niedergelassen hatte,
brachte ich durch Graf Hardenberg ein Geld=Geschäft zu
Stande, welches mich für den Winter deckte. King stif=
tete in Wien ein kleines häusliches Etablissement, wo er
seine Freunde ein für allemal zum Mittagessen empfing,
eine Einrichtung, die unter den damaligen Umständen mir
und Andern sehr willkommen war und die wir lange ge=
nossen haben. (Der Stamm dieser Mittags=Gesellschaft
war ein wirklicher Anti=Bonapartischer Klub; die
täglichen Gäste — Graf Hardenberg, Johnson, Fürst
Ruffo, General Nugent, Wallmoden 2c.)

Im Dezember hatte ich mit dem Vicomte Noailles
(den Frau von Stael mir adressirte), und der, auf der
Flucht vor Napoleon, eine Menge abentheuerlicher Pro=
jekte meditirte, viel zu schaffen; noch mehr aber mit mei=

nem Freunde Tettenborn, der sich durch seine unglückliche Spiel-Leidenschaft seine Existenz nicht nur in Paris,
sondern wie sich bald zeigte, auch in der österreichischen
Armee verscherzt hatte. Der Tod des General Stutterheim, mit dem ich mehrere Jahre in vertrauter Freundschaft lebte, und dem ich bei der Publikation seines bekannten Werkes über den Feldzug von 1809 wesentlichen
Beistand geleistet, schmerzte mich sehr. — Bald nachher
brachte uns auch Graf Stadion aus Prag die traurige
Nachricht vom Tode seines Bruders Friedrich.

Am Schlusse dieses Jahres war meine Lage ohne allen
Vergleich besser als am Schlusse des vorigen. Graf Metternich, ob er mich gleich immer noch nicht zu politischen
Arbeiten gebrauchte, auch nicht gebrauchen konnte, da
nun einmal meine Grundsätze und Ansichten von dem
System, welches der Hof befolgte, zu sehr abwichen, schenkte
mir jedoch so viel Vertrauen, als ein Oppositions-Chef
(denn das war ich in der That aus warmer Liebe zur
Sache und treuer Anhänglichkeit an Oesterreich) nur irgend
hätte verlangen können. Er bediente sich meiner Feder
auch in seinen Kämpfen mit dem Grafen Wallis; er ver-
hehlte mir nicht, welche Rolle wir bei dem bevorstehenden
Bruch zwischen Frankreich und Rußland spielen würden.
Unsere Freundschaft litt nichts durch die oft grelle Disso-
nanz unserer politischen Meinungen; und so sehr auch die
russische Partei wünschte, mich in russische Dienste zu ziehen
(Graf Stackelberg, der damalige Gesandte, erklärte es
mir bei jeder Gelegenheit), blieb ich doch fest in meiner
Vorliebe für einen Hof, der bis dahin auch nicht das
Mindeste für mich gethan hatte.

Unterdessen war ich durch das Ansehen, in welchem
ich bei fremden Höfen stand, in den Stand gesetzt worden,

ohne irgend eine Verletzung meiner Pflichten, ohne irgend
einen demüthigenden Schritt, meine Geld=Verhältniſſe wenig=
ſtens ſo weit zu reſtauriren, als es meine damals be=
ſchränkten Bedürfniſſe erforderten. Und — was das Beſte
war — ich hatte mich ſeit dem vergangenen Winter von
dem Schwalle der Geſellſchaften merklich (wenn auch immer
noch nicht genug) zurückgezogen, und viel gearbeitet. Mein
Umgang mit Abam Müller, der den Winter in Wien
zubrachte, war eine Quelle von Kraft und Belehrung für
mich; die Religionsfragen wurden zwiſchen uns beſonders
oft und ernſtlich erörtert; und da ich in dieſer Zeit den
Entſchluß, mich öffentlich zur katholiſchen Kirche zu beken=
nen, ſo groß auch meine geheime Neigung dazu ſein mochte,
nicht hatte faſſen können, ſo war es wohl ſo gut als er=
wieſen für mich, daß ich ihn nie faſſen würde.

—————

1812.

Seit dem Anfange des Herbstes hatte ich mit vielem Fleiße an einem Werke über die hochberühmte Frage des Papier=Geldes, mit besonderer Beziehung auf die eng= lischen Banknoten und die Verhandlungen des bullion committee gearbeitet. Dieses Werk sollte in England von Mr. Herries (einem damals schon bedeutenden, nachher noch bedeutender gewordenen Financier) übersetzt und pu= blizirt werden. Der Plan ist nicht zur Ausführung ge= kommen; die Trennung zwischen England und dem Kon= tinent, die Schwierigkeit und Unsicherheit der Korrespon= denz (die nicht anders als durch das Mittelländische Meer, oder durch Schweden und Norwegen Statt finden konnte), vielleicht auch die dazwischen getretenen großen Weltbege= benheiten, haben sie gehindert. Die wichtigsten Theile die= ses Werkes sind jedoch als Fragmente unter meinen Ma= nuskripten geblieben. — Mein alter Freund Buol, der im März als Chargé d'affaires nach Kopenhagen ging (und den ich nie wiedersehen sollte), nahm den ersten Theil Manuskript, nebst meinen Briefen und Aufträgen an Herries mit.

Die politischen Angelegenheiten waren in den ersten Monaten des Jahres in großer Gährung. An Kenntniß dessen, was geschehen war, oder geschehen sollte, fehlte es mir nicht. Graf Metternich, den ich täglich sah, ging gegen mich mit edler und liebenswürdiger Offenheit zu Werke; und was auch er mir etwa verschweigen wollte oder mußte, wurde mir durch Humboldt, Stackelberg, Hardenberg und andere wohl unterrichtete Personen supplirt. — Selbst Damen nahmen damals so lebhaften Antheil an den Geschäften, daß ich bekennen muß, in meinen häufigen vertrauten Unterredungen mit der scharfsinnigen und intriganten Fürstin Bagration, der enthusiastischen, aber trefflichen Gräfin Wrbna, und der unruhigen, aber sehr klar sehenden Herzogin von Sagan vieles gelernt zu haben.

Zu Ende des März unterbrach ich meine Arbeit über das Papier-Geld, und schrieb bis in die Mitte des April ein sehr wohlgerathenes französisches Memoire über die Rechte der neutralen Schifffahrt, in Beziehung auf den unverschämten Bericht, den der französische Minister am 16. März als Einleitung zum russischen Kriege geliefert hatte. — Dieses Memoire, welches bei Kennern großen Beifall gefunden hat, übergab ich (nebst einem Briefe an den damaligen Prinz-Regenten) dem General Nugent, der es nach England überbrachte.

Es gelang mir durch meinen eignen Kredit in Petersburg, und die gütige Verwendung des Grafen Stackelberg, meinen damals sehr unglücklichen Freund Tettenborn in russische Dienste zu befördern — wo ihm nachher eine so glänzende, obschon zu kurze Laufbahn zu Theil ward.

Am 11. Mai kündigte mir der Graf Metternich seine bevorstehende Reise nach Dresden mit Kaiser und Kaiserin an. Fürst Karl Schwarzenberg kommt von Paris.

Graf Metternich theilt mir eine Menge der wichtigsten Aufklärungen über den politischen Stand der Dinge und den wahren Sinn unserer neuesten Traktate mit, und hinterläßt mich in hoffnungsvollen Träumen. In der Nacht vom 13. zum 14. reiste er ab.

In diesem Augenblick von Stillstand und Leere beschäftigen mich lebhaft die Vorlesungen Adam Müller's, die nach vielen Hindernissen durch meine unermüdliche Beharrlichkeit endlich zu Stande kamen.

Die liebenswürdige Gräfin Wrbna bietet mir, vor ihrer Abreise nach Umkirchen, den Gebrauch ihres Gartens in der Alster-Gasse an; Graf Nowosilzoff, der einen Theil des Hauses bewohnte, überließ mir zwei Zimmer, so daß ich in diesem heimlichen Etablissement am 3. Juni ein recht angenehmes Sommer-Quartier beziehe.

Am 6. Juni kommt Frau von Stael (auf ihrer großen Emigration durch Rußland nach Schweden und England) mit A. W. Schlegel und (dem damals noch verborgen gehaltenen) Rocca in Wien an.

Ich hatte zu meinem Memoire über die See-Rechte einen zweiten Abschnitt geschrieben, der besonders den englischen Kabinets-Befehlen und den Verhältnissen zwischen England und Nord-Amerika gewidmet war. — Dies Manuskript vertraute ich dem Fürsten Reuß LXIV. an — den ich damals unter meine intimsten Freunde zählte, und der am 20. Juni Wien verließ, um mit Wallmoden nach England zu reisen. (Er diente bis zum Ausgang des Krieges unter Lord Wellington.)

Demnächst kehrte ich mit großem Eifer zu meinen Ausarbeitungen über die Geld- und Papier-Zirkulation in England zurück.

Nach vielen mühsamen und peinlichen Unterhandlungen

— wobei manche saure Stunde mich traf (da ich allein über den harten Hudelist, in Abwesenheit des Ministers etwas vermochte) — erhielt endlich Frau von Stael für sich und ihre Reisegenossen die Pässe zur Reise nach Gallizien, und verläßt Wien am 23. Juni. Ihre Anwesenheit hatte diesmal mehr Beschwerde als Genuß für mich gehabt.

Am 1. Juli erhielten wir die Nachricht von der wirklichen Eröffnung des Feldzuges, und Napoleon's berühmte Proklamation vom 22. Juni.

Am 3. begab sich Tettenborn zu seiner neuen Bestimmung nach Rußland, voll Dank und Zufriedenheit für die von mir ihm geleisteten treuen Dienste. — An eben dem Tage war ich in Gefahr an einem kleinen Hühnerknochen zu ersticken, der mir (bei King am Tische) in der Kehle stecken blieb. Dieser Zufall hat mich länger als acht Tage nicht wenig gequält und beunruhigt.

(Blos in Hinsicht auf spätere Zeiten kann ich hier nicht unbemerkt lassen, daß ich am 6. Juli zum erstenmale Weinhaus sah — am Orte wo ich nachher so einheimisch geworden, und so glücklich gewesen bin, und wo damals die Gräfin Lanckoronska das Hartig'sche Haus bewohnte.)

Adam Müller und Pilat, mit welchen ich bereits in einem sehr thätigen Geschäftszuge stand, hatten eine Sommer=Wohnung in Heiligenstadt, wo auch Friedrich Schlegel mit seiner Frau sich befand, und wo ich sie mehreremale besuchte.

Der Krieg hatte eine für Rußland höchst bedenkliche Wendung genommen. Graf Stackelberg schickte sich zur Abreise von Wien an; Lebzeltern kam von Petersburg zurück.

Am 26. Juli war eine große Feuersbrunst in Baden,

wo die Metternich'sche Familie wohnte. Graf Metter=
nich traf eben (von seiner langen Abwesenheit) in Wien
ein, und mußte sich sofort nach Baden begeben.

Am folgenden Tage hatte ich ein langes Gespräch mit
Graf Metternich, den ich äußerst ruhig und heiter fand.
— Er ließ sich, ungeachtet des Brandes, in Baden nieder,
welches auch der Kaiser that. Ich hatte die Idee mich
nach England senden zu lassen, die Graf Metternich eine
Zeitlang zu begünstigen schien.

Die Fürstin Bagration hatte sich in Höflein, einem
kleinen Bade, eine Stunde von Eisenstedt etablirt. Schon
früher hatte ich dort einen kurzen Besuch abgestattet. Vom
5. bis 12. August wohnte ich bei ihr; nahm mehrere Bä=
der, machte mit der Fürstin (deren Vertrauter ich mehr als
je geworden war) die angenehmsten Spazierfahrten nach
Eisenstedt und andern Orten, und brachte viele vergnügte
Stunden in Höflein zu. Den Fürsten Esterhazy, der
an einer (allerdings sehr verführerischen) Russin großes
Wohlgefallen fand, sahen wir alle Tage. Fräulein Ma=
rassi, der Fürstin Gesellschafts=Dame (später mit einem
piemontesischen General verheirathet) war mir ihrer treff=
lichen Eigenschaften wegen ebenfalls eine werthe Gesell=
schaft. — Der französische Maler Isabey befand sich da=
mals in Eisenstedt, und wurde sehr von uns karessirt.

Später im August war ich 8 oder 10 Tage in Baden,
wo auch der Graf Metternich sich befand, und die Neuig=
keiten vom russischen Feldzuge uns in immerwährender Be=
wegung erhielten.

Humboldt, Schulenburg, Graf Christian Bern=
storff (damals dänischer Gesandter in Wien) sah ich täg=
lich. Viele Abende versammelte man sich bei der Gräfin
Carneville (gebornen Lichnowsky), wo eine sehr inter=

essante Fremde — die Gräfin d'Ega, Geliebte des Baron Stroganoff, mehrere Monate sich aufhielt.

Am 2. September fuhr ich mit Graf Metternich wieder nach Baden, und blieb dort mehrere Tage. Am 4. hatte ich in Baden ein zweistündiges sehr interessantes Gespräch mit der Kaiserin.

Am 23. September entschloß ich mich — krank und äußerst trübe gestimmt — ein paar Tage zwischen Eisenstedt und Höflein zuzubringen. Die Feste bei der Vermählung des Fürsten Paul mit der Prinzessin Therese von Taxis (die ich sehr jung bei der Fürstin Solms in Töpliz gekannt hatte) hatten zahlreiche Fremde nach Eisenstedt geführt.

Am 30. war ein großes Diner (für die Neu-Vermählten) bei Graf Ferdinand Palffy in Herrnals, dem auch der Graf Metternich beiwohnte. Nach dem Essen erschien der französische Legations-Sekretair La Blanche mit der Nachricht vom Einmarsch der Franzosen in Moskau. Da seit einiger Zeit (wie das damalige Tagebuch deutlich nachweiset) meine Einbildungskraft mit einem Mißgeschicke, das Napoleon in Rußland treffen sollte, lebhaft beschäftigt war, so setzte mich die Nachricht im ersten Augenblicke in große Bestürzung.

Im Monat Oktober führte ich wieder ein ziemlich bewegtes Leben. Einige interessante Fremde, z. B. Fürst Adam Czartoriski und Gagern, dessen erste Bekanntschaft ich damals machte, waren in Wien. Indessen arbeitete ich doch einige male fleißig an dem Manuskript über die Geld-Zirkulation, und war acht Tage lang mit Revision und Vernichtung einer großen Anzahl alter Briefe und anderer Papiere beschäftigt.

Seit der Mitte des November trafen nach und nach

die Berichte von den Verlegenheiten Napoleons ein. —
Am 17. Dezember erfuhr ich, Schlag auf Schlag, seine
Flucht aus Rußland — die Sendung des General Bubna
nach Paris — die geheime Ankunft des Lord Walpole.
Graf Metternich hatte sich in der letzten Zeit viel mit
mir besprochen, doch, wie mir schien, sich nicht sehr offen
erklärt; der Moment war so unendlich kritisch, daß ich
ihm keinen Vorwurf daraus machen konnte. Doch hatte
ich kurz vor Bubna's Abreise, sowohl mit diesem als mit
Graf Metternich interessante Explikationen. Uebrigens befand ich mich zwischen Graf Hardenberg, der ungefähr
alles wußte, Lord Walpole, der alles zu wissen wünschte,
und King, der in Irrthum und Leidenschaft befangen, so
gut als nichts wußte, und doch durch seine Berichte viel
schaden konnte, in einer oft recht peinlichen Lage.

Am 27. Dezember eröffnete mir der Graf Metternich
höchst unerwartet die Perspektive einer Korrespondenz mit
dem neuen Fürsten der Wallachei (Karadja) und es wurden zwischen uns die zur Einleitung dieses wichtigen Ge-
schäftes erforderlichen Maßregeln verabredet. Zugleich ließ
er mich tief in seine Besorgnisse und Hoffnungen schauen;
und so dunkel und chaotisch auch alles noch um mich
her liegen mochte — so that sich doch gerade am Schlusse
dieses Jahres eine neue Welt vor mir auf.

[Hier ist eine Lücke vom Januar bis zur Mitte des Juli 1813.]

1813.

— — der zu den interessantesten und zugleich angenehmsten Epochen meines Lebens gehört.

Am 14. kam ich in Prag an, wo eine Art von Kongreß gehalten werden sollte, der aber, so zu sagen, in der Geburt erstickte. Napoleon hatte Caulaincourt und Narbonne dazu ernannt, die sich aber sehr spät einfanden und bald inne wurden, daß nichts mehr zu thun war. Graf Metternich hatte einen Theil seiner Kanzlei, unter andern die Hofräthe Hudelist und Wacken aus Wien kommen lassen; auch Pilat, den Redakteur des Beobachters. Er bewohnte das Schönborn'sche Haus auf dem Roßmarkt; Humboldt, der in dem Fürstlich Windischgrätz'schen wohnte, und den ich von Morgen bis Abend sah, war vom preußischen, Anstett vom russischen Hofe gesendet.

Graf Metternich war nicht geneigt, mich an diesem abortiven Kongreß Theil nehmen zu lassen, oder mich auch nur mit den französischen Bevollmächtigten, bei denen ich gar schlecht angeschrieben sein mußte, in Berührung zu bringen, so daß ich an den Tagen, wo einer oder der andre bei ihm zu Mittag speiste, mich immer absentirte. Dies geschah auch als der Duc d'Otrante durch Prag ging, um sein kurzlebendes Gouvernement in Laibach zu übernehmen.

Nichts desto weniger wurde ich mit großem Vertrauen behandelt; und unvergeßlich sind mir gewisse Spaziergänge, die ich oft bis tief in die Nacht mit Graf Metternich und Humboldt auf der Prager Brücke und durch die Straßen der Stadt machte.

Ich bewohnte in Prag eines der Garten-Zimmer des großen Waldstein'schen Palais; ein Vortheil, den ich der Freundschaft des Grafen Wratislaw und der Gefälligkeit seines Schwagers, des Grafen Waldstein, zu danken hatte. Als nach 8 Tagen die Herzogin von Sagan nach Prag kam, überließ ich ihr einen Theil dieser schönen Wohnung. Zwischen ihr und dem Grafen Metternich bestand damals ein sehr intimes Verhältniß.

Mit General Bubna, der von seiner Sendung an Napoleon zurück kam, mit General Langenau, der großen Kredit und Einfluß bei uns gewonnen hatte, Fürst Schwarzenberg, der die Armee kommandiren sollte, und einer Menge andrer bedeutender Personen, war ich in immerwährendem Verkehr.

In den letzten Tagen des Juli trug mir Graf Metternich die vorläufige Abfassung des Kriegs-Manifestes auf. In den ersten Tagen des August arbeitete ich ernstlich daran.

Am 6. August kam der Graf um 11 Uhr Abends in mein Zimmer, und erzählte mir, daß er am folgenden Morgen nach Brandeis, wo der Kaiser während dieser ganzen Zeit gewohnt hatte, gehen, und den letzten Entschluß des Monarchen einholen würde. Die Nacht, in der er mir diese Eröffnung machte, war — in mehr als einer Rücksicht — eine der merkwürdigsten.

Am folgenden Tage brachte Graf Metternich die endliche Entscheidung des Kaisers von Brandeis zurück;

F. v. Gentz.   18

am 8. hatte er seine letzte Unterredung mit Caulain=
court; am 10. um Mitternacht ward der Krieg erklärt.

Am 11. war das Manifest vollendet und wurde Abends
beim Grafen Metternich, im Beisein des Fürsten Paul
Esterhazy und des Baron Binder, mit großer Zufrie=
denheit gelesen. Baron Binder hatte, um Zeit zu gewin=
nen, den Auftrag erhalten es in's Französische zu über=
setzen. Am 17. ward es publizirt.

Am 14. war Graf Nesselrode und am 15. der Kai=
ser Alexander in Prag angekommen. Beide bezeigten
lebhafte Freude über den von unserm Hofe gefaßten Ent=
schluß. Der Kaiser machte mir einen Brillant=Ring zum
Geschenk.

Am 21. August ging Graf Metternich zur Armee
und ließ mich in Prag zurück. Die Herzogin hatte schon
früher Prag verlassen.

Meine Bestimmung in Prag war eine der angenehm=
sten und interessantesten, die sich denken läßt. Ich ward
nun durch mehrere Monate die Mittels=Person aller wich=
tigen politischen Verbindungen zwischen Wien und dem
Hauptquartier, der Kanal aller authentischen Neuigkeiten,
der Mittelpunkt aller Diplomaten und aller Diplomatie.
Der Kaiser ernannte mich zum Hofrath; ich erhielt diese
Nachricht am 12. September mit einem Geschenk von
2000 Gulden. Alles ging nach Wunsche. Meine Gesund=
heit vortrefflich, mein Name war groß geworden. Geld
hatte ich im Ueberfluß; ich war mehr als je zum großen
Herrn gestempelt, und in Prag hochgeehrt. Mein Journal
fließt an einigen Stellen von meinem damaligen Glücke
über. — Meiner Geschäfte waren freilich viel; jeden Tag
eine Expedition nach Wien und eine nach Töplitz; zahl=
reiche Korrespondenzen; die Zensur der Prager Zeitung,

für welche ich die militairisch=politischen Artikel selbst re=
digirte. Meine Wohnung ein förmliches Büreau und von
Besuchen nie leer. Außerdem lebte ich mit allen vorneh=
men Familien in Prag. Auch die Herzogin war wieder
angelangt, und wohnte lange Zeit, wie früher, neben mir.
Graf Waldstein verschaffte mir in seinem Hause alle
möglichen Bequemlichkeiten, und richtete mich so ein als
wenn ich mein Leben dort zubringen sollte.

Der Kanzler Hardenberg (in seinem Gefolge Hr.
Niebuhr, mein alter Freund Beguelin u. s. f.) blieben
noch einige Wochen in Prag, wo auch Hr. und Frau von
Alopeus, Hr. und Frau von Bildt und eine Menge
anderer Fremden sich aufhielten.

Am 28. August erhielten wir die Nachricht von der
Schlacht bei Dresden. An diesem Tage kam Pilat von
Wien, und ging nach Töplitz um bei dem Grafen zu
bleiben.

Am 30. kam — die Nachricht vom Rückzuge unsrer
Armee nach Böhmen. Diesen und den folgenden Tag
herrschten viele Besorgnisse in Prag, die aber ein von
Laun am 31. an mich abgefertigter Kourier gänzlich be=
seitigte.

Am 31. traf Lord Aberdeen in Prag ein und be=
suchte mich mit Frederick Lamb (den Adair mir ganz
besonders empfohlen hatte) und Mr. Vernon, der schon
länger bei uns war. Mein erstes Gespräch mit Lord
Aberdeen, den eine beschwerliche Reise sehr erschöpft hatte,
war nicht sehr ermunternd; wir wurden aber in kurzem
die besten Freunde.

Am 6. September machte ich mit der Herzogin eine
interessante Reise nach Laun, wohin uns der Graf Met=
ternich beschieden hatte. Wir brachten den Abend und

einen Theil des folgenden Tages mit ihm zu; worauf er nach Töplitz zurück kehrte, und ich mit der Herzogin nach Prag.

Am 11. verbreiteten sich überaus beunruhigende Nachrichten. Die Franzosen waren in Böhmen eingedrungen, der Kaiser hatte Töplitz verlassen. Lord Aberdeen kehrte von Laun mit seinem Bruder Gordon nach Prag zurück. Man glaubte sich selbst in Prag nicht ganz sicher; aber die beunruhigenden Nachrichten folgten sehr schnell. Am 16. ging Aberdeen nach Töplitz.

Lord Stewart, englischer Gesandter in Berlin, der bei einem Gefechte blessirt worden war, hielt sich während einiger Wochen in Prag auf. Ich stiftete gleich Freundschaft mit ihm. Bis zur Ankunft Lord Aberdeen's war Jackson, des ehemaligen Gesandten in Berlin Bruder, bei uns gewesen. Lamb ging als Chargé d'affaires nach Wien.

Am 18. erhielten wir die wichtige Neuigkeit von der Schlacht bei Kulm; und am 20. kam Graf Metternich mit Paul Esterhazy nach Prag, trat im Fürstenberg'schen Hause, meiner Wohnung gegenüber, ab und kehrte den folgenden Tag nach Töplitz zurück.

Unter den Bekanntschaften, die ich damals machte, war auch Graf Schulenburg, der aus sächsischen Diensten in österreichische als Major trat; und den ich besonders zitire, weil ich ihn damals der Herzogin von Sagan präsentirte — deren Gemahl er zehn Jahre nachher geworden ist.

Am 1. Oktober kam der Minister Stein nach Prag, mit dem ich noch in den besten Verhältnissen stand, und der mir in der zur Administration der zu erobernden Länder damals bereits gestifteten Kommission eine Stelle anbot.

Am 4. machte Graf Metternich einen Besuch in Prag, wo ihn Murat's neapolitanischer Gesandte Cariati und der dänische Graf Bernstorff erwarteten. Er blieb bis zum 7. Ich hatte viele und wichtige Gespräche mit ihm, besonders über die deutschen Angelegenheiten, deren künftiges Schicksal ein schwieriges Problem war. Der Geist, der durch den allgemeinen Widerstand gegen die französische Herrschaft in Deutschland erwacht, durch die Stein'schen Proklamationen mächtig gesteigert, besonders von Preußen aus dergestalt gewachsen war, daß der Be= freiungs=Krieg einem Freiheits=Kriege nicht un= ähnlich sah — gab zu ernsten Betrachtungen und Besorg= nissen über die Zukunft Anlaß; und die Idee, daß der Sturz eines auf die Revolution gegründeten Despotismus, wohl, anstatt einer wirklichen Restauration abermals zur Revolution zurückführen könnte, wurde in jenen Gesprächen von mir besonders lebhaft angeregt.

Am 8. ging Floret durch Prag mit der Nachricht, daß der Traktat, durch welchen Baiern sich für die Koali= tion erklärte, zu Ried geschlossen war.

Am 19. erhielt ich die Nachrichten von dem Anfange der Schlacht bei Leipzig; der 20. verfloß in unruhigen Erwartungen, aber um 1 Uhr Morgens des 21. brachte mir der Kourier Zannoni Briefe aus Rötha und Borna vom 18. und 19. mit der ersten Meldung des großen Sieges, den ich wenige Stunden nachher durch Extra= Blätter zur Prager Zeitung und durch Privat=Kommuni= kationen über die ganze Stadt verbreitete.

Am 22. kam General Neipperg, der die Sieges=Post nach Wien überbrachte, und von welchem ich Briefe und Details, und Aufträge in Menge erhielt. Ich veranstaltete die Erleuchtung der Stadt und die Feier des Te Deum. —

Es war ein herrlicher Moment für mich. Die Sache, für
die ich seit zwanzig Jahren gekämpft hatte, schien endlich
die Oberhand zu behalten. Die Umstände machten mich
zu einem der ersten Organe, welche diese große Wen=
dung des Glückes verkündigten, und der Sturz der Welt=
herrschaft und des Mannes, der an ihrer Spitze stand, war
für mich — wie nicht für jedermann — ein reiner, durch
keinen Rückblick getrübter Triumph, da ich nicht nur zu
keiner Zeit in meinen Grundsätzen und Gesinnungen ge=
wankt, sondern mir auch Napoleon's persönlichen Haß
zugezogen hatte, der sich noch wenig Monate zuvor (wäh=
rend Bubna's Anwesenheit zu Dresden) bei Gelegenheit
einer durch Zufall oder Verrath in seine Hände gefallenen,
im Monat März von mir abgefaßten geheimen Staats=
schrift offenbarte.

Da nach der Schlacht bei Leipzig der Schauplatz des
Krieges sich immer weiter von Prag entfernte, so sah ich
den Zeitpunkt vor mir, wo ich entweder in's Haupt=Quar=
tier gerufen werden, oder nach Wien zurückkehren mußte.
Meine Verbindungen mit dem Grafen, nunmehrigen Für=
sten Metternich wurden schwieriger; mein Geschäfts=Kreis
verengte sich; in dem letzten Monate meines Aufenthaltes
zu Prag war ich nur auf Korrespondenz reduzirt, und
versorgte nebenher die dortige Zeitung mit guten Artikeln.
Nichts desto weniger war ich immer noch sehr glücklich
und zufrieden. Ich hatte damals Siegmund Schweitzer,
diesen seit acht Jahren erprobten treuen Diener, an die
Stelle desjenigen, dem ich die Schuld des Verrathes des
obgedachten geheimen Memoires zuschrieb und deßhalb meine
Geschäfte nicht vertrauen konnte, zu meinem Geheimschrei=
ber erhoben, ein Amt, welches er durch eine lange Reihe
von Jahren mit immer gleicher Redlichkeit verwaltet hat.

Karl Leiden, ein junger Mensch, den das Schicksal des Krieges aus seiner Vaterstadt getrieben, der nach der Schlacht bei Dresden die französische Armee verlassen, und sich nach Prag geflüchtet hatte, war durch sonderbare Zufälle im Monat August mir zugeführt worden, stieg in kurzer Zeit sehr hoch in meiner persönlichen Gunst, und wurde bald einer meiner vertrautesten Diener. Einer der besten französischen Köche (Bastien) begleitete mich überall. Meine häusliche Existenz war ganz nach meinen Wünschen, mit aller Bequemlichkeit und Eleganz, die ein unverheiratheter vornehmer Mann begehren konnte, eingerichtet.

Nach einer langen, zuweilen ängstlichen Pause, wo die Briefe aus dem Haupt=Quartier immer seltner wurden, bestimmten endlich Estafetten aus Frankfurt vom 19. und 20. November meine Abreise von Prag, und zwar so, daß ich zunächst mich in's Haupt=Quartier begeben, und von dort nach Wien zurückkehren sollte. Dieser Plan gefiel mir nicht ganz; Privat=Gründe, die mir vollkommen bekannt waren, und sich weniger auf mein Interesse als auf ein mir fremdes, obwohl nicht gleichgültiges bezogen, hatten ihn erzeugt. Ich war einen Augenblick unschlüssig, ob ich gehorchen oder nicht lieber gleich den Weg nach Wien nehmen sollte. Ich entschloß mich aber jenes zu thun.

Am 4. Dezember verließ ich Prag, wo ich vier der schönsten Monate meines Lebens zugebracht hatte, und viele Freunde zurückließ. Ich ging über Waldmünchen und Amberg nach Nürnberg, wo ich mich zwei Tage aufhielt und Briefe aus Frankfurt empfing, die mich anwiesen auf Heilbronn zu reisen. Wie gut es damals mit meiner Gesundheit und meinen Kräften gestanden haben muß, lehrt der Umstand, daß ich den hohen Berg, über welchen die Straße bei Schwäbisch=Hall führt, zu Fuße

ohne alle Unbequemlichkeit bestieg. Am 12. erhielt ich in
Heilbronn, wo ich einen sehr angenehmen Tag zubrachte,
die Nachricht, daß das Hoflager nach Freiburg im Breis=
gau zog.

Am 15. kam ich in Freiburg an. Der gute Pilat
war mir entgegen gefahren. Der Fürst Metternich nahm
mich äußerst freundschaftlich auf. An eben dem Tage hielt
der Kaiser einen sehr feierlichen Einzug in Freiburg.
Die beiden andern Monarchen waren noch in Karlsruhe,
folgten ihm aber bald.

Zu Freiburg war eine große Anzahl bedeutender Män=
ner versammelt. Von Ministern, außer dem Fürsten Met=
ternich und Paul Esterhazy, der Kanzler Harden=
berg (unser unzertrennlicher Gefährte), Graf Nesselrode,
Rasumoffsky, Alopeus, Lord Aberdeen, Lord
Cathcart, Charles (später Lord) Stuart ꝛc., von Mili=
tair=Personen, Fürst Schwarzenberg, General Lange=
nau, General Merveldt, Duca, Radetzky, Wrede,
Wilson ꝛc., mit welchen allen ich in täglichen Verbin=
dungen war. Die Abende wurden ein für allemal bei
Graf Stadion zugebracht, wo sich gewöhnlich die ganze
hohe Gesellschaft vereinigte, und oft die lebhaftesten Ge=
spräche über die großen Angelegenheiten des Moments ge=
führt wurden.

Die Verhandlungen, an welchen ich zunächst Theil
nahm, waren die, welche sich auf die damaligen politischen
Verhältnisse der Schweiz und den Durchmarsch unserer
Armee durch ihr Gebiet bezogen. Graf Senfft war von
unserem Hofe nach Bern gesendet worden, später Baron
Lebzeltern, und von Kaiser Alexander — der Graf
Kapodistrias. Hier traf ich zum erstenmale mit diesem,

nachher so mächtig gewordenen Manne zusammen, der mir persönlich sehr gefiel. Sonderbar genug aber — war das erste Geschäft, worin wir uns begegneten, eines, wobei wir sehr von einander abwichen; denn ich war weder mit ihm noch mit Lebzeltern über die Fragen, welche die Schweiz angingen, einig.

1814.

Am 2. Januar übergab mir der Graf Nesselrode den St. Annenorden der zweiten Klasse. Diese Dekoration machte mir mehr Freude, als viele größere die ich in spätern Zeiten erhielt.

Der Kronprinz von Preußen war mit meinem Jugendfreunde und nahen Blutsverwandten Ancillon, den ich hier zum ersten= und wahrscheinlich letztenmale wiedersah, im Hoflager.

Am 11. wurde meine Rückreise nach Wien vollends entschieden. Im Grunde war ich sehr froh, von dem beschwerlichen und gefahrvollen Feldzuge, der nun beginnen sollte, dispensirt zu sein; um so mehr als ich in Freiburg vieles gesehen und gehört hatte, was mich über die Zukunft nicht wenig beunruhigte.

Am 12. verließen die Souverains, die Minister, und der größte Theil des Gefolges Freiburg, um sich nach Basel zu begeben. Ich erhielt den Auftrag, dort noch die Ankunft des Lord Castlereagh, der uns seit 14 Tagen angekündigt war, zu erwarten.

In der Nacht vom 17. zum 18. kam Lord Castlereagh an, den ich zwar zehn Jahr früher, doch nur sehr obenhin, in London gesehen hatte, und mit welchem ich sogleich ein zweistündiges Gespräch hatte, worauf er seine Reise nach Basel fortsetzte.

Gleich darauf, am 18., trat ich meine Reise über München nach Wien an, wo ich am 29. eintraf.

Ich bezog wieder meine Wohnung in der Seiler=Gasse, die ich, ungeachtet ihrer Kleinheit, so bequem und elegant hatte einrichten lassen, daß ich kein Bedenken tragen durfte, die vornehmsten Personen darin aufzunehmen.

Meine Geschäfte während der Wintermonate bestanden hauptsächlich: in einer sehr lebhaften Korrespondenz mit Fürst Metternich und andern Personen des Haupt=Quartiers, von wo ich, durch den täglich ankommenden Kourier fortdauernd von allem was vorging benachrichtigt ward. Vor und nach den Konferenzen zu Chatillon sendete ich mehr als einmal ausführliche, und oft wohl nicht unbedeutende Memoires an den Fürsten. Mit Staatsrath Hudelist conferirte ich meinerseits alle Tage über die eingehenden Berichte und unsere gesammte Politik. Außerdem war mir die Zensur der politischen Zeitungen ausschließend übertragen, und ich schrieb selbst viele Artikel für dieselben, Bülletins für das Publikum, Uebersetzungen von Manifesten, Traktaten 2c. Meine Korrespondenz mit dem Fürsten Karadja ging dabei lebhaft ihren Gang.

Zu gleicher Zeit war ich wieder so sehr als jemals in die große Gesellschaft verflochten, hatte häufige Einladungen zu Diners, und brachte fast jeden Abend in einem oder dem andern der Häuser und Familien zu, mit welchen ich lebte. Am häufigsten geschah dies bei der Herzogin von Sagan und ihren Schwestern, der Fürstin Bagration, der Gräfin Fuchs (wo ich oft L'hombre spielte), Minister Zichy, Fürst Trauttmannsdorff, Fürstinnen Metternich (Mutter und Gemahlin), Fürst Kaunitz, Grassalkowitsch, Fürst von Ligne, alle Palffy's, Fürst Dietrichstein, Prinz August Aremberg; von

fremden Diplomaten sah ich am meisten Graf Stackel=
berg, Graf Schulenburg, Lamb. Unter den Fremden
war der Engländer Vernon der, dessen Umgang mich am
meisten anzog.

Von den öffentlichen Begebenheiten dieses merkwürdi=
gen Zeitraums habe ich in meinen Tagebüchern wenig
aufgezeichnet, ob ich gleich darin lebte und webte, und sie
stets früher als das Publikum erfuhr. Dies Stillschwei=
gen hatte wohl hauptsächlich darin seinen Grund, daß ich
fast immer abgesonderte politische Journale führte, die
ich später zu vernichten für gut hielt.

Sonderbarer ist, daß ich selbst über meinen Gesund=
heitszustand in jenen Tagebüchern sehr sparsame und un=
vollkommene Notizen finde. Daß ich seit dem Februar
zuweilen unpäßlich und leidend war, ist gewiß; auch, daß
ich einigemale den alten Frank konsultirte. Indessen
scheinen diese vorübergehenden Uebel weder auf meine
Geschäfte, noch auf meine gesellschaftlichen Verbindungen
Einfluß gehabt zu haben; und am 2. Mai (meinem Ge=
burtstage) schrieb ich: „Ma santé s'est extrêmement ré-
tablie depuis quelques semaines; je me sens presque
aussi bien que dans les trois mois à Prague". In
eben diesem Artikel war ich thörigt genug zu glauben
„que ma carrière politique avait l'air d'être finie avec
les événements"; eine denkwürdige Probe der Stockblind=
heit, in welcher verständige Menschen zuweilen über ihre
nächsten Schicksale schweben!

Am 8. Mai reiste die Herzogin von Sagan nach
Paris, nachdem sie mich in der letzten Zeit, durch gewisse
neuangesponnene Verhältnisse, die mit denen, wovon ich
der Vertraute war, nicht gut stimmten, in mancherlei Ver=
legenheit verwickelt hatte. Beinahe hätte ich mich ent=

schloffen, unaufgefordert ebenfalls nach Paris zu reisen; doch gab ich dies unverdaute Projekt bald wieder auf.

Am 16. fuhr ich nach Baden, wo man mir eine sehr gute Wohnung gemiethet hatte. Auf Dr. Frank's Rath sollte ich mich der dortigen Bäder bedienen, doch erst im August dazu schreiten.

Am 3. Juni ging ich abermals nach Baden, und brachte den ganzen Monat, bald dort, bald in Wien zu. In Baden gebrauchte ich das Johannisbad, weil ich die stärkern fürchtete. Meine dortigen Gesellschaften waren vorzüglich die der Fürstin Bagration, der Gräfin Fuchs, F. Lamb, jetzt englischer Minister, viele Freunde. — In der Stadt gab ich, in meiner kleinen, aber sehr gut eingerichteten Wohnung häufige und ausgezeichnete Diners. General Langenau, Graf Schulenburg, die Grafen Kolowrat, Vater und Sohn, Fürst Esterhazy u. a. sah ich täglich. Gearbeitet wurde nicht gar viel.

Am 16. hielt der Kaiser seinen Einzug in Wien, und am Abend dieses Tages waren Stadt und Vorstädte auf's prachtvollste erleuchtet. Es war das die schönste Illumination, die ich erlebte.

In den ersten Tagen des Juli kamen Fürst Karl Schwarzenberg, mit welchem ich damals viel umging, Graf Stadion, mein getreuer Pilat, und viele andere aus Frankreich zurück; Graf Clam-Martinitz aus London.

Am 15. fuhr ich dem Fürsten Metternich nach St. Pölten, und von da, nach zweitägigem Harren, am 17. nach Mölk entgegen, wo er zwischen 4 und 5 Uhr Morgens ankam, und von wo ich ihn (am 18.) nach Burkersdorf begleitete. Am 20. wurde (auf Veranstaltung des Grafen Ferd. Palffy) dem Fürsten vor der Staatskanzlei eine feierliche Nachtmusik gebracht.

Die Fürstin wohnte mit ihren Kindern in Baden; der Fürst war die meiste Zeit ebendaselbst; und dies war auch mein Fall. Durch die Ankunft der Herzogin von Sagan wurde dieser Aufenthalt sehr stürmisch. Meine Verhältnisse mit dem Fürsten hatten eine bedenkliche Wendung genommen, und ich mußte die Ehre, Vertrauter und Vermittler in diesen Verhältnissen zu sein, oft theuer bezahlen.

Meine Gesundheit war damals so fest, daß ich mehr als einmal mitten in der Nacht von Baden nach Wien, oder von Wien nach Baden fuhr. Am letztern Ort hielt ich mich während des ganzen Monat August auf. Tägliche vertraute Gespräche mit dem Fürsten, bald über die öffentlichen Angelegenheiten, bald über seine eigenen, — Mißverständnisse und Versöhnungen zwischen mir und der Herzogin — der Umgang mit Baron Humboldt, der von Berlin, mit Adam Müller, der aus Tyrol auf acht Tage zum Besuch gekommen war, — dann mit Baron Binder, General Steigentesch, Fürst Windischgrätz, Fürst Wenzel Liechtenstein und viele andere Personen — endlich jeden Abend eine L'hombreparthie bei oder mit der alten Gräfin Fekete, füllten neben mancherlei Arbeiten meine Zeit aus. Die Bäder setzte ich regelmäßig fort, und meine Gesundheit, schrieb ich, „se raffermit prodigieusement."

Am 15. hatte ich einen schweren Kummer, weil Karl Leiden, den ich mit der ganzen Zärtlichkeit eines Vaters liebte, sich plötzlich, von einer jugendlichen Grille verleitet, von mir entfernt hatte. Die Sache ging mir so zu Herzen, daß nur die Anwesenheit Adam Müller's, und seine geistreichen und erhebenden Gespräche mich aufrichten konnten. Indessen kehrte der

Flüchtling bereits am 19. wieder zurück und alles war vergessen.

In den ersten Tagen des **September** fiel schlechtes und sehr kaltes Wetter ein, welches den Aufenthalt in Baden unangenehm machte, mir auch einen leichten Fieberanfall zuzog, der mich mehrere Tage im Hause hielt. Dr. Koreff, der damals auch in Baden wohnte (welches die Fürstin Bagration krankheitshalber verlassen hatte) verschrieb mir einige Arzneien! Fürst Metternich, die Gräfin Fuchs, Graf Louis Schönfeld, Ferd. Palffy, Felix Woyna, Fürst Löwenstein, Neumann 2c. besuchten mich häufig. Es wurde mehrmals bei mir die L'hombre= parthie gemacht, an der auch Fürst Metternich zuweilen Theil nahm. Am 14. konnte ich wieder in's Bad gehen.

An eben diesem Tage erhielten wir die Nachricht von der Ankunft des Lord Castlereagh, des Fürsten Har= denberg, des Grafen Nesselrode, und anderer Minister in Wien. Der zu Paris beschlossene allgemeine Kongreß sollte seinen Anfang nehmen. Da keiner der Herren Lust bezeigte nach Baden zu kommen, hingegen Lord Castle= reagh den Fürsten Metternich in einem sehr ernsten und feierlichen Billet aufforderte, das große Geschäft je eher je lieber zu beginnen, so begab sich dieser am 15. in die Stadt; und als er zurückkam, kündigte er den un= mittelbaren Aufbruch von Baden an. Ich nahm am 16. das 32. und letzte Bad, und ging am 17. in die Stadt.

Hier that sich eine neue Welt auf. Schon am 18. besuchte ich Nesselrode und seine Gemahlin, mit denen ich von Stunde an in die freundschaftlichsten Verhältnisse trat. Zu Mittag sah ich bei Humboldt den Herzog von Weimar, den Kanzler Hardenberg, Minister Stein, General Krusemark, Graf Solms=Laubach 2c. Und

Abends machte ich meinen ersten Besuch bei Lord und Lady Castlereagh.

In einer der vorläufigen, ganz vertraulichen Konferenzen zwischen Metternich, Castlereagh, Nesselrode, Hardenberg und Humboldt, war einstimmig beschlossen worden, mir die Führung des Protokolls zu übertragen. Und am 23. machte mir Graf Nesselrode diesen Beschluß, den sämmtliche Minister mit gleichem Empressement gefaßt hatten, bekannt.

Ich werde hier zuerst die Hauptdata meiner Theilnahme an den Verhandlungen des Kongresses, bis zu Ende dieses Jahres verzeichnen, und dann nachtragen, was sich auf das Gesellschaftliche und Persönliche bezieht. Ich habe früher manchmal sehr bedauert, daß mir in einem namenlosen Drange von Geschäften und Zerstreuungen nicht die Zeit geblieben war, ein regelmäßiges politisches Journal über diese wichtige Epoche zu führen. Heute bedaure ich es nicht mehr. Daß ich jemals im Stande gewesen wäre, aus dem damals gesammelten Stoff ein zusammenhängendes Werk zu bearbeiten, ist wenigstens sehr zweifelhaft. Meine Noten aber, so wie sie mir der Augenblick eingab, liegen zu lassen, und dereinst, wer weiß welchen Händen zu überliefern, hielt ich nicht allein für unklug und undelikat, sondern in mehr als einem Betracht für unredlich, und gewissenlos; denn ich stand den Begebenheiten zu nahe, und war zu lebhaft davon betroffen, um bei reiner Geschichtschreibung stehen zu bleiben, und mir nicht in unzähligen Fällen Kritik, zuweilen strenge, auch wohl bittre Kritik zu erlauben. Und da ich mich nie dazu berufen fühlte, gegen große Männer, die ich persönlich schätzte und liebte, und denen ich mannigfaltigen Dank schuldig war, das Amt eines Zensors auszuüben, so habe ich der Idee, politische Memoiren zu hinterlassen, ein für allemal entsagt, und nach und nach meine sämmtlichen Notate vernichtet. Die letzten noch übrigen haben mir dazu gedient folgende einfache, gedrängte, aber durchaus der Wahrheit gemäße Skizze zu entwerfen.

———

An den ersten vertraulichen Besprechungen hatten bloß die vier Kabinetsminister von Oesterreich, Rußland, England und Preußen Theil. Humboldt wurde hauptsächlich wegen der Harthörigkeit des Fürsten Hardenberg zugezogen. Das erste mir übertragene Geschäft war die Abfassung einer Deklaration im Namen dieser vier Höfe; der Entwurf wurde am 29. September angenommen.

Am 30. erschien der Fürst Talleyrand zum erstenmale in diesem Kreise, und führte den spanischen Gesandten Labrador auf. Beide protestirten gewaltig gegen Form und Resultate der bisherigen Verhandlungen; und unter andern fand am 5. Oktober eine stürmische Sitzung statt, in welcher Talleyrand sogar von Austritt sprach. Man vereinigte sich jedoch endlich dahin, daß außer den Bevollmächtigten der sechs bisher zur Deliberation gezogenen Mächte, auch noch Portugal und Schweden daran Theil nehmen sollten; und so kam am 8. Oktober das Comité des Huit zu Stande, welches, nach einer langen und merkwürdigen Sitzung, seine Geschäftsführung mit einer in diese neue Form gegossenen Deklaration eröffnete.

Die Bevollmächtigten, welche diese Plenarkonferenz, wie man sie auch nannte, bildeten, waren folgende. Oesterreich: Fürst Metternich und Baron Wessenberg. Preußen, Fürst Hardenberg und Baron Humboldt. England:

F. v. Gentz.   19

Lord Castlereagh (später Wellington), Lord Stew=
art, Lord Clancarty. Frankreich: Fürst Talleyrand,
Duc de Dalberg, Graf La Tour du Pin, Vicomte de
Noailles. Spanien: Labrador. Portugal: Graf Pal=
mella, Graf Salbagna, Mr. Lobo. Schweden: Graf
Löwenhjelm. Rußland: Graf Nesselrode, Graf Ra=
sumoffsky, Graf Stackelberg. — Die Versammlung
erkannte mich ohne Weitres als ersten Sekretair an; und
Hofrath Wacken wurde vom Fürsten Metternich, dem
man das Präsidium übertrug, zu meinem Sekundanten
ernannt.

Für die deutschen Angelegenheiten wurde ein abge=
sonderter Ausschuß kreirt, der aus den Bevollmächtigten
von Oesterreich, Preußen, Sachsen, Hannover, Würtem=
berg und Baden bestand. Das Protokoll bei diesem Aus=
schusse wurde dem Hofrath Martens übertragen.

Die Bevollmächtigten des Königs der Niederlande, der
Könige von Dänemark, Sardinien, Neapel, des
Pabstes, der sämmtlichen italienischen und sämmtlichen
deutschen Fürsten von zweitem und drittem Range, hatten
an keinem dieser Ausschüsse unmittelbar Theil. Ihre Ge=
schäfte wurden, theils in Separatkonferenzen, theils durch
schriftliche Verhandlungen geführt.

Der Kongreß in seiner Gesammtheit ist eigentlich nie
zur Wirklichkeit gekommen. Durch die Deklaration vom
12. Oktober wurde er ajournirt. Als aber am 29. Ok=
tober in einer sehr lebhaften Konferenz (der vier Höfe)
auf Lord Castlereagh's Antrag in ernsthafte Ueberlegung
genommen wurde, wie man bei der Menge der anwesenden
Bevollmächtigten, und der Schwierigkeit, die Grenze der
Zulassung derselben zu bestimmen, und bei der Menge und
Ungleichartigkeit der Geschäfte, und unzähligen andern

Bedenklichkeiten, eine solche Versammlung organisiren könnte — so fiel endlich, nach einer starken Debatte (an welcher ich sehr thätigen Antheil nahm) der Entschluß dahin aus — daß man gänzlich darauf Verzicht thun müsse. Der Kongreß als solcher, ist daher bloß durch seinen Schlußakt in's Leben getreten.

Die große Konferenz, das Komité der Acht, ward überhaupt, besonders aber, in den ersten Monaten, auch nur selten versammelt. Die wichtigsten Angelegenheiten wurden durch Schriftenwechsel, in Separatkonferenzen, und in geheimen Besprechungen verhandelt; und die große Konferenz war fast nur damit beschäftigt, das, was auf diesem Wege schon beschlossen war, zu protokolliren und festzusetzen. — So wurde in den beiden Sitzungen vom 13. und 17. November, die Uebertragung von Genua an den König von Sardinien entschieden.

Die größte und schwierigste Sache, welche die Höfe in der ersten Periode des Kongresses beschäftigte, war die der Territorial-Restitutionen, und Territorial-Entschädigungen, und vor allen die Ansprüche die Rußland auf einen großen Theil von Polen, und Preußen auf das Königreich Sachsen machte. Der Plan des Kaisers von Rußland, ein neues Königreich Polen unter seiner Protektion zu errichten, war längst unwiderruflich beschlossen; seine Truppen hatten den größten Theil dieses Landes besetzt; und obgleich gegen diesen Plan eine Menge von Stimmen sich erhoben, weder Oesterreich, noch Frankreich, noch England, noch Deutschland dabei gleichgültig bleiben konnten, so zeigte sich doch bald, daß Rußland und Preußen darüber einig waren, und daß, ohne Krieg mit beiden, die gefahrvolle Acquisition nicht mehr hintertrieben werden konnte. Lord Castlereagh leistete eine Zeit lang scheinbar tapfern

Widerstand, und führte in den Monaten Oktober und No=
vember mit dem Kaiser eine merkwürdige und nachdrück=
liche Korrespondenz, die aber so wenig, wie Talleyrand's
Deklamationen und Sarkasmen, und Oesterreichs Vorstel=
lungen fruchteten. Wir mußten zuletzt froh sein, nur
Gallizien für Oesterreich, und das Großherzogthum Posen
für Preußen gerettet, und die armselige Republik Krakau
geschaffen zu haben.

1814.

Juillet.

Dimanche 24. Travaillé à l'expédition de Bucarest. Mauvais temps. A 10 heures chez la duchesse de Sagan, que j'ai conduite en voiture chez Mad. Cadogan, et qui ensuite est retournée en ville. — Dîné chez la princesse Bagration. Pluie très-forte. Passé une heure chez Pilat. Rentré et travaillé jusqu'à 1½, où j'ai expédié Siegmund. Entre autres j'ai écrit une lettre très-énergique à la duchesse de Sagan sur sa conduite envers Metternich et moi.

Lundi 25. Déjeûné au jardin. Repris le travail de mon grand mémoire pour Constantinople. Au bain avec Charles à 1 heure. Après 2 avec Schönfeld à Vösselau. A 4 heures d'abord chez Aurore, puis dîné chez la princesse Bagration, avec Schönfeld, Schulenburg et Fonbrune. Encore à Vösselau avec cette société. Retourné à 8 heures. Temps superbe. Soirée chez Laure (comtesse Fuchs) avec musique et chant; Félix Woyna et ses deux sœurs, et Mlle. Gonbauld, ont chanté. Joué avec Mad. Feketé, Dietrichstein et Xavier (comte Fuchs). Descendu chez moi à 1 heure.

Mardi 26. Travaillé. Humeur médiocre. Baigné de 1 à 2 heures. Arrivé le prince Metternich. Explication sur l'histoire de la duchesse, qui m'écrit une lettre vraiment insolente. — Dîné chez Metternich avec Floret. — Étudié les gazettes anglaises jusqu'à 10 heures. Soirée chez la princesse Bagration. Joué avec Mad. Feketé et Xavier, et le prince Metternich, qui bientôt s'est fait remplacer par Floret. Rentré à 1 heure.

Mercredi 27. Déjeûné au jardin. Travaillé avec Pilat. Au bain de 1 à 2 heures. — Diné chez le prince Metternich en famille avec Dietrichstein et Floret. Il avait été ce matin à Neustadt pour une entrevue avec la princesse Élise, sœur de Napoléon. Vu beaucoup de monde chez lui. La princesse Jean Liechtenstein, Mad. Wrbna, le prince Esterhazy père, le général Duca, le comte Seufft, M. de Karger de Wurzbourg etc. — Le prince Metternich part pour Vienne. Orage très-passager, qui n'a point dérangé le beau temps. — A 10 heures joué chez Laure avec Mad. Feketé, Dietrichstein et Xavier.

Jeudi 28. Reprise du mémoire. Allé au bain à 1 heure; mais un retard accidentel et un coup de tonnère m'ont empêché de le prendre. Bientôt le temps est redevenu superbe. Dîné chez la princesse Bagration avec Schulenburg. Allé à Vösselau avec eux. Travaillé jusqu'à 10 heures. Joué avec Mad. Feketé et Xavier.

Vendredi 29. Journée magnifique. Travaillé avec succès. Porté à merveille. Baigné à 1 heure. Travaillé de nouveau jusqu'à 5. Dîné chez la princesse Bagration. Rentré à 6 heures, ayant échappé à la promenade, qu'elle m'avait proposée. — Resté chez moi jusqu'à 9½. Allé chez Mad. Feketé et joué avec elle et M. de Kurländer. Ma voiture y est venue à minuit, et je suis allé à Vienne par la plus belle nuit qu'il soit possible d'imaginer, et arrivé en ville après 2 heures du matin.

Samedi 30. Personne n'ayant su mon arrivée j'ai passé la matinée tranquillement. A 1 heure je suis allé à la chancellerie. Diné chez le prince Metternich, avec la princesse (rentrée pour un bal chez l'impératrice), la princesse Jean Liechtenstein, la duchesse de Sagan, Palffy, Binder, Floret, et beaucoup de monde. Explication verbale, et passablement désagréable avec la duchesse après-dîner. Rentré vers 7 heures, sans plus sortir.

Dimanche 31. Sorti à 10 heures, et allé au jardin du comte Hardenberg, arrivé hier à Vienne. Entretien de plusieurs heures avec lui. Dîné chez moi seul. — Le soir je voulais aller au feu d'artifice, lorsque le baron Wessenberg, arrivé de Berlin, est venu chez moi, et m'a fait rester. Passé la soirée à écrire.

A o û t.

Lundi 1. Visites dans la matinée. Pilat, Hardenberg etc. Le général Langenau a dîné chez moi. — A 8 heures j'ai voulu aller voir le fameux ballet, exécuté par les danseurs de Paris, et que j'ai cru être au théâtre de Carinthie. Ayant appris qu'il était à la Wieden, j'y ai renoncé. A 10½ Mad. de Fuchs est venue chez moi, et m'a prié instamment d'aller chez la princesse Bagration, où Metternich s'était annoncé. J'y ai été à 11 heures. J'ai passé deux heures avec elle et Metternich dans une conversation (politique) remarquable, que je n'oublierai pas de si-tôt. Ensuite je me suis promené avec Metternich dans les rues, occupé d'une toute autre affaire, jusqu'à 3 heures du matin sonnées.

Mardi 2. Visite du général Radetzky et longue conversation avec lui. Visite du prince Kaunitz, du comte Hardenberg, de Frédéric Schlegel etc. *A trip to the Waring-Gasse, the first after a very long interval!* — Diné au jardin du prince Metternich avec le prince Maurice et la princesse Léopoldine Liechtenstein, le prince et la princesse Paul Esterhazy, M. et Mad. de Fuchs. Rentré à 6 heures. — Parti pour Baden à 8, arrivé à 9½. Descendu chez Pilat. Rentré chez moi à 11, et causé avec Laure jusqu'à minuit.

Mercredi 3. Déjeûné au jardin. Journée magnifique. Sentiment de bien-être complet, tel que je ne l'avais pas eu depuis longtemps! Lecture du fameux Compte-rendu de l'abbé Louis. Baigné à 1 heure. A 2½ chez le prince Metternich, pour lui parler de l'enthousiasme que m'avait inspiré le rapport sur les finances françaises; il m'a écouté avec intérêt. — Diné à 4 heures chez Mad. de Fuchs avec un appétit rare. — Après-dîner chez la princesse Bagration; et le soir chez Mad. Feketé, joué avec elle, Troyer, et Xavier. En rentrant rédigé une lettre au prince Metternich, concertée avec lui, pour prouver l'utilité supérieure d'un tableau général des finances autrichiennes; fini à 2½.

Jeudi 4. Déjeûné au jardin. Le temps s'est obscurci. Baigné à 1 heure. — Visite de Floret. A

4¹/₂ chez le prince Metternich sans y dîner; il y avait la duchesse de Sagan, qui s'établit ici avec deux grands appartemens à la fois, Mad. Trogoff, le général Duca, Ferd. Palffy etc. — Dîné chez la duchesse avec Mad. de Carneville, Schulenburg, et le comte Coronini de Carinthie. Une conversation très-libre s'est engagée à la fin de ce dîner sur les demoiselles H.; cette conversation nous a d'autant plus égayés qu'il s'est découvert plus tard que ce Coronini était l'ami intime d'un comte S., promis d'une des demoiselles H. Rentré à 7 heures. Pilat chez moi. Joué le soir chez Mad. Feketé avec Mad. de Trogoff et Troyer. A la partie j'ai reçu une prétendue lettre du susdit comte S., contenant un cartel pour me battre avec lui le lendemain. Je me suis douté sur-le-champ que c'était une mauvaise plaisanterie, et j'en ai aussitôt deviné l'auteur. Cependant j'en ai pris de l'humeur qui a été augmentée par une perte considérable (la première depuis longtemps) que j'ai faite au jeu. Rentré à 1 heure.

Vendredi 5. Je me suis éveillé à 6 heures. On a envoyé chez moi de la part du soi-disant comte S. pour demander réponse à la lettre de la veille. Pendant que cela se passait, j'avais déjà communiqué cette sotte lettre à Schulenburg, et bientôt après la trame s'est complètement dévoilée puisque j'ai su que le porteur des messages était le domestique de Schulenburg! — J'ai toutefois profité de cet incident pour rester levé. Je n'ai pas pu déjeûner au jardin, le vent étant trop frais. — J'ai eu dans la matinée trois longues visites: le comte Ferdinand Palffy, le comte Bernstorff, et le général Nugent, et avec chacun une conversation très-sérieuse et très-étendue. — A 1 heure au bain. — A 3 on m'a appelé chez la comtesse Feketé pour une partie d'hombre avec Dietrichstein et Ferdinand Palffy. Nous avons été ensuite dîner ensemble chez la princesse Bagration. Rentré à 7 heures. Pilat chez moi. — A 10 heures chez Mad. de Fuchs, où j'ai passé la soirée avec la duchesse de Sagan, le prince Metternich, le comte Stadion, les Jablonowski, les Cadogan etc., et joué avec Mad. Feketé, Mad. Trogoff et Dietrichstein.

Samedi 6. Déjeûné au jardin. Wessenberg y est venu me voir avec le jeune Palffy; après lui le général Nugent et M. Koreff. A 1 heure au bain. — Dîné chez moi. Allé à 5 heures chez le prince Metternich. Il y avait le prince Schwarzenberg, le maréchal Colloredo, le général Koller, Duca, Langenau, et une quantité de monde. A 7 heures chez Pilat, puis rentré chez moi, et à 10 heures chez Mad. Feketé, où j'ai joué avec Mad. Trogoff et Troyer. Il y a eu grande apparence d'orage; mais un très-fort coup de vent l'a dispersé. Le comte Marschall est venu chez Mad. F. et a causé avec nous après la partie. Rentré à 1 heure. — J'ai reçu une lettre extrêmement flatteuse du prince de Valachie.

Dimanche 7. Un vent froid m'a empêché de déjeûner au jardin. — Le comte Bernstorff a été chez moi avec le jeune comte Baudissin. Ensuite Pilat avec Schlegel. — A 1 heure au bain. — Dîné chez le prince Metternich avec Mad. Hunyady et sa fille, le comte Saurau, M. et Mad. de Fuchs, Neumann (arrivé hier de Londres), Schlegel, Pilat etc. — Après-dîner chez la princesse Bagration. Rentré à

7½. Lu jusqu'à 10. — Joué chez Mad. Feketé, avec Mad. Trogoff et Xavier.

Lundi 8. Journée superbe. Déjeûné au jardin. — A 10 heures chez le prince Metternich; ensuite chez Pilat. Rentré à 11½. Nouvelle de l'arrivée d'Adam Müller à Vienne. — A 2 heures allé avec le comte Bernstorff à Mörkenstein, où le comte Dietrichstein nous a donné à dîner, trop long, et trop peu gai pour cette belle campagne, qui m'avait laissé un si agréable souvenir de la journée charmante que j'y avais passée en 1812. — Il y avait le prince et la princesse Metternich, la princesse Bagration, la duchesse de Sagan, M. et Mad. de Fuchs, Ferd. Palffy, le comte Stadion, Woyna, Schulenburg, Mad. Trogoff, Floret etc. Le dîner n'a fini qu'à 6 heures. Promenade au jardin; et à 8 heures retourné avec Bernstorff à Baden. Ici j'ai appris l'arrivée de Humboldt, et j'ai été le voir un instant chez la princesse Bagration; après quoi j'ai fait la partie avec Mad. Feketé.

Mardi 9. Humboldt est venu déjeûner avec moi à 9 heures, et il est resté jusqu'à midi. — Le général Langenau. — Au bain à 1 heure. Dîné à 3 chez la princesse Bagration, avec Humboldt et Schulenburg. — Présenté Langenau chez Laure. Un moment au spectacle parce qu'on m'avait dit tant de bien d'une infâme pièce; l'ennui m'a chassé dans cinq minutes. Rentré avec le projet de ne plus sortir, quoiqu'il y eût une soirée générale chez Mad. de Sagan. J'ai été très-récompensé de cette résolution, Adam Müller est venu à 9 heures, et nous avons eu les plus intéressantes conversations jusqu'à 1 heure. Il a passé la nuit chez moi.

Mercredi 10. Déjeûné avec Müller. — Sorti à 11 heures; vu le prince Windischgrätz, le prince Wenzel Liechtenstein, le prince Metternich. — Remis le bain, pour travailler à un article pour la gazette de demain. — Dîné chez le prince Metternich, avec M. et Mad. de Senfft, le prince Cariati, le duc de Rocca-Romana, Floret etc. — Müller est rentré en ville après-dîner; je l'ai accompagné à Pfaffstetten. En revenant j'ai eu une conversation avec le général Duca, après laquelle nous avons achevé chez Mad. Fekcté la partie d'hombre commencée vendredi dernier. Je me suis retiré à 10 heures, et j'ai travaillé jusqu'à 1 heure à une expédition pour Bucarest.

Jeudi 11. Déjeûné au jardin. — Baigné à 1 heure. — Schulenburg est venu chez moi, et nous avons fait une visite à Mad. de Fuchs au Sauerbad. — Conféré mon dîner avec celui de Laure, et dîné chez celle-ci, avec le comte et la comtesse de Bernstorff, le pauvre Forestier (qui a perdu une jambe à Leipzig), et les enfans. — Travaillé ensuite jusqu'à 10 heures, et puis joué chez Mad. Fekcté, avec elle, Mad. Trogoff et le prince Jablonowski. Reconduit à 1 heure Mad. Trogoff à la maison Eichelberg où la duchesse de Sagan s'est logée.

Vendredi 12. Travaillé à mon expédition pour Bucarest. Envoyé un messager à Vienne avec les minutes. Baigné à 1½. — Allé chez le prince Metternich; longue conversation avec lui, non pas (malheureusement) sur les affaires publiques, mais sur ses relations et les miennes avec Mad. de Sagan. — Dîné seul chez moi. — Promené et lu au jardin jusqu'au coucher du soleil. — A 9 heures chez Pilat, et à 10

chez **Mad.** de **Feketé**. Joué avec elle, **Mad. Trogoff**
et **M.** de **Troyer** jusqu'à 1¹⁄₂.

Samedi 13. Déjeûné dans ma chambre, à cause de
la pluie. La température de l'air a été agréable ces
jours-ci; un ciel gris pour la plupart du temps; mais
doux et propice. Ma santé paraît se raffermir ici prodigieusement. Le prince **Metternich** en allant chez
l'empereur à Lubareck m'a laissé un billet, contenant
l'annonce de ma réconciliation avec **Mad.** de **Sagan**,
qui ne m'intéresse que médiocrement. — Baigné à 1
heure. — Vu en ville la princesse **Bagration** de retour de Vienne, le prince **Wenzel Liechtenstein,**
Ferd. Palffy, Aurore etc. — Dîné seul chez moi.
— Le soir chez **Mad. Feketé,** où, par un seul malheureux coup, j'ai fait une perte considérable (au delà
de 300 florins). — En rentrant chez moi j'étais un peu
sombre et inquiet; cela ne venait pas de cette sotte
perte, mais dans la soirée j'avais permis à Charles
d'aller le lendemain à Vienne; et par un singulier pressentiment, qui ne s'est que trop réalisé, j'ai voulu me
lever, le reveiller, et lui défendre cette course. Cependant je ne l'ai pas fait, pour mon malheur! —

Dimanche 14. J'ai déjeûné au jardin, où je me suis
fait arranger une place fermée, que je regarde comme
ma petite propriété. Le général **Langenau** et plusieurs autres sont venus chez moi. — Je me suis baigné
seul à 1 heure; j'ai cru, hélas! que ce ne serait que
pour cette fois. — J'ai dîné chez la princesse **Bagra-**
tion avec le comte **Dietrichstein** et le comte **Mier.**
— Baden a fourmillé de monde aujourd'hui; toute la
ville de Vienne s'y est jettée. — Ayant expédié dans
la matinée une estafette pour **Bucarest,** j'ai voulu

me livrer à la lecture, lorsque Müller est venu et a
passé quelques heures avec moi. — A 10 heures j'ai
fait une partie chez Mad. Feketé.

Lundi 15. Déjeûné au jardin. — Müller plusieurs
heures chez moi. — A 1 heure au bain. — Dîné chez
moi avec Müller. — A 6½ avec le général Langenau chez la princesse Bagration, où je l'ai présenté.
De là chez la duchesse de Sagan, qui m'a bien reçu,
„*sed haeret lateri letalis arundo*“, et où j'ai trouvé
Windischgrätz. Rentrant chez moi j'ai trouvé une
lettre de Charles, qui m'écrit que des raisons, qu'il ne
peut pas me découvrir encore, l'obligeaient à prolonger
son absence de Baden de trois ou quatre jours. J'ai
expédié un messager à Vienne dans la soirée même,
et ensuite j'ai été chez Pilat, et tristement faire ma
partie.

Mardi 16. Le chagrin mortel que m'a causé l'histoire mystérieuse de Charles m'a appris à quel point
cet enfant était devenu cher à mon cœur! — Toute
la journée, journée sombre et froide, s'est passé dans
l'attente du retour du messager de Vienne. Je n'ai
pas voulu baigner. J'ai dîné chez moi, et il n'y a que
la conversation, toujours active, toujours fraîche, toujours ravissante, de cet adorable Müller, qui ait pu
me faire oublier mes chagrins pour quelques heures.
— A 7 heures le messager est venu, et point de nouvelles de Charles; il était sorti de la maison lundi à
2 heures après-midi, et on ne l'avait plus revu. —
J'ai fait une grande et belle contenance, en continuant
mes entretiens avec Müller, et en consécrant même
une demie heure aux fadaises de Schulenburg. —
J'ai pris en attendant la résolution d'aller le lendemain

matin en ville; Müller m'a fourni un excellent prétexte. — J'ai joué chez Mad. Fekcté.

Mercredi 17. Je suis parti de Baden avec Müller à 9 heures; sa conversation toujours animée et vivifiante a tiré un voile sur les inquiétudes dont j'étais tourmenté. — Je suis arrivé à Vienne à 11 heures; les premières notions sur cette inconcevable aventure n'étaient pas trop rassurantes; mais peu-à-peu il s'est découvert, que Charles n'avait emporté en s'en allant ni argent, ni habit, ni objet quelconque indiquant le projet d'un long voyage. Alors je me suis rendu à l'espérance, et à l'idée que tout n'a été qu'une folie passagère, un coup de tête dont il reviendra tôt ou tard. Cette opinion m'a calmé; mais la tristesse la plus noire n'en est pas moins restée au fond de mon âme. — J'ai été voir Humboldt; je n'avais pas le cœur de rien entreprendre à Vienne; et après une conversation avec Müller je suis parti pour Baden vers les 5 heures, laissant à Vienne une lettre très-douce pour Charles, qui en cas de retour doit l'encourager à me rejoindre le plutôt possible. — Arrivé à Baden, j'y ai dîné entre 7 et 8. Heureusement que ma santé ne se ressent pas encore de la peine affreuse que je souffre depuis quelques jours. — A 9½ j'ai été chez Pilat; et à 10 j'ai joué avec Mad. Feketé, Mad. Trogoff et Ferd. Palffy. Le prince Metternich, de retour de Lubareck depuis ce matin, y est venu un moment.

Jeudi 18. Humboldt a déjeûné avec moi. J'ai eu ensuite le général Nugent, qui part pour Londres. — Sorti à midi, baigné à 1 heure. — Rentré à Baden à 2. Vu la princesse Bagration et Aurore. Promené une heure au parc avec le prince Metternich. Dîné chez

Mad. de Fuchs, avec le général Bentheim, Mad.
Fekété, Trogoff, prince Jablonowski etc. Après-
dîner le prince Frédéric de Gotha y est venu; ancienne connaissance qui m'a reçu avec plaisir. — Fait
une partie avec Xavier et les deux dames jusqu'à
8 heures. — Tout le monde est allé à un Casino ou
Réunion; dégouté en général de ces passe-temps insi-
pides, et d'ailleurs bien plus occupé de mes chagrins
que des jouissances d'un bal, je suis resté chez moi à
travailler jusqu'à 1 heure. Dans un paquet qui m'a été
envoyé de Vienne, il s'est trouvé une lettre d'un oncle
de Charles à Rüdesheim, que j'ai lue avec une singulière émotion, plus près toutefois de l'espoir que de la
crainte!

Vendredi 19. Bien dormi; c'est quelque chose. Déjeûné au jardin; belle journée; mais mon chagrin me
poursuit partout. — Le comte Schönfeld a été chez
moi; j'ai assisté au déjeûner de Mad. de Fuchs, où
le comte Bernstorff, Schulenburg, Félix Woyna
etc. se sont trouvés aussi. — Baigné à 1 heure, après
une petite aventure qui m'a distrait un moment, sans
toucher seulement à la plaie profonde qui saignait dans
mon cœur. — Dîné chez la princesse Bagration, avec
Wenzel Liechtenstein (plus arrogant et plus dé-
goûtant que jamais), Schönfeld, Schulenburg et
Fonbrune. Après-dîner visite chez la princesse Metternich. Rentré à 7 heures. Écrit à Vienne pour faire
venir Siegmund; écrit à Adam Müller dont j'avais
reçu une lettre bien touchante, à laquelle j'ai répondu
du fond de mon âme. Ces lettres expédiées un peu
après 9 heures, toutes les idées mélancoliques ayant
de nouveau pris racine dans mon cœur, j'ai reçu un

billet de Thérèse, qui me mande que Charles est
revenu. Ma joie a été sans bornes. Je suis allé à
10 heures à une grande soirée chez la duchesse de
Sagan; en entrant dans la maison j'ai fait une chûte,
je me suis déchiré le pantalon et écorché la jambe.
Rentré pour changer de toilette, et retourné à la société. Le prince de Gotha, le prince Metternich,
les Jablonowski, les Woyna, les Cadogan, Mad.
de Berlichingen, Mad. de Feketé, Dietrichstein,
Palffy, Wenzel, Koreff par dessus le marché. —
Partie ordinaire; ennui, dépit; mais comme mon enfant
m'est rendu, j'ai tout supporté avec gaîté.

Samedi 20. Extrêmement bien dormi. Levé à $7^1/_2$,
ne pouvant guère attendre le moment de l'arrivée de
Charles. Déjeûné au jardin; matinée superbe. Belio
chez moi. — Puis Pilat. — Enfin j'ai revu Charles,
et mon bonheur a été complet; notre explication n'a
pas été pénible; il me suffit de le ravoir; au diable
tout le reste. — A 1 heure j'ai été me baigner avec
lui. — A $2^1/_2$ en ville pour voir Metternich; mais
ceci n'est pas une petite entreprise, car il court toute
la belle journée. — Rentré, et dîné chez moi. — J'avais
fait venir Siegmund de Vienne, pour travailler avec
lui; ce qui a aussi eu lieu. A 10 heures chez Mad. de
Feketé, où la duchesse de Sagan, Metternich, Stadion, Wenzel Liechtenstein, Bentheim, Ferd.
Palffy, tous les élégants sont venus.

Dimanche 21. Jour pluvieux. Dîné dans ma chambre.
Visite du prince Kaunitz. Allé à 1 heure (sans baigner)
chez Metternich; entretien confidentiel de deux heures.
Dîné chez la princesse Bagration, avec le prince
Trautmansdorff et toute sa famille, le comte Ugarte,

F. v. Gentz.   20

Dietrichstein, Ferd. Palffy, M. et Mad. de Carneville etc. Rentré chez moi. Passé une partie de
l'avant-soirée à m'entretenir avec mon trésor retrouvé,
puis travaillé à mon expédition pour Bucarest (à un
mémoire sur les affaires de la Pologne) jusqu'à 3 heures
du matin.

Lundi 22. Déjeûné au jardin. Visite de M. d'Aspre,
Belio, Pilat etc. Baigné à 1 heure. — Travaillé jusqu'à 6; dîné chez moi. Sorti à 7 heures pour voir les
Metternich. Rentré à 8 heures. Expédié Siegmund
à Vienne avec les dépêches pour Bucarest. — A 10 heures
à la soirée de la duchesse de Sagan, où il y avait le
prince Metternich, le prince de Gotha. Joué avec
Mad. Fekcté, Mad. Trogoff et le prince Jablonowski. Rentré à 1 heure.

Mardi 23. Déjeûné au jardin, et travaillé à un article pour les gazettes anglaises, projetté par le prince
Metternich. Visite de M. de Neumann. Baigné à
1 heure. — Visite chez la princesse Bagration qui a
pris la fièvre et s'en ira à Vienne. Conversation avec
Wenzel Liechtenstein sur les affaires de Naples. —
Dîné chez moi à 6 heures. — Le soir chez Mad. Feketé, joué avec elle, Mad. Trogoff et Kurländer.

Mercredi 24. Travaillé toute la journée à l'article
pour les gazettes anglaises, qui doit être inséré dans
le „*Beobachter*". Dîné chez moi. — Le prince Metternich est revenu de Vienne le soir. — Joué chez
Mad. Feketé comme hier.

Jeudi 25. Toujours beau temps. Déjeûné au jardin.
Siegmund et Thérèse sont venu de Vienne pour
quelques jours. — Baigné à 1 heure. — Le baron de
Binder arrivé à 2 heures en annonçant que c'est pour

me voir qu'il est venu à Baden. Causé avec lui jusqu'à
5 heures; dîné à 6 chez le prince Metternich, avec
le prince et la princesse Paul Esterhazy, Wenzel,
le comte Mercy, Pilat etc. — Rentré après-dîner. —
Joué le soir chez Mad. Feketé. — Reçu en rentrant
un billet de Humboldt qui est arrivé de Vienne.

Vendredi 26. Déjeûné avec Humboldt et Binder.
Plus tard le général Langenau, Pilat, Neumann.
Expédié un messager à Vienne. Baigné avec Thérèse.
— Binder chez moi de 2 à 4; puis moi chez Humboldt de 4 à 5. — Dîné chez moi. — Allé chez Metternich après-dîner. Le général Steigentesch arrivé de Copenhague. — Binder et Humboldt re-
tournent à Vienne. — Écrit une lettre à Wessenberg
sur la discussion entre le nouveau et l'ancien ministère
relativement à l'état des finances en France. — A 10½
chez la duchesse de Sagan. Joué avant et après souper avec Mad. Feketé, Mad. Trogoff et le prince
Jablonowski.

Samedi 27. Pluie pendant la nuit, mais belle matinée.
Déjeûné au jardin. Conversation avec Pilat. Le prince
et presque toute la société sont allé à Vienne pour
l'éternel ballet. — Baigné à 1 heure avec Charles; entré
à Baden à 3, et parlé avec Thérèse, puis Pilat
jusqu'à 5. Dîné à 5½ au jardin. — A 7 heures au
spectacle pour voir jouer Schuster; mais la pièce a
été si mauvaise, que je suis sorti au milieu du second
acte. — Joué le soir chez Mad. Feketé, avec elle,
Mad. Trogoff et Troyer; gagné 325 florins.

Dimanche 28. Déjeûné au jardin. Visite du général
Langenau. — Baigné à 1 heure avec Thérèse. —
Travaillé, et dîné chez moi à 5 heures. — Visite chez

20 *

le prince Metternich. — Rentré à 8 heures. — A
10 heures un orage s'est annoncé. J'ai tenu compagnie
à Laure; croyant que l'orage n'arriverait pas, je suis
allé chez Mad. Feketé à 11 heures; l'orage est devenu
très-fort et a duré jusqu'après minuit. Joué, et ramené
comme à l'ordinaire Mad. Trogoff au jardin Eichelberg.

Lundi 29. Déjeûné au jardin avec le comte Ferd.
Palffy. Le temps s'est remis. Tous mes gens, excepté
Charles, sont allés à Schönau. J'avais le projet d'aller avec Charles à Laxenbourg; mais le temps ne m'a
pas paru assez sûr, et je me suis borné à aller à
Triebeswinkel, où je n'avais jamais été et dont le jardin m'a extrêmement plu. Je me suis promené là jusqu'à
3½; de retour à Baden j'ai dîné avec Charles, et
nous sommes restés seuls jusqu'au soir. Cette journée
m'a enchanté, car j'aime Charles au-delà de toute ex-
pression, et mon amour pour lui est pur comme le
ciel. — A 7 heures j'ai fait ma visite au prince Metternich; de là chez Pilat; un orage assez fort est
survenu encore; mais à 10 heures, où je suis allé chez
Mad. Feketé, il n'y avait plus que la pluie. Rentré
à 1 heure.

Mardi 30. Pluie assez forte toute la matinée. Repris mon grand mémoire sur la politique turque. Visite
de M. de Bosse, ci-devant secrétaire de feu le duc
de Brunsvic. — Baigné à 1 heure avec Charles. — Travaillé jusqu'à 6. Dîné chez le prince Metternich. Après-
dîner une très-longue conversation avec lui sur la nouvelle organisation du conseil d'État etc. Resté jusqu'a-
près 9 heures avec lui. — Rentré; refusé un thé chez
Metternich, la réunion etc. Toutes ces choses-là sont

devenues pour moi du dernier insipide. — Passé 1 heure
avec Pilat; puis écrit, et causé avec Charles, jusqu'à 1½.

Mercredi 31. Déjeûné dans ma chambre, le temps
n'étant pas favorable. — Charles est allé à Vienne.
— Passé chez Langenau. — Baigné à 1 heure avec
Thérèse. — Travaillé, et dîné chez moi. Pilat pendant une heure. — Sorti à 9; chez Thérèse qui retourne demain à Vienne. Puis joué chez Mad. Feketé
jusqu'après 1 heure.

Septembre.

Jeudi 1. Les orages des jours passés ont beaucoup
dérangé l'atmosphère; cependant l'air est encore assez
doux ce matin. — Pilat est venu me dire adieu; il
retourne à Vienne; j'ai été chez lui entre midi et
1 heure. — Baigné ensuite à 1 heure. — Travaillé à
un Précis des affaires de la Suisse, qui a bien
réussi. Dîné seul. Visite de Mad. Feketé, et longue
conversation avec le général Bentheim pendant le
dîner. — A 9 heures Charles est revenu de Vienne;
son arrivée m'a réjoui, mais le plaisir était mêlé d'a-
mertume, puisque je crains que la sotte maladie qui
était cause de sa dernière absence, ne soit plus sérieuse que je ne l'avais d'abord cru. — Joué chez Mad.
Feketé jusqu'après 1 heure.

Vendredi 2. Travaillé dans la matinée. Baigné à
1 heure. Resté chez moi jusqu'à 6 heures. Dîné chez
Metternich qui occupe depuis hier un autre appartement, et se prépare à prolonger son séjour à Baden,

jusqu'au 20 de ce mois, et au-delà. J'y ai vu le comte de Solms-Laubach, ci-devant conseiller aulique d'Empire, employé de l'administration centrale à Francfort, le comte Degenfeld, les comtes Kesselstadt, père et fils, puis les hommes de notre société, en tout 17 personnes. — Passé un moment chez Koreff. — Fini le mémoire sur la Suisse. — Passé la soirée chez la duchesse de Sagan; joué avec les deux dames et le prince Jablonoswki. Rentré à 2 heures.

Samedi 3. Humboldt, qui est venu ici pour me voir, a déjeûné chez moi à 8½, et s'est retourné à Vienne à 10 heures. — Très-longue visite du général Langenau. En ville de 3 à 5; causé avec Aurore, qui est venue pour dissoudre la maison de la princesse Bagration. — Dîné à 6 heures. — Le comte Bernstorff chez moi. — Nouvelles de l'armistice de Norvège. — A 10 heures chez Mad. Feketé.

Dimanche 4. Froid très-sensible; commencement des calamités de Baden. En ville à 11 heures; le cardinal Consalvi chez Metternich. Visite chez Mad. Pilat, qui va demain à Vienne, et où j'ai trouvé Klinkowström et Hartmann. — Visite de Borel, arrivé ici comme secrétaire de légation de Hollande. Assisté au dîner de Mad. Fuchs, avec le prince héréditaire de Hesse-Homburg, le comte Bernstorff, Borel etc. — Visite de M. Hudelist. Dîné chez Metternich. Rentré à 8 heures. Écrit, et causé avec Charles, qui va demain à Vienne. — A 10 heures chez le prince Metternich, où il y a eu un grand souper. Outre la société de Baden il y parait la princesse d'Isenburg née Erbach. Joué jusqu'à 1 heure.

Lundi 5. Temps horrible; toute la journée une pluie

battante, et un froid si sévère que j'ai demandé, et heureusement obtenu un poêle de fer. Mais avant qu'il fut dressé, j'ai été dans le logement de la princesse Bagration, où Aurore m'a fait chauffer une chambre, dans laquelle j'ai travaillé jusqu'à 4 heures. A 4 h. Belio est parti pour Vienne, et a emporté mon expédition. — Toute la société de Baden s'est rendue à Vienne pour voir le ballet!! — J'ai dîné chez moi avec Mlle. Munassé; et après l'avoir renvoyée en ville par mes chevaux, je n'ai pas pu me résoudre, par l'affreux temps qu'il faisait, d'y faire encore une course. J'ai voulu me soustraire à la partie de Mad. Feketé, et je me suis mis dans mon lit entre 8 et 9. Mais bientôt Mad. Feketé a envoyé sa voiture, et je suis allé chez elle pour jouer jusqu'à 1 heure. Pendant mon absence Charles est revenu.

Mardi 6. J'ai eu un messager de Vienne que j'ai réexpédié avec mes lettres pour Bucarest à 1 heure. J'ai eu la visite de Maurojeni. Sorti à 3 heures. Le temps est devenu très-supportable. — Dîné chez moi. — Le soir chez Mad. de Feketé, joué avec elle, Mad. Trogoff et le général Bentheim.

Mercredi 7. Temps froid et triste. — Travaillé toute la journée. — Le soir souper chez Metternich; il n'est arrivé lui-même qu'à 11 heures. Joué avec Mad. Feketé, Mad. Trogoff et Xavier.

Jeudi 8. Je me suis levé avec des maux de tête. A 11 heures j'ai été dire adieu à Aurore; en rentrant j'ai senti que j'avais de la fièvre; je me suis mis au lit et j'y suis resté toute la journée. Vers le soir j'ai fait chercher Koreff qui m'a donné des poudres, après lesquelles j'ai eu un très-bon sommeil.

Laure est encore venue chez moi à minuit, pour prendre des informations sur ma maladie.

Vendredi 9. Je me suis senti un peu mieux et j'ai quitté le lit. Schönfeld, Félix, Woyna, Borel, Koreff etc. sont venus me voir. A 1 heure le prince Metternich est venu chez moi, et s'est entretenu avec moi pendant une heure et demie. — La bonne Laure est venue à tout moment demander de mes nouvelles. — Dîné seul. — Après dîner Mad. de Feketé, d'Aspre, et Kurländer ont fait la partie d'hombre chez moi; elle a duré jusqu'à 8 heures. Koreff est venu me voir; la fièvre paraît entièrement passée. — A 9 heures, la duchesse ayant fait dédire son souper, Laure, le prince Metternich, Schönfeld, Neumann, Ferd. Palffy se sont réunis chez moi; j'ai fait une partie avec le prince, Palffy et Laure, qui a duré jusqu'à 1 heure.

Samedi 10. Visites de beaucoup de personnes de ma connaissance. Je me portais mieux, et j'ai fortement travaillé toute la journée. Mad. de Fuchs a été aussi plusieurs fois chez moi; enfin le comte Mercy. Dîné seul chez moi. — Arrivée de Belio de Vienne avec plusieurs choses pour moi. Apparition du comte Clam. Entre 10 et 11 le prince Löwenstein et Koreff. Couché à 1 heure, mais peu dormi, et passé une grande partie de la nuit dans une irritation, pas agréable à la vérité, mais tenant cependant d'un état fièvreux.

Dimanche 11. Toute la matinée de 9½ jusqu'à 4 heures j'ai eu continuellement des visites; le comte Schulenburg, de retour de Saxe, le prince Löwenstein, le prince Windischgrätz, Mad. de Fuchs,

Mad. Trogoff etc. Dîné seul. — Le soir, ne voulant
pas aller au souper de Metternich, chez Mad. Feketé j'ai fait la partie avec elle et Kurländer et Mad.
Trogoff.

Lundi 12. Journée assez tranquille, où j'ai travaillé
à mes expéditions pour demain jusqu'à 4 heures. Le
dîner ayant été servi, Hudelist est venu chez moi,
et, ce qui est assez extraordinaire, est resté jusqu'à
8 heures. — Joué à 10½ chez Mad. Trogoff.

Mardi 13. Après une série de mauvais temps qui
n'a pas discontinué depuis la fin d'août, et à laquelle
depuis le 3 et 4 de ce mois il s'était joint un froid
très-sensible, nous avons eu aujourd'hui un ciel clair,
et une température médiocre. Je me suis promené à
pied pendant deux heures. Neumann, Floret et
autres chez moi. Dîné à 5½. — A 9½ chez Mad.
Feketé, où le prince Metternich est venu faire la
partie avec nous jusqu'à 1 heure.

Mercredi 14. J'ai repris ce matin les bains. Charles est allé à Vienne. J'ai passé jusqu'à 5 heures du
soir une journée parfaitement tranquille, et qui m'a
fait beaucoup de bien; j'ai travaillé à mon grand mémoire sur les relations de la Turquie, qui avance beaucoup. A 6 heures j'ai été dîner chez le prince Metternich. Le baron de Spiegel, doyen du chapitre
de Münster, a dîné avec nous. J'y ai appris l'arrivée
de lord Castlereagh, du comte Münster, du comte
Nesselrode etc. à Vienne. Après dîner j'ai eu avec
le prince une conversation de deux heures. — Rentré
à 9. — Retourné une demi-heure après chez le prince
Metternich, où il y a ce soir une société très-nombreuse; entre autres la princesse Clary, la comtesse

Féfé Palffy, la princesse d'Isenburg, la princesse Kaunitz, la comtesse Schönborn, la duchesse de Sagan, les deux princes de Schönburg, Edouard et Alfred, le prince Windischgrätz, Lamb, le comte Ugarte, le comte Dietrichstein, le général Bentheim, Ferd. Palffy etc. J'ai joué avec Mad. Feketé, Mad. Trogoff et d'Aspre. — Rentré à 1 heure.

Jeudi 15. Clam est venu à Baden, a déjeûné chez moi. Le prince Metternich est allé en ville, pour sonder les dispositions des ministres étrangers relativement à Baden; s'ils n'ont pas envie de s'y rendre, ce séjour sera incessament fini. — J'ai eu une longue visite du prince Alfred Schönburg. Baigné à 1 heure. — Dîné à 4 heures avec Clam, et causé bien agréablement avec lui jusques vers 7 heures. Vers 10 heures chez Mad. Feketé, où j'ai fait une partie assez brillante pour moi, avec elle, Mad. Trogoff et Xavier. C'est là que j'ai appris que les ministres étrangers n'ont pas envie de venir à Baden, que le prince Metternich doit donc y renoncer aussi, et que par conséquent notre séjour est fini.

Vendredi 16. Expédié un messager en ville. Baigné à 1 heure. — J'ai pris en tout 32 bains, et depuis le 17 août je n'ai pas remis le pied à Vienne. Je suis fâché que dans un moment où le beau temps s'annonce de nouveau je sois obligé de terminer les bains, quoique sous bien des rapports je suis bien aise de retourner en ville. — Promené jusqu'à 4 heures. Le comte et la comtesse de Fuchs ont dîné chez moi. — Le soir au souper de la duchesse de Sagan, où j'ai joué avec Mad. Feketé, Mad. Trogoff et d'Aspre. Rentré à 1 heure.

Samedi 17. J'ai fait partir tous mes gens à l'exception de Charles. A 11 heures je suis allé en ville, ayant appris que le prince Metternich était arrivé de Vienne pour y rester. A 2 heures j'ai dit adieu à mon logement à Baden; je suis allé chez Hudelist, et resté avec lui et sa femme, pendant qu'ils dînaient, jusqu'à 3½. Alors j'ai encore dit adieu un moment à Mad. Feketé, et je suis parti en Wurst avec Charles par un temps magnifique. Arrivé à 5½ à Vienne. Pilat et Clam sont venus chez moi; le dernier est resté pendant que j'ai dîné, et jusqu'à 9½. — A 10 chez la princesse Bagration, où j'ai vu Humboldt, Woronzoff, N. Dolgoruky, Binder etc. Rentré à 1 heure.

Dimanche 18. Chez moi Pilat, Hartmann, Belio, Klinkowström, Schegel etc. Sorti à 11½. Visite chez le comte Stackelberg, et puis chez le comte Nesselrode. — Dîné chez Humboldt avec le duc de Weimar, le chancelier prince Hardenberg, M. de Stein, le général Knesebeck, le comte Solms-Laubach, M. de Wolzogen, Binder, et le comte Flemming. — De là visite chez Rasumoffsky, où il y avait une foule immense; entre autres lord et lady Castlereagh, le comte Münster, le comte Westphalen, M. Coke, le marquis de Saint-Marsan, le comte Castellalfer, tous les Prussiens etc. etc. J'ai causé longtemps avec lady Castlereagh. Le soir il y a eu un grand souper chez la princesse Bagration.

Lundi 19. J'ai été à 10 heures du matin chez le prince Metternich, et pendant que son antichambre était assiégée d'une foule de monde, il s'est entretenu avec moi pendant plus d'une heure sur le

Congrès, sur l'Allemagne, et sur ses vues futures.
— J'ai fait dans l'antichambre connaissance avec M.
Labrador, ambassadeur d'Espagne. — J'ai dîné chez
Nesselrode avec lui et sa femme, M. et Mad. Schrö-
der. M. de Stein et le comte Stadion sont venus
après-dîner. — Rentré à 6 heures. A 10 chez la princesse Bagration avec le prince Metternich, et beaucoup d'autres. Parti à pied avec Humboldt et Binder à 1 heure.

Mardi 20. J'avais été prié de rédiger le discours
que le comte Herberstein doit adresser demain au
comte Stadion en l'introduisant à la chambre. J'y ai
travaillé dans la matinée. Le comte Stadion, l'ayant
appris, m'a écrit un joli billet; j'ai été chez lui à 1½,
et je lui ai communiqué le discours. Il m'a prié alors
de lui composer aussi le sien. Rentré et travaillé à ce
discours, et en même temps à une dépêche pour Bucarest. Dîné chez moi. Pilat a passé une heure avec
moi. — A 8½ chez le comte Stadion pour lire les
discours etc. — A 10 heures chez la princesse Bagration. Rentré avec Humboldt et Binder.

Mercredi 21. Toujours le plus beau temps du monde.
Mouvement immense dans toute la ville. Visite du général Langenau, du prince Schönburg, du prince
Löwenstein etc. Sorti à 1 heure. Visite chez lord
Castlereagh, et chez M. Coke. — A la chancellerie.
Vu le prince Cariati, le duc de Campo-Chiaro, le
comte Westphalen, le comte Bernstorff, avec lequel
je me suis promené jusqu'à 3 heures. — Dîné chez
la princesse Bagration, avec le duc de Weimar, le
comte et la comtesse Nesselrode, le chancelier Hardenberg, Humboldt et Binder. — Après-dîner (un

des plus raffinés que j'ai fait depuis longtemps) j'ai été faire une visite à la princesse de La Tour et Taxis. — A 10 heures j'ai été prendre le thé chez Mad. de Nesselrode, et j'ai eu ensuite un tête-à-tête avec Nesselrode jusqu'à 12½.

Jeudi 22. Dans la matinée j'ai eu les visites de Humboldt, M. de Sinclair (de Hesse-Homburg), général Langenau, comte Schulenburg, comte Münster etc. — Dîné chez le comte Rasumoffsky. — Dans la soirée visite du prince Löwenstein, qui m'a amené M. Schmitz, envoyé de plusieurs princes d'Allemagne. — Passé la soirée chez la duchesse de Sagan, où j'ai fait connaissance avec le duc de Serra-Capriola, arrivé de St. Pétersbourg. J'ai eu une longue conversation avec le prince Metternich, qui m'a aussi ramené. Cette soirée était d'abord assez languissante, mais plus tard elle a pris un caractère par une discussion très-vive sur l'Angleterre, et c'est depuis longtemps pour la première fois que je me suis senti bien chez la duchesse.

Vendredi 23. A 10 heures chez Metternich. Conversation longue et confidentielle. — Grand mouvement. — Dîné chez les princes de Schönburg, avec le comte Solms-Laubach, le comte Schlitz, M. de Wolzogen, M. de Gärtner etc. Dîné ensuite la seconde fois chez le prince Metternich avec le prince et la princesse Grassalkowitsch, le comte et la comtesse de Giulay. — Rentré à 2. — A 9½ chez Mad. de Nesselrode. Le comte Nesselrode est rentré à 10, et m'a annoncé que les ministres du Congrès m'avaient nommé par acclamation leur secrétaire. — J'ai été ensuite chez la princesse Bagration, avec le chancelier Hardenberg, Metternich, Stadion, Humboldt etc.

Samedi 24. A 9½ chez le prince Metternich. — Rentré à 11; quantité de visites. Dîné d'abord à 3 heures chez le comte Schulenburg, avec le comte Münster, le comte Hardenberg, Binder, puis à 5 chez le prince Metternich en famille, la princesse venant de rentrer avec ses enfants. Travaillé toute la soirée à une déclaration qui doit faire l'ouverture du Congrès. A 10½ chez le comte Nesselrode; causé avec lui sur cette pièce et sur d'autres grandes affaires jusqu'à minuit; puis travaillé encore jusqu'à 2 heures.

Dimanche 25. Au milieu du tumulte pour l'entrée de l'empereur de Russie et du roi de Prusse, je me suis tenu assez tranquille chez moi. — Dîné chez le banquier Léopold Hertz, avec M. Planta, M. Morier, le conseiller d'État Jordan de Berlin, M. d'Otterstedt, ancienne connaissance, commissaire dans le département du Rhin sous M. de Stein, M. Mülhens de Francfort etc. — Fait des visites après-dîner. — Le soir chez M. et Mad. Nesselrode, avec M. de Stein; c'est là que j'ai vu pour la première fois M. de Talleyrand et le duc de Dalberg. Grand souper chez la princesse Bagration; le duc de Weimar, le duc de Coburg, le général Laharpe, Mad. de Périgord, sœur de la duchesse de Sagan, une grande partie de la société de Vienne. — Rentré à 1 heure.

Lundi 26. A 10 heures chez le prince Metternich et resté avec lui jusqu'à midi. — Visite du comte Clam (placé auprès de l'empereur Alexandre), du général Radetzky etc. — Travaillé à une nouvelle rédaction de la déclaration pour le congrès. — Dîné à 6 heures

chez Lamb avec lord Castlereagh, Wenzel Liechtenstein, Schulenburg, M. Coke, Fonbrune. —
Rentré et travaillé jusqu'à 9½. — Pris le thé chez
Mad. de Nesselrode, avec M. et Mad. de Stackelberg. A 11 heures chez la princesse Bagration, et
rentré avec Humboldt à 1 heure. Travaillé jusqu'à 2½.

Mardi 27. A 10 heures chez le prince Metternich; puis chez le comte Nesselrode; et plus tard
chez Mad. de Fuchs; revenue de Baden très-souffrante.
— Visite du comte Schulenburg, du comte Hardenberg etc. — Dîné chez le prince de Ligne en famille.
Promené après-dîner avec le comte Maurice O'Donnell. Rentré à 7 heures. Humboldt et Clam chez
moi. Travaillé jusqu'à 1 heure.

Mercredi 28. A 10 heures chez le prince Metternich; sorti avec lui. Matinée remplie de tracasseries.
A 4 heures voulant encore parler au prince sur la Déclaration, je l'ai trouvé au moment où il allait à la
cour, pour la réception du roi de Bavière. Je l'ai
attendu deux heures dans la cour du château; et je
me suis terriblement enrhumé, quoique le temps fut
beau. En attendant le général Langenau, Schulenburg, Clam et Pilat s'étaient rassemblés chez moi
pour dîner; nous avons fait un dîner exquis; ces messieurs m'ont quitté à 8 heures, et je ne suis plus sorti.

Jeudi 29. Sorti à 9½. Rentré et vu plusieurs personnes. A 1 heure chez le prince Metternich. Longue
conversation avec Binder sur les résultats de celle que
Metternich avait eu la veille avec l'empereur de
Russie. — Première conférence ministérielle, à laquelle
j'ai assisté, entre le prince Metternich, lord Castlereagh, le chancelier Hardenberg, le comte Nessel-

rode et Humboldt. On a discuté et finalement arrêté la Déclaration. Rentré à 3 heures; travaillé à une expédition pour Bucarest, et mis la dernière main à la déclaration. — Sorti à 9½. D'abord chez Nesselrode, et puis chez la princesse Bagration à un grand souper, où le prince Radzivill de Berlin, le duc de Weimar, tous les aides-de-camp de l'empereur Alexandre, et une quantité d'étrangers etc.

Vendredi 30. A 9½ chez le prince Metternich. — Visite du prince Ferdinand de Coburg et de M. Sartorius, professeur de Göttingue attaché au duc de Weimar. A 1 heure chez Metternich. Vu le ci-devant vice-roi d'Italie, à qui Metternich m'a présenté. Conférence ministérielle, d'abord entre les cinq, et puis avec Talleyrand et Labrador. L'intervention de ces deux personnages a furieusement dérangé et déchiré nos plans. Ils ont protesté contre la forme que nous avions adoptée; ils nous ont bien tancés pendant deux heures; c'est une scène que je n'oublierai jamais. A 3½ le prince est allé avec moi dans ses jardins, pour inspecter les travaux qui préparent la fête du 18 octobre. Le prince ne sent pas comme moi ce qu'il y a d'embarrassant et même d'affreux dans notre position! — Nous avons ensuite dîné chez lui. En rentrant, mon ancien ami Johnson est venu me voir, après lui Schlegel. A 9½ chez la comtesse Nesselrode. A 10½ chez la duchesse de Sagan, où j'ai vu le prince Auguste de Prusse, le prince-royal de Würtemberg, Talleyrand, le duc de Dalberg, le prince Reuss XIX et son père, enfin une quantité énorme de monde. Je suis parti à minuit avec Humboldt.

Octobre.

Le temps est maintenant si fort pris, la réunion
d'étrangers de marque est si immense, les affaires, la
conversation, les courses, les mouvemens de toute espèce
s'accumulent si fort, qu'il n'y a plus moyen de suivre
l'histoire du jour autrement qu'en citant les faits et les
noms les plus saillans.

La dernière partie du mois de septembre la saison
a été superbe; elle l'est encore, et me donne mille regrets sur ce que je n'ai pu rester à Baden. Mais ma
position est au reste brillante et heureuse; et je jouis
d'une bonne santé. Un rhume que j'ai pris à la suite
d'une extinction de voix passagère ne dérange que faiblement le sentiment de bien-être dont je jouis.

Samedi 1. Passé une partie de la journée chez le
prince Metternich. Rentré à 7 heures pour dîner.
A 8 heures chez le comte Nesselrode. Note de Talleyrand contenant sa protestation contre la forme de
délibération choisie par nous. A 9 heures à un bal
chez la princesse Bagration. L'empereur Alexandre,
le roi de Prusse, tous les princes étrangers, une société charmante de femmes. L'empereur m'a parlé. Je
suis resté jusqu'à 1 heure et parti au milieu d'un magnifique souper.

Dimanche 2. Travaillé jusqu'à 2 heures à un protocole. A 2 heures conférence chez Metternich, avec
Nesselrode, le chancelier Hardenberg et lord Castlereagh. Dîné chez la princesse de Taxis; rentré à 7
et ne voulant pas me rendre à la redoute, passé ma
soirée entre Mad. de Nesselrode et Mad. de Fuchs.

Lundi 3. Travaillé au protocole de la séance d'hier.

Vers 2 heures chez Metternich. Rentré à 3, dîné chez moi; assez tranquille et d'excellente humeur. A 7 conférence entre les amis; à 9 chez la princesse Bagration; conversation avec le duc de Coburg. A 10½ grand souper chez le prince Metternich; princes, diplomates, étrangers de tous les pays en foule. Lord Clancarty etc.

Mardi 4. A 10 heures chez le roi de Danemark, qui m'a fait une impression triste et intéressante. Vu dans son antichambre M. de Rosenkranz, le général Koller, le comte Lützow, Bernstorff, Steigen-tesch, Lanckoronski etc. Rentré à midi. Visite du prince héréditaire de Mecklenburg-Strelitz, entre-tien jusqu'à 2. Chez Metternich. Rentré à 3½. Wessenberg chez moi. A 5 dîné chez le comte Har-denberg, avec le chancelier prince Hardenberg, Lord Castlereagh, Metternich, Nesselrode, Hum-boldt, Knesebeck, Lamb, Jordan, Binder et Wacken. Conférence après-dîner dans une chambre de Hardenberg. Parti avec Metternich. Rentré à 9 et plus sorti pour bien me reposer.

Mercredi 5. Chez moi la matinée. Visite du colonel Rühle, de plusieurs députés de princes d'Allemagne (Gärtner, Sinclair, Sartorius), du général Lan-genau etc. A 2 heures chez le prince Metternich pour la conférence. M. de Talleyrand arrivé avant les autres se lie avec moi, et me traite avec la plus grande distinction. Conférence très-orageuse, et très-mémorable, entre les ministres des six grandes puis-sances; elle dure jusqu'à 4½. — Dîné chez le prince Talleyrand avec la duchesse de Sagan, sa sœur Périgord, Talleyrand, le prince de Hohenzollern-

Hechingen, le prince Wenzel Liechtenstein, le comte Truchsess, le prince et la princesse Jablonowska, le comte Stadion. Après-dîner Talleyrand entame avec moi une très-longue et très-grave conversation! Rentré à 8 heures. A 9 chez le comte Nesselrode, où il y avait lord Cathcart, le comte Löwenhjelm etc. Rentré à 10½, et travaillé jusqu'à 1 heure.

Jeudi 6. Sorti à 9½. Chez le prince Metternich. — A 1 heure chez lord Castlereagh, conférant avec lui sur les affaires du congrès; puis encore chez Metternich jusqu'à 3. — Dîné chez moi avec le général Langenau. Travaillé à une expédition pour Bucarest. A 10 heures chez lord Castlereagh, causé jusqu'à 11; puis au grand souper chez la princesse Bagration; où j'ai causé avec Mad. de Wrbna, Canicoff, le prince Auguste de Prusse etc. Rentré à 1 heure.

Vendredi 7. Travaillé au milieu des interruptions et des angoisses à une pièce pour le congrès. A midi sorti; d'abord chez le prince Schwarzenberg, avec lequel j'ai eu deux heures de conversation, puis chez M. de Talleyrand avec lequel j'ai eu un entretien d'une heure. De là chez M. de Metternich; rentré et dîné chez moi avec Wessenberg. A 6 heures encore chez Metternich; promené avec Wenzel Liechtenstein, à qui l'on a volé une pierre de 20,000 ducats de valeur! — Rentré à 8; travaillé à une dépêche pour Bucarest; à 10 heures chez le comte Nesselrode; puis chez lord Castlereagh; souper de lady Castlereagh; longue conversation avec lord Stewart. Rentré à 12½, et travaillé à la dépêche jusque vers 3 heures.

Samedi 8. Sorti à 10 heures. Prince Metternich; puis chez le prince Hardenberg et chez Humboldt! —Rentré. Correspondance avec Wessenberg sur une entrevue avec le maréchal Wrede. Visite du comte Hardenberg. A 3 heures chez Metternich. Conférence avec lord Castlereagh, le chancelier Hardenberg et Nesselrode, qui dure jusqu'à 4½. Conversation intéressante et grave avec Metternich sur nos affaires. Dîné chez lui. Le général Neipperg y est venu. Rentré à 6½. — A 8 heures seconde conférence avec les ministres de Russie, de Prusse, de France, d'Espagne, d'Angleterre, de Portugal et de Suède. Discussion extrêmement vive et infiniment curieuse sur la rédaction de la fameuse Déclaration. La conférence a duré jusqu'à 11 heures, après quoi je suis rentré chez moi.

Dimanche 9. Sorti à 10 heures. Chez le prince Metternich. Puis chez le roi de Danemark, conversation d'une heure avec lui. De là chez lord Castlereagh où j'ai trouvé le comte Nesselrode, qui est rentré chez moi, et avec lequel j'ai eu un entretien extrêmement important. Puis chez M. Labrador, ambassadeur d'Espagne, et chez le comte Palmella de Portugal. Ensuite chez le prince Talleyrand. A 5 heures dîné chez le prince Hardenberg. Le comte Zichy (de Berlin), Humboldt, le comte Hardenberg, M. de Beguelin etc. Rentré à 7. Visite du prince A. Lobkowitz. Tous les autres gens étant allés à la redoute j'ai passé le reste de la soirée tranquillement avec Thérèse.

Lundi 10. Sorti à 9 heures. Chez le prince Metternich. Chez le prince Hardenberg; il me fait communication de sa lettre à Metternich, qui contient l'ouverture formelle de l'affaire de la Saxe. Visites de toute espèce chez moi. Baron Mohrenheim. Dîné chez Talleyrand avec la duchesse de Sagan, le comte Stadion, Wenzel Liechtenstein, une foule de Français etc. De là chez le comte Schulenburg, où j'ai trouvé à dîner Metternich, le chancelier Hardenberg, Humboldt, le comte Görtz. Conversation avec Metternich. — Rentré. A 9 heures assisté chez Metternich à une conférence sur les affaires allemandes avec Wessenberg, Humboldt et Hardenberg. — Après cela grand souper chez Metternich. Le roi de Prusse, le prince Auguste de Prusse, le prince-royal de Bavière et celui de Würtemberg, le duc de Brunsvic, les ducs de Weimar, de Coburg etc. — Une foule immense d'étrangers de toute espèce.

Mardi 11. A 9 heures chez Metternich. Conversation importante. Résolution amenée par la lettre du prince Hardenberg. Je me déclare, qu'il ne cédera pas sur Mayence etc. et qu'en cas de besoin il se rapprochera de la France. A 11 heures chez le prince Wrede. Conversation confidentielle. — Dîné chez le comte Nesselrode avec Humboldt et Anstett. Rentré à 7 heures. Le prince Reuss LXIV et plus tard Tettenborn chez moi! Ils restent jusqu'à 11 heures. Travaillé jusqu'à 1½.

Mercredi 12. A 9 heures chez Metternich. Lettre de lord Castlereagh au chancelier sur l'affaire de la Saxe. Conversation avec Wessenberg sur l'état des choses. En traduisant la lettre de Castlereagh j'ai senti mes idées s'éclaircir et se fortifier. Publication de la Déclaration qui ajourne le congrès. — A 4 heures

chez Talleyrand. Conversation dans laquelle il me
rend la justice la plus éclatante. Dîné chez Metternich avec Wessenberg. Après-dîner, entre 7 et 8
du soir, j'engage sur la lettre de Castlereagh la
discussion la plus importante et tiens à Metternich
(Wessenberg témoin) le langage le plus énergique
qu'il ait jamais entendu de moi. Ce jour est un des
plus marquans dans l'histoire de ma vie publique; il sera peut-être le plus beau de ma vie.
En rentrant, visite de M. Sartorius, puis le général
Wallmoden. A 10½ chez la duchesse de Sagan,
soupé avec sa sœur Périgord, Windischgrätz etc.
A minuit chez la princesse Bagration, où je trouve
le grand-duc Constantin, le prince Charles de Bavière, le comte Stadion. Rentré après 1 heure.

Jeudi 13. A 9½ chez Metternich. Poursuivi les
grandes affaires. Chez moi, Wessenberg, Humboldt,
Langenau, M. de Flassan (de Paris), puis le prince
héréditaire de Mecklenburg-Strelitz. Après 3 heures
chez lord Castlereagh, avec lequel l'empereur de
Russie venait d'avoir une conférence chez lui. Dîné
avec le comte Clam. Langenau est venu pendant le
dîner. Travaillé à la préface d'un écrit sur le commerce des nègres pour lord Castlereagh. A 10½
chez Mad. de Fuchs.

Vendredi 14. A 9 heures le comte Wratislaw
chez moi. A 10 chez Metternich. Lu la lettre que
lord Castlereagh a écrite à l'empereur de Russie
après son entretien d'hier. Allé chez lord Castlereagh.
Conversation importante avec lui. Il me décide pour
l'avis de mettre la Prusse en possession de la Saxe
sans reconnaître le principe et la propriété définitive.

Retourné chez Metternich, conversation avec lui —
hélas! — sur la malheureuse liaison avec Windischgrätz, qui paraît l'intéresser plus encore que les affaires du monde. — Rentré. Visite du comte Bernstorff, qui m'a parlé des affaires du roi de Danemark,
dans lesquelles je joue aussi un rôle très-distingué. —
Travaillé jusqu'à 5 heures. Dîné chez Humboldt, avec
le chancelier Hardenberg, le comte Charles Zichy,
le comte Étienne Zichy (de Berlin), le comte Stackelberg, le comte Hardenberg (ministre royal, puisque
l'Angleterre a pris ce titre pour le Hanovre), le général
prussien Schöler, le comte Palmella etc. Longue
conversation avec le comte Zichy après-dîner; il m'a
ramené à 8 heures. A 10 chez M. et Mad. de Nesselrode, où j'ai trouvé lord Cathcart; de là chez lady
Castlereagh. Après minuit chez la duchesse de Sagan, où j'ai trouvé le prince Auguste de Prusse,
deux princes de Reuss, Metternich, Talleyrand
etc. Talleyrand me montre la protestation qu'il veut
adresser aux ministres du comité. Rentré (avec Wallmoden) à 1 heure.

Samedi 15. A 9 heures du matin chez Metternich; l'effet de mes grands efforts de mercredi dernier
s'efface; il veut céder, et il cédera. La Saxe est
perdue. Je l'ai annoncé au Chancelier et à lord
Castlereagh. A 2 heures conférence entre les quatre
ministres, Humboldt et moi. — Dîné chez la duchesse
de Sagan avec Metternich, Talleyrand, Wenzel
Liechtensten etc. Conversation politique avec Metternich et Talleyrand. A 8 heures chez la princesse Bagration. Entretien court, mais vif, et surtout
instructif. Progrès de mon horreur pour les Russes. —

Rentré à 9. — Travaillé jusqu'à 2½ du matin à la traduction de la lettre écrite par lord Castlereagh à l'empereur Alexandre.

Dimanche 16. A 9½ chez Metternich. — A 10½ chez le roi de Danemark. Conversation d'une heure avec lui. Sorti avec le comte Bernstorff. — Conversation de deux heures avec Talleyrand. — Dîné chez la princesse Bagration. — Le soir Pilat chez moi. — Plus tard chez Mad. de Fuchs.

Lundi 17. A 9½ chez Metternich. Grande agitation pour le bal de demain! — Conversation avec Wessenberg, aujourd'hui mon fidèle allié, dans une cause qui s'affaiblit chaque jour! — Visite chez la grande-duchesse Catherine; elle est abrégée et troublée par l'arrivée du grand-duc Constantin. Cette audience m'a laissé une bien vilaine impression. — Visite de cérémonie chez lord Stewart, ambassadeur d'Angleterre. — M. de Varnhagen, placé aujourd'hui à la légation prussienne, chez moi; promené avec lui. — Rentré à 4 heures. — A 8 heures du soir entrevue avec le duc de Campo-Chiaro, ambassadeur du roi de Naples. — Pris le thé chez moi avec Tettenborn. — A 11 heures chez lady Castlereagh.

Mardi 18. Grand mouvement dans toute la ville. Fêtes pour célébrer l'anniversaire de la bataille de Leipzig! — De 10 à 11 chez Metternich. Dîné au bain de Diane. — Rentré à 6 heures. Allé à 8 heures au fameux bal du prince Metternich; grande magnificence, dans un style très-correct. Réunion de toutes les cours, de tous les souverains, de tous les grands personnages de l'Europe. J'en aurais joui un peu plus (quoiqu'en général je ne fusse rien moins que content,

car les affaires vont bien mal) si au milieu de cette
fête Metternich ne m'avait pas annoncé la fâcheuse nouvelle du renvoi de Belio de Vienne. Le souper a été
à 1 heure; j'ai parlé au duc de Weimar, au duc
de Coburg, au prince de Mecklenburg, à lord
Stewart, pendant le souper, à une foule d'autres avant.
Parti à 3 heures.

Mercredi 19. Levé à 10 heures. Au déjeûner de
Metternich. Lui et sa femme seuls. Triste lendemain! Constellation bien noire! — Longue conférence
avec Hudelist sur l'affaire de Belio et autres. —
Dîné chez Talleyrand avec le prince et la princesse
Metternich, Mad. de Sagan, M. et Mad. de Stackelberg etc. etc. Conversation extrêmement intéressante
avec le duc Dalberg! — Rentré à 7 heures. — Visite
du comte Clam et du général Langenau. Conversation profonde avec celui-ci. — A 10½ chez Mad. de
Fuchs; joué avec le prince de Hesse, Xavier (comte
Fuchs) et Bykam.

Jeudi 20. Le comte Wratislaw de Prague. Affaires de la duchesse de Sagan. — Conversation avec
Metternich sur ses relations avec elle. — Chez la
duchesse à 11 heures, pour une des négociations les
plus remarquables! — Rentré, et dîné chez moi. Expédition pour Bucarest sur l'affaire de Belio. — Chez
le prince Metternich à 6 heures. — Visite chez Mad.
de Nesselrode, où je trouve Wallmoden et Tettenborn. — Rentré à 8 heures. — A 9½ allé au bal
du comte Stackelberg, où l'empereur et l'impératrice
de Russie, le roi de Prusse, et tout ce qu'il y a de
grand. Conversations avec Pozzo di Borgo, le duc
de Coburg et ses frères, le prince-royal de Würtem-

berg, Metternich, Wrbna, Bernstoff, etc. Resté
jusqu'à 12½, puis joué encore chez Fuchs jusqu'à 1½.

Vendredi 21. A 10 heures chez Metternich. Passé
quelques heures avec Wessenberg et le général Langenau dans de grandes conversations politiques et militaires. Dîné chez le maréchal prince Wrede, avec
le général Langenau, Tettenborn, Wessenberg, et
plusieurs Bavarois. — Le soir chez Nesselrode; conversation sur les grandes affaires du moment. — A
11½ chez la duchesse de Sagan; conversation avec
le duc de Coburg etc. Premier jour de pluie
depuis le 15 septembre.

Samedi 22. Dans la matinée visite chez Mad. Feketé, et puis chez M. de Talleyrand. — Dîné chez
Metternich avec Nesselrode. Metternich me fait
part de sa rupture définitive avec la duchesse; ce qui
est aujourd'hui un événement du premier ordre! —
Rentré à 7 heures. Visite du prince Lobkowitz. —
Bal chez le comte Charles Zichy. Conversations avec
l'archiduc Jean, l'empereur de Russie, le roi de Danemark, le prince-royal de Bavière, Stackelberg,
Binder etc. Rentré à 2 heures.

Dimanche 23. Avec Wratislaw chez Metternich
à 10 heures. — Visite chez Nesselrode, puis chez le
duc de Dalberg, puis chez la princesse Bagration,
qui m'avait invité à dîner; rentré à 2½. Visite de
Humboldt; visite très-longue de Mohrenheim. Fait
un petit dîner chez moi. — Travaillé ensuite à une
pièce importante pour mes intérêts particuliers. Resté
chez moi toute la soirée. Visite du général Wallmoden. Couché à 2 heures.

Lundi 24. Wessenberg chez moi; avec lui chez

Metternich. Longue conversation avec celui-ci, principalement sur l'affaire de Wilhelmine (Sagan). — Conversation avec Wrede; puis avec Binder. Dîné chez Stackelberg, avec Tettenborn, sir Sidney Smith, le prince Wolchonsky, Anstett, Canicoff etc. — Rentré vers 7 heures. — Visite du prince Lobkowitz. — A 11 heures au grand souper et bal chez le prince Metternich. Conversations avec le roi de Danemark, le duc de Coburg, le duc de Weimar, M. Wellesley-Long etc., enfin avec le prince Metternich qui m'a donné tous les détails de sa fameuse et triste conversation avec l'empereur de Russie.

Mardi 25. A 10½ chez la grande-duchesse Marie entretien intéressant d'une demi-heure. Rentré. Sorti de nouveau à midi. — Pluie très-forte. — Conversation de deux heures avec Hudelist. Rentré à 2 heures. A 4 chez le prince Talleyrand; à 5 dîné chez lord Stewart avec le prince Metternich, le prince Hardenberg, Humboldt, comte Hardenberg, Knesebeck, Mad. de Metternich etc. — Rentré à 7½. Conversation avec Wessenberg et Langenau. Travaillé jusqu'à 2½.

Mercredi 26. Sorti à 10 heures. Chez le prince Metternich, puis chez le prince héréditaire de Mecklenburg. — Dîné chez le prince Hardenberg avec une société nombreuse. — Passé une demi-heure chez Mad. de Fuchs. — A 9 heures à un grand bal chez le comte Stackelberg, où l'impératrice et les grandes-duchesses de Russie, et une foule d'étrangers de tous les pays se sont trouvés. Parti à 11½. — Fini une dépêche importante adressée à lord Castlereagh relativement à une pension que le gouvernement anglais doit m'accorder.

Jeudi 27. Visites de Pilat, Rühle, Hartmann. — A 10½ chez le prince Metternich. — A midi chez le prince-royal de Würtemberg; conversation de deux heures avec lui. — Rentré. Visite de Humboldt, Langenau, un M. de Benz du Tyrol. — Dîné chez la princesse de Taxis avec beaucoup de monde; placé à table entre le prince de Mecklenburg et M. de Miltitz; longue conversation avec Talleyrand après dîner. Rentré à 7 heures. Visite de Langenau, du prince Kosloffsky, de Clam. — Travaillé jusqu'à 1 heure.

Vendredi 28. Allé à 11 heures chez Cooke; reçu de lui de la part de lord Castlereagh 600 L. St. en ducats, et les plus belles promesses. Rentré. Allé à la chancellerie. Dîné chez moi avec Langenau. Oublié la soirée. Je nage dans un océan de troubles.

Samedi 29. Passé une partie de la matinée chez Metternich. Dîné chez le prince de Ligne. Conférence avec lord Castlereagh, le Chancelier, Nesselrode, Humboldt, Wessenberg et le prince Metternich, sur les moyens de mettre le Congrès en activité. J'ai beaucoup parlé; j'ai tué l'idée du Congrès. La conférence a duré jusqu'à 12½. Ensuite conférence particulière d'une heure avec Castlereagh et Metternich sur la Pologne. Puis encore une heure avec Metternich sur son affaire avec la duchesse. Rentré à 3 heures du matin. Trouvé des dépêches très-agréables de Bucarest.

Dimanche 30. A 10 heures chez Metternich; puis chez lord Castlereagh, chez Talleyrand etc. Grandes affaires! — Diné chez Nesselrode avec Pozzo et Floret. Dîner agréable. Puis une heure chez le duc de Coburg avec ses deux frères. A 8 heures conférence avec tous les membres du comité des huit; elle a duré jusqu'à 11 heures. Rentré et travaillé jusqu'à 2½ heures.

Lundi 31. Refusé le prince-royal de Bavière, le roi de Danemark etc. Agitation et affaires sans nombre. Chez Castlereagh, chez Talleyrand etc. Dîné chez Humboldt avec une partie du Congrès et beaucoup de monde. A 8 heures grande conférence. Rentré à 10½. Travaillé jusqu'à 1 heure.

A l'exception de trois ou quatre jours vers la fin le temps le plus magnifique a invariablement continué pendant tout ce mois.

Novembre.

Mardi 1. A 10½ à la chancellerie; rentré à midi. Visite du duc de Campo-Chiaro. — A 2 heures conférence particulière entre Metternich, Castlereagh, Hardenberg, Humboldt, Nesselrode, Rasumoffsky, Stackelberg, Wessenberg. Il a été décidé dans cette conférence qu'il n'y en aura pas le soir. — Dîné chez le chancelier Hardenberg, avec la princesse La Tour, la princesse et le prince Paul Esterhazy, le prince Radziwill, le général Knesebeck, le baron Jacobi, Humboldt, M. de Vrintz etc. Rentré à 7. — A 8 chez Metternich. — A 9½ chez

Mad. de Nesselrode. Rentré vers 11 et travaillé jusqu'à 1 heure.

Mercredi 2. Sorti à 10½. Visite chez le roi de Danemark et longue conversation avec lui. — Puis chez le prince Metternich; chez lord Castlereagh (qui m'a lu la réponse de l'empereur de Russie, et une partie de sa réplique); chez M. de Talleyrand, qui m'a comblé des choses les plus aimables, m'a pressé de m'établir à Paris et de m'engager avec son gouvernement. Dîné chez moi; puis assisté au dîner Metternich; à 8 heures grande conférence des huit, à laquelle 20 personnes ont assisté. Fini à 10½. Nesselrode me ramène; passé la soirée chez Mad. de Fuchs. Joué avec le prince de Hesse, d'Aspre et Xavier. Rentré à 1 heure.

Jeudi 3. A 9 heures chez le roi de Bavière. Resté avec lui deux heures; le maréchal Wrede assiste à la dernière partie de la conversation. — Rentré. A midi avec Wessenberg à la chancellerie. Installé la commission pour la vérification des pouvoirs. Causé avec Metternich, Floret, Binder etc. — De 2 heures à 3 au bain de Diane. — Dîné chez le baron de Gagern avec le prince de Nassau, le comte Palmella, le prince Kosloffsky, le baron Jacobi, M. Martens etc. Conversation après-dîner avec Gagern, et avec le baron de Plessen, ministre de Mecklenburg-Schwerin. — Rentré à 7 heures et travaillé jusqu'à 2 heures du matin.

Vendredi 4. Sorti à 11 heures. Chancellerie d'État. Hertz. Grandes affaires avec lord Castlereagh. — Dîné chez Talleyrand avec la duchesse de Sagan, la princesse et la comtesse Clary, Humboldt, le comte Alexis Noailles, le comte Wintzingerode, lord Clancarty (mon voisin) et une société très-nombreuse. Dîner excellent. Beaucoup de monde après dîner. Rentré à 8, et travaillé jusqu'à 2 heures du matin à traduire les notes de lord Castlereagh sur les affaires de Pologne.

Samedi 5. Sorti à 11 heures. Chancellerie d'État. Prince Metternich. Rentré à 1 heure et travaillé à la traduction des notes de Castlereagh. Dîné chez moi avec le général Langenau. Travaillé ensuite de nouveau jusqu'à 2 heures du matin.

Dimanche 6. Sorti à 10 heures. Conversations de différentes espèces avec Metternich. Rentré à midi. Le comte Clam; grand entretien avec lui sur sa nouvelle passion pour Dorothée (Mad. de Périgord). — Visite du duc de Campo-Chiaro, et conversation très-suivie avec lui. — A 4 heures chez la princesse Bagration; conversation très-remarquable avec elle sur l'empereur de Russie, ses projets, sa conduite etc. — Dîné chez le prince Metternich, avec Wenzel Liechtenstein, Binder, Neumann etc. Grand entretien avec lui sur ses affaires de cœur. — A 8 heures chez Nesselrode; M. de Stein, qui me boude; le fameux général Laharpe, qui dans une conversation avec Pozzo et moi trahit ses mauvais principes sans ménagement. Rentré à 10½, et travaillé à une dépêche pour Bucarest.

Lundi 7. Sorti à 10½. — Chez le prince Metternich. — Chez M. Cooke et M. Planta etc. — Dîné chez la princesse Bagration. — A 10 heures au bal chez lord Stewart. Rencontré Talleyrand sur l'escalier qui m'annonce comme une nouvelle positive la

trahison de la Prusse! — Parlé à l'empereur de Russie, au prince-royal de Bavière, au prince-royal de
Würtemberg, à lord Castlereagh, à Nesselrode
etc. Parti au commencement du souper, et rentré à 1
heure.

Mardi 8. Sorti à 10 heures. Conversation importante avec le prince Metternich; il convient de l'impossibilité de soutenir le système actuel; il est dans
un état de crise! — A 2 heures chez Talleyrand.
— Dîné chez le comte Palmella avec le comte Sal-
danha et sa femme, le chevalier Lobo, le colonel
Larding, M. Planta, le prince Kosloffsky, M. de
Bielfeld etc. — Rentré; à 10 heures au jardin du
prince Metternich. Bal masqué; la plus belle fête,
que, de l'aveu de tout le monde, on ait jamais vue;
grand souper; l'empereur, l'impératrice (d'Autriche),
tous les archiducs, tous les souverains étrangers etc.
présents. Resté jusqu'après le souper. Rentré vers 4
du matin.

Mercredi 9. Sorti à midi. Parlé à Metternich
sur sa fête. Il va chez l'empereur. Lord Stewart
vient le chercher; il me montre les fameuses notes du
chancelier Hardenberg, qui constatent la défection
de la Prusse. — Rentré à 3 heures. — Dîné chez le
duc de Campo-Chiaro avec le prince de Ligne, le
comte Aldini, le comte Salmour, le baron de Bildt,
le prince Cariati etc. Rentré à 8 heures. Visite du
(petit) prince Reuss; conversation intéressante jusqu'à
10 heures. Chez le comte Nesselrode jusqu'à minuit.
Jérémiades sur les résultats politiques auxquels nous
touchons!

Jeudi 10. Sorti à 10 heures. Chez Wessenberg;

puis chez le prince Metternich; sorti avec lui; fait
le tour des remparts; temps superbe; conversation intéressante; la crise n'est pas encore décidée. — Rentré
à 1 heure. A 2 heures au bain de Diane, avec Charles. — Dîné chez le prince de Wrede, avec le prince
Eugène (vice-roi d'Italie), le grand-chambellan Narischkin, le prince Maurice Liechtenstein, le général Knesebeck, le baron de Gagern, le baron de
Türckheim (Darmstadt), Wessenberg etc. — Conversation importante avec Wrede après-dîner. — Rentré à 7 heures. — Ne plus sorti.

Vendredi 11. Sorti à 10½. Visite chez le roi de
Dancmark, causé une heure avec lui. Puis une heure
chez Metternich. — Rentré à 1 heure. Wessenberg, Schulenburg, Langenau. — Écrit une lettre
au prince Schwarzenberg relativement à la conférence qui doit avoir lieu ce soir. — Dîné seul chez
moi. — Allé à 6½ chez Metternich, où Mad. Bigo-
tini avait dîné avec le prince Schwarzenberg,
Palffy et autres. Grande conversation avec Metternich, toujours plus sur la maudite femme que sur
les affaires. Rentré à 8. Conversation avec Langenau; à 10½ chez Nesselrode; causé avec lui jusqu'à
1 heure.

Samedi 12. Sorti à midi. Attendu Metternich
jusqu'à 2 heures, et travaillé en attendant au bureau
de Floret. — Invitations à dîner chez M. Wellesley-Pole et chez le prince Maurice Liechtenstein.
— A 2½ chez Talleyrand, qui me propose de dîner
chez lui, et m'engage à me défaire de Wellesley. —
Dîné chez Talleyrand à 5 heures. Conversation avec
Mad. de Périgord. — Conversation avec le duc de

Dalberg après-dîner. Rentré à 8 heures. Pris le parti de ne pas aller au bal Zichy. Travaillé jusqu'à 1½.

Dimanche 13. Sorti à 11 heures. Chez Metternich. — Rentré. — A 1½ chez Talleyrand. — De 3 à 4 conversation très-curieuse avec la duchesse de Sagan sur sa fatale histoire avec Metternich. — Dîné chez le comte Bernstorff avec M. de Rosenkranz. — Rentré à 7 heures. — Clam chez moi. — A 8 heures conférence générale chez Metternich. Décision du sort de Gênes. — Rentré à 11 heures, et travaillé au procès-verbal jusqu'à 2 heures.

Lundi 14. Sorti à 10 heures. Chez Metternich et au bureau de Floret jusqu'à 2 heures. Rentré. Sorti à pied pour faire des emplettes en fait de cartes et de meubles. — Dîné chez le comte Stackelberg; le comte Zichy, le prince et la princesse Metternich, le comte et la comtesse Nesselrode, le prince Hardenberg, Humboldt, le comte Flemming, le prince Talleyrand, Mad. de Périgord, la duchesse Sagan, le duc de Dalberg, M. La Tour du Pin, M. de Noailles, Ferdinand Palffy etc. — Rentré vers 7 heures. Le général Wallmoden chez moi; puis le général Langenau et Wessenberg jusqu'à 10 heures. Puis chez Mad. de Fuchs; Mad. de Gallenberg, le prince Philippe de Hesse, Schulenburg (avec lequel une conversation d'une heure), le prince Reuss XIX, Borel etc. Rentré à 1 heure.

Mardi 15. Pluie toute la journée. A 11½ à la chancellerie; puis chez Pilat; puis au faubourg. — A 2 heures chez Talleyrand. Rentré à 3. Dîné seul chez moi. Travaillé. A 8 heures visite du duc de

Campo-Chiaro. — A 9 heures chez Metternich. Rentré à 10. Travaillé jusques vers 2 heures.

Mercredi 16. Sorti à 10 heures. Chez le roi de Danemark; conversation intéressante de plus d'une heure. — Rentré à 1 heure. — J'ai été obligé de renoncer à un joli dîner chez Talleyrand; mais j'en ai été assez bien récompensé par celui que j'ai eu chez le prince Metternich, où j'ai dîné avec M. et Mad. (Julie) Zichy, Mad. de Wrbna, la princesse Thérèse, Werner (le poète, aujourd'hui prédicateur catholique), M. de Wambold, Schlegel, le comte Thurn, Pilat, Floret etc. Rentré à 8 heures. Travaillé à une expédition pour Bucarest jusqu'à 1½.

Jeudi 17. Sorti à 11 heures. Chez le prince Metternich. Travaillé au protocole pour la conférence du soir. Rentré à 3 heures. Sorti de nouveau à 4, pour faire au prince Metternich la lecture du protocole. — Rentré pour dîner seul chez moi, et me reposer quelques heures. — A 7½ à la chancellerie d'État. A 8 heures conférence. Grands éloges de mon protocole. — Parti à 9½ avec Nesselrode; causé avec lui jusqu'à minuit.

Vendredi 18. Sorti à 11 heures. Travaillé et causé avec Metternich jusqu'à 1 heure. Visite chez Wessenberg qui est malade depuis mardi. — Dîné chez le prince Hardenberg, avec M. et Mad. de Nesselrode, le baron Stein, Humboldt, Capodistrias, Beguelin, Jordan, Kneschbeck etc. — Visite chez le prince héréditaire de Mecklenburg-Strelitz. — De là chez Pilat, et resté avec lui jusquà 11½. Travaillé jusqu'à 2 heures.

Samedi 19. Sorti à midi. — Longue et intéressante

conversation avec le maréchal Wrede. — Course au faubourg. — Rentré à 3 heures. — A 4 chez Metternich, pour lui porter un article destiné pour la gazette de Prague. — A 5 heures dîné chez lord Cathcart, avec le comte et la comtesse de Stackelberg, le chevalier d'Ivernois et sa femme, le comte Nesselrode, le ministre Stein, le général Wallmoden etc. — Placé entre M. Cathcart et Stein. — Rentré à 8 heures. — A 10 heures chez le comte Zichy. Bal. Causé avec le roi de Bavière, le grand-duc de Baden, Talleyrand, Bernstorff etc. Rentré à 2 heures.

Dimanche 20. Travaillé au milieu des interruptions. Nugent, Schulenburg, Hardenberg. Sorti à 1 heure. A la chancellerie. De là chez le duc de Campo-Chiaro. Rentré à 4. A 5 dîné chez la duchesse de Sagan, avec le prince de Hohenzollern, le prince Windischgrätz, M. Dannecker, M. et Mad. de Fuchs etc. A 7½ chez Wessenberg. — Rentré à 8½. — Expédié une estafette pour Bucarest. — Longue visite du prince Reuss LXIV. Travaillé jusqu'à 2 heures.

Lundi 21. Sorti à midi. Dîné chez le banquier Hertz, avec Louis Rohan, Clam-Martinitz, Rosty, Bartholdy, Koreff. Excellent dîner. Rentré à 6 heures. Travaillé jusqu'à 10. Grand souper et bal chez le prince Metternich. Conversation avec le roi et le prince-royal de Bavière, le duc de Coburg, le comte Bernstorff, la princesse Bagration. — Bruits sur un changement dans les dispositions de l'empereur de Russie. — Rentré a 2 heures.

Mardi 22. Sorti à 11 heures. Chez Metternich;

lord Castlereagh, Wessenberg et Talleyrand. — Dîné chez Schulenburg avec le duc de Dalberg et le général Langenau. Causé jusqu'à 8 heures du soir. — Rentré. — A 9 heures chez Nesselrode. — A 10½ chez lady Castlereagh. Wrede, Rosenkranz, Nugent etc. Rentré à minuit et travaillé jusqu'à 2 heures.

Mercredi 23. A 10 heures chez Metternich. Son jour de fête. De là chez lord Castlereagh; puis chez le duc de Campo-Chiaro; puis chez Wessenberg. Dîner chez le comte Zichy pour la fête de Metternich. Toute la famille Zichy, M. et Mad. de Metternich, père et mère, et la princesse épouse, et la princesse Marie; M. et Mad. (Flore) Wrbna, la princesse Jablonowska, M. et Mad. de Fuchs, Mercy, Floret etc. Le soir il y avait le carroussel. J'ai eu deux billets, mais je n'y suis pas allé. J'ai été une heure chez Pilat, puis le reste de la soirée chez le comte Stadion jusqu'à 1 heure.

Jeudi 24. Visite du général Nugent. — A midi chez Metternich; puis au bureau de Floret jusqu'à 2 heures. Rentré. Lecture des gazettes anglaises. Refusé un dîner chez Wellesley-Pole. Dîné chez Metternich. — A 8 heures au spectacle. Ballet de Nina; Mlle. Bigottini, Mlle. Aimé et les autres danseurs de Paris. — Rentré à 10 heures. Trouvé le général Langenau, et M. Sartorius. Causé avec celui-ci jusque vers minuit. Travaillé jusqu'à 2½.

Vendredi 25. Sorti à 11 heures, chez Wessenberg, chez Metternich, chez Humboldt; rentré à 1 heure. — A 3 heures visite du prince Kosloffsky. Dîné chez Talleyrand, avec le prince et la princesse et le comte Trautmannsdorff, le comte Wrbna, le duc et la duchesse d'Argyle, M. et Mad. de Brignolès, M. de Saint-Marsan etc. Rentré à 9 heures, après avoir passé une heure avec Wessenberg. A 11 heures chez Mad. de Fuchs, et passé la soirée avec le prince Charles de Bavière, le prince Reuss, les deux princes Schönburg, Wallmoden, Clam, la duchesse de Sagan etc. Rentré à 1½.

Samedi 26. Visite du général Nugent. — A 11 heures chez le maréchal Wrede. — Rentré à midi. Visite du général Langenau, de M. Eichhoff, directeur de la navigation du Rhin, et du duc de Campo-Chiaro; cette dernière était une visite bien magnifique! — Diné à 5 heures chez la princesse Bagration; avec le prince-royal de Würtemberg, Wallmoden, Humboldt, M. de Stein, le général La Tour etc. Rentré à 7½. Resté à la maison.

Dimanche 27. Sorti à 10 heures. Passé une heure avec le roi de Bavière; puis une heure avec Metternich, rentré à 1½. — Dîné chez le comte La Tour du Pin, avec M. et Mad. Liedekerke (sa fille), le comte Alexis Noailles, M. de Labrador, le comte Stackelberg, lord Clancarty, M. de Saint-Marsan, Humboldt, Binder. Rentré à 7½. Visite du prince Reuss LXIV. — A 10½ chez Nesselrode, resté avec lui jusqu'à 1½.

Lundi 28. Sorti à 10½. Chez Wessenberg, chez le prince Metternich, fait quelques emplettes etc. — A 2 heures chez Mad. de Varnhagen (Mlle. Robert!) — A dîner chez moi, M. et Mad. de Fuchs, Mad. de Gallenberg, le prince Philippe de Hesse, le prince Reuss XIX, le prince Alfred Schönburg, le général

Wallmoden, le gros Bose et Pilat. C'était un dîner exquis, et j'ai déployé pour la première fois toutes les beautés de mon appartement. — On est resté jusqu'à 8 heures. — Schulenburg de 9 à 10. Clam de 11 à 1 heure chez moi.

Mardi 29. Fameux chagrin avec Charles. — Allé chez M. de Metternich à 11 heures. Il est au lit avec la Nesselsucht. Grande conversation avec lui. — Rentré à 3 heures. — Dîné chez le comte Nesselrode, avec le duc de Richelieu, le général Pozzo di Borgo etc. Rentré à 7 heures. Visite de M. Sartorius avec le docteur Bollmann récemment arrivé d'Amérique. — Réconciliation avec Charles. Couché à 2 heures.

Mercredi 30. Sorti à 10. Chez le roi de Danemark jusqu'à 11 heures. Puis jusqu'à 3 chez Metternich. Puis chez Talleyrand et le duc de Dalberg jusqu'à 5. Dîné chez moi avec Wessenberg; Langenau est venu après-dîner. A 9 visite et grand entretien avec le duc de Campo-Chiaro. Travaillé ensuite jusqu'à 1½. — Dans les derniers jours pluie; mais en général temps fort doux et agréable. —

Décembre.

Jeudi 1. Visite du baron de Plessen, ministre de Mecklenburg-Schwerin; sorti à 1 heure. Chez le prince Metternich. Conversation avec lord Castlereagh; conversation avec Schulenburg; visite chez Humboldt. Dîné proprement chez moi; ensuite, pour la forme, chez M. de Metternich, avec Mad. de Saurau, Ferd. Palffy, Binder, Floret. Visite chez Wenzel Liechtenstein. — Rentré à 8. Le général Wallmoden chez moi. Travaillé à une expédition pour Bucarest jusqu'à 2 heures.

Vendredi 2. A midi chez le prince Metternich. — Rentré à 1 heure. — A 2½ chez Talleyrand. — Diné à 5 heures chez Talleyrand avec beaucoup de monde; assis à table entre le duc de Dalberg et le comte Orzanowski. — Rentré à 7½ — Sorti à 8½. Passé une heure chez Pilat; puis le reste de la soirée jusqu'à 1 heure seul avec Metternich dans des conversations fort intéressantes.

Samedi 3. Visite du général Langenau. — Sorti à 1 heure. Très-longue visite chez le duc de Campo-Chiaro. — Rentré à 3. — Diné chez Wallmoden avec M. et Mad. de Fuchs, le prince Philippe de Hesse, le prince Reuss, Borel, Clam, d'Aspre etc. — Rentré à 7½. — Le prince Metternich me fait appeler à 10. Passé la soirée avec lui, à causer sur des objets frivoles.

Dimanche 4. Passé chez moi la plus grande partie de la matinée. — Diné chez moi. Le duc de Dalberg. M. de Wessenberg, le général Langenau, le comte Schulenburg, et Floret. Tout le monde a admiré mon appartement et mon arrangement. Nous sommes restés ensemble jusqu'à 8 heures. Travaillé jusqu'à 10, et puis chez lady Castlereagh, où j'ai parlé à lord Castlereagh, le marquis de Saint-Marsan, le comte Goetz etc. Rentré à 12, et travaillé jusqu'à 2 heures du matin.

Lundi 5. Grande conversation avec Hardenberg,

et avec le général Neipperg. — Diné chez Nesselrode avec Hardenberg, le duc de Richelieu,
Pozzo di Borgo etc. A 8 heures chez le prince
Metternich. Conversation de la plus haute importance avec lui et Wessenberg. — A 10 heures chez
la duchesse de Sagan; joué à l'hombre avec elle,
Fuchs et d'Aspre.

Mardi 6. Visites de Wessenberg, Humboldt,
Lamb. Diné seul chez moi. — Travaillé à une expédition pour Bucarest. A 10½ à un bal chez le comte
Rasumoffsky, la plus belle de toutes les fêtes auxquelles j'ai assisté depuis que les souverains étrangers
sont ici. Je ne suis cependant resté que jusqu'à minuit. Travaillé à mon expédition jusqu'à 2 heures.

Mercredi 7. Sorti à 11 heures. Rentré à 12½.
Visite du baron Oertzen. — Passé chez Pilat, à
cause de la brochure que nous faisons imprimer pour
Schulenburg. — Diné chez le prince Windischgrätz, avec Mad. de Sagan, Mad. d'Acerenza, Mad.
de Périgord, la princesse Löwenstein, Eulalie
Windischgrätz, Mad. de Windischgrätz-Lobko-
witz, le prince Stahremberg et Léopoldine, le
prince Louis Rohan, le comte Étienne Zichy etc. —
Dîner superbe. Je suis extrêmement bien, et d'une humeur excellente. — De là chez Nesselrode; rentré à
7½. — De 9 jusqu'à 10½ chez le prince Metternich;
ensuite chez la duchesse; fait la partie d'hombre. —
Mad. de Périgord me ramène à 12½.

Jeudi 8. Sorti à 11 heures. Chez Neipperg, chez
Lanckoronski, chez le prince de Ligne, très-malade
et à ce qui paraît dangereusement. Puis au faubourg.
— Le duc de Campo-Chiaro chez moi de 2 à 3. —

Dîné chez le chancelier Hardenberg, avec la princesse de Taxis et ses dames, le prince et la princesse Paul Esterhazy, M. et Mad. de Fuchs, Humboldt, Beguelin etc. Assis à côté de Mad. de Fuchs, à laquelle j'ai fait la cour tout de bon, et non sans espoir! — Puis chez le maréchal Wrede jusqu'à 7 heures, puis chez Lamb jusqu'à 9; chez le prince Metternich jusqu'à 11½; et travaillé jusqu'à 2 heures.

Vendredi 9. Visite du prince Ferdinand de Coburg; à midi grande conférence des huit; ensuite conversation avec Wessenberg et Metternich jusqu'à 3 heures. — Dîné chez le maréchal Wrede, avec Wessenberg, son frère le grand-vicaire, le comte Joseph Palffy, M. Rengger, de Suisse, M. Pictet, de Genève, M. Floret, et plusieurs Bavarois. Rentré avec Wessenberg. Visite de Wallmoden; puis allé chez le duc de Campo-Chiaro, et conféré avec lui jusqu'à 11 heures; rentré, et travaillé jusqu'à 2 heures.

Samedi 10. Sorti à 10 heures. Conversation de deux heures avec le duc de Coburg. Puis à la chancellerie. Rentré, et allé de nouveau à 2½ chez le prince Metternich. Resté jusqu'à 4 heures. Dîné seul chez moi. A 8 heures conférence générale jusqu'à 10 heures. Nesselrode m'invite chez lui; j'y vais à 11½ par la plus grande pluie. Resté chez lui jusqu'à 1½.

Dimanche 11. Resté chez moi, et travaillé assez tranquillement jusqu'à 3 heures. De 3 à 4 chez le prince Metternich. Dîné chez Talleyrand; grande conversation avec Mad. de Périgord. — Rentré à 8. — Visite de Clam. — Couché de bonne heure.

Lundi 12. Sorti a midi. Passé trois heures à la chancellerie, sans pouvoir attraper Metternich. Conversation avec lord Castlereagh, Binder, Wessenberg. Grands orages politiques. — Dîné chez moi. Le comte et la comtesse Bernstorff, Mad. de Fuchs, M. et Mad. de Varnhagen, Humboldt, le prince Ferdinand Coburg, Binder, le docteur Bollmann, le prince Reuss XIX. Ce dîner avec les accessoires a duré jusqu'à 9 heures. Je n'ai pas pu me résoudre à aller au souper de M. de Metternich, je suis resté chez moi, et j'ai travaillé jusqu'après 2 heures.

Mardi 13. Visite de lord Cathcart. Sorti à 11 heures. Chancellerie d'État jusqu'à 1½. Rentré. A 3 heures chez Schulenburg. Dîné seul chez moi, très-tranquillement! — A 7 heures chez Metternich que je n'ai pas trouvé; passé une heure chez le duc de Campo-Chiaro; puis retourné chez Metternich. A 10 heures chez la duchesse de Sagan; causé avec le prince Charles de Bavière, Talleyrand, lord Clancarty, Mad. de Périgord, Mad. de Fuchs etc. Rentré avant minuit. Lu les gazettes anglaises et écrit jusqu'à 1 heure. — Mort du prince de Ligne, à 10 heures du matin.

Mercredi 14. A 11½ chez Metternich. Conversation avec Wrede. De 1 à 2 heures chez Nesselrode. — Rentré. Le général Neipperg chez moi jusqu'à 4 heures. Dîné chez Metternich. Rentré à 7. — A 8 heures à la grande conférence. Rentré à 10½ avec Wessenberg, et le reste de la soirée chez moi.

Jeudi 15. Le temps le plus délicieux règne depuis

quatre ou cinq jours; c'est un printemps complet. —
Sorti à midi. Enterrement du prince de Ligne. Passé
deux heures chez lord Castlereagh; puis quelques
minutes chez la princesse Bagration. — Rentré. —
A 3 heures chez le duc de Campo-Chiaro. — A
5 heures dîné chez Metternich, avec Mad. Julie Zichy, Mad. de Wrbna, la princesse Thérèse, Mad. de
Fuchs, Mad. de Saurau, Werner, Schlegel etc.
Après le dîner Werner a lu les premiers actes de sa
tragédie Conigonde. — Rentré à 8. Le comte Maurice O'Donnell chez moi jusqu'à 10. — A 10 chez
la duchesse de Sagan; joué avec elle, le prince de
Hesse et d'Aspre. — Fini à 1 heure; conversation
avec Reuss, Schönburg, Borel etc. Rentré à
2 heures.

Vendredi 16. A 10 heures chez Humboldt; et
resté avec lui et Hardenberg jusqu'à 2 heures! —
Rentré. Visite de M. de Beguelin. — Dîné chez
Talleyrand avec beaucoup de monde. — Rentré à
7½. — Chez le prince Metternich jusqu'à 10. Rentré
et travaillé jusqu'à 1½.

Samedi 17. A 10 heures chez le roi de Danemark.
Puis chez le prince Metternich. — Rentré à 2 heures.
Visite du général Neipperg. Dîné chez le maréchal
Wrede. — Rentré à 7 heures, et travaillé jusqu'à
2 heures.

Dimanche 18. Le temps superbe continue toujours.
— A 10 heures chez le roi de Bavière. Rentré chez
moi. Visite du docteur Bollmann, qui est un homme
très-supérieur en fait de finances, et dont j'espère que
nous tirerons beaucoup de profit. — Pilat a dîné chez
moi; le général Neipperg est venu pendant le dîner.

A 6 heures visite chez le comte Rasumoffsky; puis passé deux heures chez le comte Nesselrode, en partie avec Pozzo. Rentré à 9. — Le prince Reuss-Köstritz a passé deux heures chez moi. — Travaillé ensuite jusqu'à 2 heures.

Lundi 19. A midi chez le prince Metternich. Conversation avec lord Castlereagh et Wessenberg. Rentré à 2 heures. — Le général Langenau a dîné avec moi. — Visite du prince Kosloffsky et du comte Clam; à 10½ chez le comte Stadion, et resté avec lui jusqu'à 1 heure.

Mardi 20. A 11 heures chez le prince Metternich. — Rentré à 1 heure; travaillé à plusieurs expéditions; conversation de plus d'une heure avec Bollmann. Dîné à 6 heures chez M. Wellesley-Pole, avec lord et lady Castlereagh, lady Octavia Law, lord Stewart, lord Apsley, colonel Church, Planta, M. et Mad. de Brignolé. Je me suis retiré à 8½, quoique le dîner ne fut pas proprement fini. Chez Wessenberg jusqu'à 10.. Travaillé jusqu'à 1½.

Mercredi 21. Le général Nugent chez moi. De 11 à 12 chez Humboldt. Puis chez le prince Metternich. Rentré à 2 heures. Le général Neipperg chez moi. Dîné chez Talleyrand. Il me fait des ouvertures extrêmement agréables. — A 6½ chez le prince Metternich. Affaires importantes; il me charge d'un grand travail. Rentré à 8 heures. Le général Wallmoden passe une heure chez moi. Travaillé jusqu'à 1 heure.

Jeudi 22. Travaillé toute la journée. Dîné chez Metternich. Conversation avec Wenzel Liechtenstein après-dîner. Rentré à 7¹/₂. Travaillé jusqu'à 2 heures.

Vendredi 23. Sorti à 11. Chez le prince Metternich, chez le maréchal Wrede; rentré, travaillé toute la journée. Le duc de Campo-Chiaro chez moi de 8 à 10; puis encore travaillé jusqu'à 3 heures.

Samedi 24. Les recettes considérables que j'ai eues depuis quelque temps m'ont mis dans le cas de faire des étrennes magnifiques à toutes les personnes de ma maison; et sous ce rapport-là c'était un vrai jour de fête pour moi. Je n'en ai cependant pas tout-à-fait joui, car le grand travail dont j'étais chargé m'absorbait entièrement. J'ai passé la plus grande partie de la journée dans mon cabinet, et travaillé jusqu'à 2 heures du matin. Siegmund a été obligé de copier toute la nuit.

Dimanche 25. Première fête de Noël. J'ai été à 11 heures chez le prince Metternich; j'y suis retourné à 3, et je lui ai fait lecture de la plus grande partie de mon mémoire sur la Saxe. J'ai ensuite dîné chez lui; et après une conversation avec Wenzel Liechtenstein je suis rentré à 7¹/₂, pour travailler encore jusqu'à 2 heures, à l'exception d'une demi-heure que j'ai passé chez Nesselrode. J'ai pris le thé chez moi, ce qui m'a valu une bien mauvaise nuit.

Lundi 26. Allé chez le prince Metternich à 2 heures; conversation avec le duc de Coburg et le prince de Hohenzollern; lecture avec M. de Metternich de la dernière partie de ma pièce. Dîné chez moi. — Visite chez le chancelier Hardenberg, et de là chez Talleyrand. — A 10¹/₂ au bal chez le prince Metternich. Conversation avec Bernstorff, Nesselrode, lord

Castlereagh, sir Sidney Smith etc. Rentré à
1 heure.

Mardi 27. Visite du général Langenau. Passé
une heure chez Metternich. Dîné chez Talleyrand.
Rentré à 7. Humboldt, puis Clam chez moi. A
9 heures chez Metternich; puis une heure chez Wrede.
Rentré à 11 heures et travaillé jusqu'à 2 heures.

Mercredi 28. Sorti vers 11 heures. Chez le roi de
Danemark; conversation de deux heures avec lui; il
m'a donné la croix de commandeur de l'ordre de Dane-
brog. Rentré à 1 heure. Wessenberg. Dîné chez
le maréchal Wrede. Rentré à 6. Allé chez le prince
Metternich; puis chez la princesse Bagration; enfin
chez le comte Nesselrode; rentré à 10½; travaillé
jusqu'à 1 heure.

Jeudi 29. Chez moi la matinée. Visite du général
Nugent, du général Neipperg, du comte O'Donnell,
plus tard de Humboldt. Dîné avec le général Langenau. — De 8 à 9 chez Wessenberg. Le prince
Reuss-Köstritz deux heures chez moi. Travaillé
jusqu'à 1½.

Vendredi 30. A la chancellerie. Rentré à 1 heure.
Visite de Humboldt. Dîné chez Talleyrand. Il me
remet un cadeau magnifique (24,000 florins) de la part
du roi de France. — A 10½ chez Mad. de Fuchs,
causé avec elle, le prince de Hesse etc. — (Par un
singulier hasard nous avons beaucoup parlé de la fortune, des dépenses et du dérangement de Rasumoffsky, à l'entrée de cette même nuit qui a été si
funeste pour lui.)

Samedi 31. Différentes courses dans la matinée. —
Incendie au jardin de Rasumoffsky! — Dîné chez

Nesselrode, avec Wenzel Liechtenstein, Anstett, Floret etc. Chez Pilat. Longue conversation avec Hudelist. A 10 heures chez la duchesse de Sagan, et passé la soirée avec elle, Mad. de Périgord, la princesse Jeanne (Accerenza), Clam, Borel, Schwedhoff, plus tard Windischgrätz. Rentré à 1 heure.

———

La fin de cette année a été brillante. Depuis mon séjour à Baden je me portais à merveille, mieux que je crois encore avoir été depuis bien des années. Ma considération dans le monde, si elle ne s'est pas accrue, a au moins reçu de nouveaux reliefs par le Congrès et la présence de tant d'étrangers illustres. J'ai eu dans les deux derniers mois, outre les sommes que j'ai reçues par mes rapports avec Bucarest, des bénéfices extraordinaires de 48,000 florins. La totalité de ma recette dans l'année 1814 s'est montée à 17,000 ducats au moins. Par conséquent toutes les parties de mon économie ont été florissantes; j'ai payé beaucoup de dettes; j'ai complété et embelli mon établissement; et j'ai pu faire beaucoup de bien à mes gens. — L'aspect des affaires publiques est lugubre; mais il ne l'est pas, comme autrefois, par le poids imposant et écrasant suspendu sur nos têtes, mais par la médiocrité et l'ineptie de presque tous les acteurs; or, comme je n'ai rien à me reprocher, la connaissance intime de cette pitoyable marche et de tous ces êtres mesquins qui gouvernent le monde, loin de m'affliger, me sert d'amusement, et je jouis de ce spectacle comme si on le donnait exprès pour mes menus plaisirs.

Je n'ai perdu cette année en personnes intéressantes que le prince de Ligne.

L'année 1815 commence sous d'assez bons auspices
pour moi; quant à la chose publique, je vois qu'il est
inutile de croire qu'elle remplira jamais les vaines espérances dont se bercent les enthousiastes, et auxquelles
j'ai renoncé pour toujours.

Ergo sit felix et faustum!

Karlsbad **1819.**

Juli.

Mittwoch, den 21. Abends um halb 8 Uhr in Karlsbad angekommen. Angenehmes Wetter (wie überhaupt auf
dieser Reise) nach gestrigem tiefen Fall des Barometers;
nur eine Stunde vor Karlsbad Regen, ohne Gewitter.
Fürst Metternich war noch nicht hier (kommt um halb
12 an). — Wallmoden besucht mich. Wohnung im
Mylordstempel auf der Neuen Wiese.

Donnerstag, den 22. Zusammenkunft mit Fürst Metternich, nach viermonatlicher Trennung. — Besuch bei
den drei Prinzessinnen von Kurland, beim Feldmarschall
Schwarzenberg. — Bei der Herzogin von Sagan gegessen. Nach Tische mit Nosty Besuch bei der Prinzessin
Biron, bei der verwittweten Herzogin von Koburg, der
Herzogin Alexander von Würtemberg 2c. Dann um
6 Uhr zu Metternich, und bis 9 Uhr in äußerst wichtigen Gesprächen und Lektüren.

Freitag, den 23. Besuch von Fürst Victor Schönburg. — Um 11 Uhr aus; Besuch beim Postmeister, Po-
lizeikommissar 2c. Dann von 12 bis 6 Uhr bei Fürst
Metternich mit Graf Hardenberg, in den wichtigsten
Konferenzen. — Beim Feldmarschall zu Mittag gegessen.

Nach Tische Besuch bei Fürst Joseph Schwarzenberg, bei Frau von Stürmer, endlich bei Fürst Bentheim, mit welchem ein zweistündiges Gespräch mich im höchsten Grade verstimmt. Die Einladung des General Uwaroff zu einem Ball im Posthofe verläugnend, den übrigen Abend von 7 bis 11 Uhr gelesen und gearbeitet.

Sonnabend, den 24. Ankunft des Grafen Münster. Von 9 bis 12 Uhr mit Fürst Metternich und Fürst Kaunitz spazieren gegangen. — Dann gearbeitet. Zu Mittage bei Fürst Metternich, mit Graf und Gräfin Münster, Graf Hardenberg, Kaunitz, Mercy, Depons gegessen. Abends zu Hause. Besuch von Wallmoden und Malfatti.

Sonntag, den 25. Ankunft von Baron Stainlein. Bis 10 Uhr gearbeitet. Dann beim Schwarzenberg'schen Frühstück; Besuch bei Graf Münster; dann zwei Stunden bei Metternich; mit ihm gearbeitet; die nähere Entwicklung seiner großen Plane in Betreff der deutschen Angelegenheiten vernommen. Um 1 Uhr zu Hause Besuch von Lämel. Um 2 Uhr ein sehr heftiges Gewitter. Bei Metternich gegessen, mit Wallmoden, Stainlein, Kaunitz, Mercy, Spiegel, Depons 2c. Um 6 Uhr nach Hause und bis 11 Uhr gearbeitet.

Montag, den 26. Besuch von Baron Stainlein. Um 12 Uhr zu Fürst Metternich, bis halb 3 Uhr mit ihm gearbeitet und gesprochen. Nachher bei ihm gegessen, mit Graf und Gräfin Münster, Fürst Kaunitz, Graf Hardenberg, Kreishauptmann von Erben 2c. — Dann bis 8 Uhr gearbeitet. Ankunft von Graf Schulenburg aus Wien. — Dann bis 11 Uhr bei Fürst Metternich,

23 *

der am folgenden Morgen in einer wichtigen Angelegen=
heit nach Töplitz (zum Könige von Preußen) abreist.

Dienstag, den 27. Besuch von Graf Münster, Graf
Hardenberg, Fürst Kaunitz, Oberst Wernhard; —
dann eine dreistündige Unterredung mit dem Herzog von
Koburg, — dann bis 8 Uhr Abends gearbeitet. Leich=
tes Gewitter und Regen. Abends Graf Schulenburg
und Major Rosty bei mir.

Mittwoch, den 28. Von 10 bis 11 Uhr Besuche bei
Schwarzenberg's 2c. gemacht. Dann eine Expedition
für Bukarest angefangen. Um 3 Uhr bei Fürst Kaunitz
gegessen, mit Stürmer und seiner Frau, Mercy, Graf
Spiegel. Zum erstenmale (mit Rosty) eine kurze Spa=
zierfahrt nach dem Hammer. Dann wieder gearbeitet. Um
halb 10 Uhr von dem Herzog von Koburg Abschied ge=
nommen. — Um 11 Uhr zu Bette.

Donnerstag, den 29. Vormittag gearbeitet; zu Mittag
mit Oberst Wernhard, beiden Grafen Schulenburg
und Rosty ein sehr gutes Diner im Hammer gemacht.
Um 2 Uhr nach Hause, und bis halb 12 Uhr meine große
Expedition für Bukarest vollendet.

Freitag, den 30. Den ganzen Vormittag nicht aus=
gegangen. — Besuch von Fürst Bentheim, von Fürst
Löwenstein 2c. — Um 3 Uhr meine Expedition abgefer=
tigt. Dann bei Fürst Kaunitz gegessen. — Dann bis
halb 8 Uhr zu Hause. — Bei Wallmoden mit ihm und
Fürst Victor Schönburg bis 11 Uhr l'Hombre ge=
spielt.

Sonnabend, den 31. Besuch bei der Gräfin Desfour.
Dann bei Hardenberg und bei Schulenburg. — Bei
Fürst Joseph Schwarzenberg mit Louis Rohan,
Schulenburg 2c. gegessen. Ankunft von Adam Mül=

ler. Von halb 8 Uhr mit Schulenburg spazieren ge=
gangen, und dann mit Wallmoden, Fürst Kaunitz und
Schulenburg bis halb 1 gespielt.

August.

Sonntag, den 1. Müller frühstückt bei mir. — Von
10 bis 11 Uhr ausgegangen. — Dann bis 3 Uhr gear=
beitet. Bei Kaunitz gearbeitet. — Von 6 bis 8 Uhr
wichtige Unterredung mit Ad. Müller. Dann Besuch
von Wallmoden und Schulenburg.

Montag, den 2. Mit Müller gefrühstückt. Besuch
bei dem nassauischen Minister von Marschall. Besuch
bei Baron Stainlein. Zu Mittag bei dem Fürsten von
Anhalt=Köthen gegessen; interessante Unterredung mit
der Fürstin nach Tische. Dann zu Hause gearbeitet. Be=
such von Graf Schulenburg und von Fürst Reuß LXIV.
— Rückkehr des Fürsten Metternich von Töplitz.

Dienstag, den 3. Mit Müller gefrühstückt. — Dann
lange Unterredungen mit Fürst Metternich über das Re=
sultat seiner Töplitzer Reise. — Bei ihm zu Mittag ge=
gessen. Ankunft von Graf Winzingerode und Baron
Plessen. — Um 6 Uhr nach Hause und den ganzen
Abend gearbeitet.

Mittwoch, den 4. Mit Müller gefrühstückt. — Be=
such von Graf Münster, von Graf Hardenberg 2c.
Bis 1 Uhr gearbeitet. Zu Fürst Metternich. Bei Prinz
Biron zu Mittag gegessen, mit Wallmoden, Fürst
Liechtenstein, Geh. Rath Kracher aus Breslau, Land=
schaftsdirektor von Schmitz, russischen Gesandten Alo=
peus. Dann zu Fürst Metternich, lange Unterredung

mit Baron Plessen. Um 6 Uhr nach Hause und ge=
arbeitet.

Donnerstag, den 5. Mit Müller gefrühstückt. — Dann
bis halb 1 Uhr gearbeitet. Zu Fürst Metternich: Gespräch
mit ihm und Plessen. Ankunft von Graf Bernstorff
und Graf Rechberg. — Besuch bei Baron Verstett. —
Bei Fürst Joseph Schwarzenberg gegessen; mit Met=
ternich, Bernstorff, Rechberg, Stainlein, Schu=
lenburg, Plessen, Wallmoden, Löwenstein,
Reuß LXIV., Kaunitz ꝛc. Nach Tisch mit Graf Bern=
storff spazieren gegangen. Dann nach Hause und die
zweite vermehrte Ausgabe meiner Parallele zwischen
landständischen und Repräsentativ=Verfassungen
vollendet. — Besuch von Major Schulenburg.

Freitag, den 6. Mit Müller gefrühstückt. Besuche
und Gespräche ohne Ziel. Langer Spaziergang mit Met=
ternich; Gespräch mit der Herzogin von Koburg und
mit der Herzogin von Würtemberg. Bei Metternich
gegessen. Abends, da ich von der Konferenz dispensirt wor=
den war, mit Müller spazieren gefahren. Nachher langer
Besuch von Graf Bassenheim.

Sonnabend, den 7. Wie gewöhnlich. Lange Gespräche
mit Metternich, mit Plessen, mit Winzingerode ꝛc.
Bei Metternich gegessen. Abends Ruhe. Briefe nach Wien
geschrieben.

Sonntag, den 8. Bis halb 1 Uhr zu Hause. — Dann
eine lange Sitzung bei Metternich. Bei ihm gegessen.
Mit Ad. Müller und Hardenberg promenirt. Besuch
von Alfred Schönburg. Um 8 Uhr der Ministerial-
Konferenz beim Fürsten beigewohnt. Um 11 Uhr nach
Hause. Sehr ermattet — aber gut geschlafen.

Montag, den 9. Mit Müller gefrühstückt. Um 9 Uhr

aus. Besuch beim Feldmarschall Schwarzenberg, bei dem weimarschen Geh. Rath Fritsch, bei Baron Plessen, endlich bis 3 Uhr bei Metternich. — Bei Schulenburg gegessen. Dann bei A. Müller. — Dann von 7 bis 10½ recht ruhig gearbeitet. Seit einigen Tagen regnigtes und heute beinahe kaltes Wetter.

Dienstag, den 10. Mit Müller gefrühstückt. Zum Frühstück beim Fürsten Schwarzenberg. Besuch bei verschiedenen der auswärtigen Minister. — Bei Fürst Metternich gegessen. Nachmittags mit Bernstorff und Hardenberg spazieren gegangen; lebhafte Gespräche. Dann eine lange Unterredung mit Müller. Abends Briefe nach Wien geschrieben.

Mittwoch, den 11. Mit Müller gefrühstückt. Dann bei Fürst Schwarzenberg. Langer Besuch von Berstett und manchen andern Personen. Bei Metternich gegessen. Ankunft von Müller's Frau und Kindern. — Abends Briefe und Expeditionen für Bukarest ausgearbeitet.

Das Detail dieser wüsten, unruhigen, zum Theil qualvollen Tage, während welcher auch meine Gesundheit nicht auf ganz festen Füßen stand, fehlt mir an vielen Stellen. In den nächsten acht Tagen kann ich nur noch die Hauptmomente bezeichnen.

Donnerstag, den 12. Die Frühstücke mit Müller hören nun auf. Die Ankunft seiner Frau unterbricht sie ostensibel; der wahre Grund ist aber wohl, daß ich mit meiner Zeit in diesem bodenlosen Gewühl gar nicht mehr aufkommen kann.

Freitag, den 13. Abfertigung meiner Bukarester Expeditionen und verschiedener interessanter Briefe nach Wien, durch Major Rosty, der diesen Abend abreist.

Sonnabend, den 14. Häufige Konferenzen mit Ples=
sen, mit Bernstorff, Berstett ꝛc. ꝛc.

Sonntag, den 15. Abreise des Fürsten Schwarzen=
berg und seines Gefolges. Die unschuldige Gesellschaft
verläßt nun Karlsbad mehr und mehr. — Nach dem Essen
beim Fürsten Metternich mit ihm spazieren gefahren, dann
gegangen und eine interessante Unterredung über europäi=
sche — nicht deutsche — Politik.

Montag, den 16. Großes Diner im Posthofe, mit der
Herzogin von Anhalt=Köthen und sämmtlichen auswär=
tigen Ministern. — Den Entwurf zum Preßgesetz
(eins der wichtigsten Stücke unsrer hiesigen Konferenzen)
ausgearbeitet. — Der Herzog von Koburg kommt auf
24 Stunden hieher; Gespräch mit ihm. — Nachher (und
in der Regel jeden Abend) bei Adam Müller.

Dienstag, den 17. Baron Stainlein übergiebt mir
einen (für mein Privatinteresse sehr angenehmen) Brief
aus München. Beim Herzog von Anhalt=Köthen ge=
speist. Ankunft von Dr. Parish.

Mittwoch, den 18. Der Entwurf zum Preßgesetz
wird in dem sogenannten Redaktions=Komité (Bernstorff,
Münster, Rechberg, Plessen) mit größtem Beifall auf=
genommen. — Nach dem Diner bei Metternich uner=
warteter, höchst verdrießlicher Auftritt mit Graf Spiegel.
— Langes Gespräch mit Parish. — Abends in der Kon=
ferenz meinen Entwurf mit einstimmigem Beifall vor=
gelesen.

Donnerstag, den 19. Mit dem Köthen'schen Hofe bei
Metternich gespeist. — Langer Spaziergang mit Graf
Bernstorff. — Abends (mit einer Art von Inspiration,
die auch der Erfolg krönte) einen wichtigen Punkt
unsrer hiesigen Verhandlungen, die Erklärung

des dreizehnten Artikels der Bundesakte, bearbei=
tet, und bis um 12 Uhr daran geschrieben.

Freitag, den 20. Vortrag dieses Aufsatzes in der Re=
daktions=Kommission; er wird mit ungeheurem Bei=
fall aufgenommen. — Abends einen andern Haupttheil
der Präsidial=Proposition — die Erläuterungen zu den
Maßregeln wegen des Mißbrauchs der Presse —
ausgearbeitet.

Sonnabend, den 21. Vortrag dieser letzten Arbeit in
der Kommission. Dann von 2 bis 7 Uhr (ohne zu essen)
an den Modifikationen und Vervollkommnungen dieser bei=
den Hauptkapitel gearbeitet. — Um 7 Uhr das Ganze in
der Hauptkonferenz, abermals mit großem, einstim=
migem Beifall, vorgelesen. — Von 9 bis 11 Uhr bei
Adam Müller. (Unaufhörlicher Regen.)

Sonntag, den 22. Frühstück bei Stürmer. — Ge=
spräch mit dem Herzog von Anhalt=Köthen; Abschiedsbrief
und Geschenk von ihm. — Beim Fürsten Metternich gegessen
mit sämmtlichen Kongreßministern, auch dem (von Goloff=
kin gesandten) russischen Gesandtschaftssekretair Obreskoff.
— Um halb 7 zu Bette gegangen. Am Journal des dé=
bats mich gelabt. Einen guten Schlaf genossen.

Montag, den 23. Nach dem Frühstück bei dem Fürsten
Metternich eine Menge französischer, spanischer und eng=
lischer Depeschen gelesen. — Von dem Herzog und der
Herzogin von Anhalt=Köthen Abschied genommen. —
Zu Mittag im sächsischen Saal mit der ganzen diploma=
tischen Gesellschaft gegessen. — Dann mit Fürst Schön=
burg spazieren gefahren und nachher bis 11 Uhr gearbeitet.

Dienstag, den 24. Ankunft des General Langenau.
Beim Fürsten gegessen und mit ihm und Langenau spa=
zieren gefahren. Abends in der Konferenz, und dann einen

Augenblick bei Langenau und eine halbe Stunde bei Müller.

Mittwoch, den 25. Den ganzen Vormittag an den Beschlüssen über das Universitätswesen gearbeitet. Um 2 Uhr bei Ad. Müller, mit dem ich nach dem Hammer fahren sollte, wo ich ihn und seine Frau und Christian Schlosser und seine Frau zum Essen eingeladen hatte. Ein langes Gewitter hält uns bis 3 Uhr auf. Endlich doch hinausgefahren und ein wohlgelungenes Diner gemacht. Um 7 Uhr in die Konferenz. Lebhafte Debatten über die Universitäts=Frage. — Um halb 10 Uhr zu Hause, und bis 11 Uhr gearbeitet.

Donnerstag, den 26. An dem Abschnitt des Präsidial= Vortrages über die Universitäten gearbeitet. Bei Graf Bernstorff gegessen. Abends den ausgearbeiteten Abschnitt mit großem Beifall vorgetragen.

Freitag, den 27. Früh bei Baron Stainlein. — Später Besuch von dem Banquier Westheimer, der mir eine schon im vorigen Jahre mir zugedachte Gratifikation von 1000 Dukaten überbringt.

Sonnabend, den 28. Zu meinem großen Glück wird meine Gesundheit, die 14 Tage lang in einem leidenden Zustande war, wieder besser. Uebrigens ist der Gang der Geschäfte, der Gespräche u. s. f. so einförmig, und so ermüdend, daß ich die Physiognomie der einzelnen Tage nicht mehr unterscheiden kann.

Sonntag, den 29. Bei Graf Bassenheim zu Mittag gegessen. Sehr viel gearbeitet. Ich wohne jetzt der Haupt= Konferenz alle Tage bei, obgleich Baron Plessen das Protokoll führt.

Montag, den 30. Ankunft des Vicepräsidenten Gärtner; Ankunft des Kabinetsministers Grafen Einsiedel.

Allgemeines Diner auf dem Hammer, bei (endlich) sehr schönem Wetter. Mit Langenau zurückgefahren. Abends eine lange und sehr stürmische Konferenz.

Dienstag, den 31. Heute völlige Beendigung der Präsidial-Proposition. Expedition nach Bukarest. Abreise von Graf Rechberg. Konferenz. Soiree bei Parish, und dann für mich bei Müller.

September.

Mittwoch, den 1. Letzter Tag in Karlsbad. Heitere und zufriedene Stimmung von allen Seiten. Fürst Metternich über das von den übrigen Ministern ihm adressirte schmeichelhafte Dankschreiben; ich über die ehrenvolle Erwähnung meiner Arbeiten im Protokoll. Um 1 Uhr Schluß-Konferenz. Dann großes Diner bei Metternich. — Nachher noch hundertfältige Geschäfte. Abschied von Graf Bassenheim, von Verstett. Von 8 bis 9 Uhr bei Metternich. Mit ihm Abschiedsbesuch bei Graf und Gräfin Münster; dann herzlicher Abschied von Graf Bernstorff. Dann bei Parish und bei Müller.

Donnerstag, den 2. Abreise von Karlsbad.

Wien **1819.**

Dezember.

Freitag, den 3. Um 11 Uhr zu Metternich. —
Diskussion mit Stainlein über eine Stelle im Protokoll.
— Um 2 Uhr zu Stainlein; meinen Kampf mit ihm
glücklich durchgefochten. Abends Besuch von Baron Zent=
ner, der mir über den Fortgang unsrer Geschäfte sehr
angenehme Eröffnungen macht. Besuch von Graf Schu=
lenburg. Bis 1 Uhr, wie alle diese Tage, gearbeitet.
Sonnabend, den 4. Um halb 11 Uhr zu Metternich.
Vierte Konferenz (Szene mit dem würtembergischen
Minister). — Um 2 Uhr nach Hause. — Um 4 Uhr bei
Graf Caraman gegessen; mit Graf Wrbna, Fürstin
Jablonowska, Gräfin Molly Zichy, Gräfin Fuchs,
Fürst Metternich, Paul Esterhazy. Bis nach 7 Uhr
geblieben. Dann den türkischen Kourier expedirt. End=
lich, obgleich von der Arbeit des Tages ermüdet, die fran=
zösische Uebersetzung der beiden ersten Konferenz=Vorträge
begonnen.
Sonntag, den 5. Mit Karl gefrühstückt. Um 12 Uhr
zu Metternich; höchst wichtige Unterredung mit ihm über
unsre Verhältnisse gegen Rußland, Preußen, und das Mi=
litair=System des deutschen Bundes. — Bei Fürst Traut=

mannsdorff einem großen Diner beigewohnt. Gespräch mit Graf Bernstorff. — Besuch von General Wall= moden, später von Langenau; bis 1 Uhr gearbeitet.

Montag, den 6. Um 12 Uhr zu Fürst Metternich. — Um 2 Uhr nach Währing. — Um 4 Uhr bei General Tettenborn gegessen: mit Paul Esterhazy, Berstett, Wallmoden 2c. Den ganzen Abend an der französischen Uebersetzung der Konferenz=Vorträge gearbeitet.

Dienstag, den 7. Um 11 Uhr zum Fürsten; um 12 Uhr wieder nach Hause und bis 4 Uhr gearbeitet. Dann bei Baron Stainlein gegessen, mit Graf Mandelslohe, von Trott, Hennenhofer 2c. — Abends zweistündiger Besuch von Berstett, der mir eine sehr merkwürdige Korrespondenz mit Kapodistrias vorliest. Dann bis 12 Uhr gearbeitet.

Mittwoch, den 8. Um 11 Uhr zu Graf Sedlnitzky; Gespräch mit ihm über die zu errichtende Zensur= Behörde. — Um 2 Uhr bei Johann's neugebornem Kinde zu Gevatter gestanden; um halb 4 Uhr zu Fürst Metter= nich. Zu Hause gegessen. Langer Besuch von dem (olden= burgischen) Präsidenten von Berg. An Lebzeltern ge= schrieben. — Merkwürdige Schrift von Stael über das französische Wahlgesetz gelesen.

Donnerstag, den 9. Besuch von Paul Esterhazy. Um 11 Uhr Konferenz. Nachher Besuch bei Frau von Wetzlar und Gräfin Fuchs. Bei Fürst Metternich ge= gessen; mit dem Herzog und der Herzogin von Anhalt= Köthen, Fürstin Grassalkowitsch, Gräfin Fuchs, Fürst Kaunitz, Fürst Paul Esterhazy, Graf Caraman, Graf Bernstorff, General Krusemark, Hrn. von Berg 2c. Abends die Eröffnungsrede des Königs von Frankreich für den Beobachter übersetzt; dann die neue Schrift von An=

cillon — und zur Erholung von derselben in A. Müller's theologischer Grundlage gelesen.

Freitag, den 10. Bis 3 Uhr zu Hause. — Dann eine
halbe Stunde nach Währing. — Zu Hause gegessen. Besuch von Pilat; Besuch von Salomon und Karl Rothschild aus Frankfurt, von General Wallmoden. Von
9 bis 12 Uhr bei Graf Bernstorff jun., wo ich mit seinem Bruder und Plessen sehr wichtige Gespräche über
die Gegenstände unsrer gestrigen Konferenzen hatte.

Sonnabend, den 11. Von halb 11 bis 4 Uhr bei
Metternich. Schwere Konferenzen mit Bernstorff,
Münster, Berstett, hauptsächlich über den dreizehnten
Artikel der Bundesakte. — Um 5 Uhr zu Hause ge-
gessen. — Abends Besuch von beiden Rothschild's und
Baruch [dem Vater Börne's], vom alten General Mack,
vom Grafen Kolowrat aus Prag.

Sonntag, den 12. Kurzer Besuch bei Graf Sedlnitzky.
Dann von 11 bis 2 Uhr bei Fürst Metternich. Den übri-
gen Tag zu Hause. Vielerlei gelesen und geschrieben.
Abends Besuch vom General Langenau und David
Parish.

Montag, den 13. Um 11 Uhr bei Fürst Metternich.
Um 1 Uhr Besuch bei der Herzogin von Anhalt-Köthen,
bei dem Graf Stadion und bei dem Graf Schulenburg. Dann zu Hause gegessen und nicht wieder ausgegangen. Besuch vom Senator Smidt von Bremen.
Von 10 bis 12 Uhr Gespräch mit Graf Münster über
die morgende wichtige Sitzung.

Dienstag, den 14. Um 11 Uhr bei Fürst Metternich.
Der letzten und wichtigsten Sitzung der Kommission
zur Bestimmung des dreizehnten Artikels der Bundesakte beigewohnt, und meinen Theil an einem

der größten und würdigsten Resultate der Verhandlungen unsrer Zeit gehabt. **Ein Tag, wichtiger als der bei Leipzig!** — Dann den ganzen Tag zu
Hause; viel gearbeitet; Baron Plessen zwei Stunden bei
mir; dann wieder bis halb 1 Uhr gearbeitet.

Nachwort.

Mit diesem Ausbruche frevlen und wahnsinnigen Uebermuthes schließen wir diesmal unsere Mittheilungen.

Nicht ohne Schaudern, und jetzt, nach so viel Jahren bei freiem Rückblick, nicht ohne Erbarmen, sieht man in den vorstehenden Blättern die stumpfen herzlosen Diplomaten am traurigen Werk, der eignen Nation schmachvolle Fesseln anzulegen, und sieht sie in Dünkel und Wohlleben sich freuen und rühmen, alle Vortheile der Zwangsherrschaft nun auf ihrer Seite zu haben! Nicht ohne Schaudern, wenn man bedenkt, daß solche Nichtswürdigkeit, zwar immer bekämpft und oft durchbrochen von frischer Kühnheit, doch ein ganzes Menschenalter hindurch sich über uns herrschend behauptet hat; nicht ohne Erbarmen, wenn man erwägt, wie plötzlich und schmachvoll sie doch endlich in eigner Schande zusammengestürzt und mit ihren Urhebern den Verwünschungen von ganz Europa verfallen ist! Man sieht, wie die Herrschenden und Vornehmen hier fast allein auf bürgerliche Schultern sich stützten, wie ihre Sache ohne

die Willfährigkeit und die Geisteskräfte eines Gentz, eines
Adam Müller — denn auch dieser lieferte blinkende
Waffen des idealen und gefälligen Ausdrucks in ihre
Hände — rath= und kraftlos geblieben wäre. Wie Gentz
selber über die Menschen dachte, denen er diente, haben
wir am Schlusse seines Tagebuches vom Jahre 1814 ge=
sehen. Je ausgezeichneter seine Geistesfähigkeiten in der
That waren, um so mehr verdient ihr Gebrauch zum
Dienste der schlechtesten Zwecke herabgewürdigt, zur Knech=
tung und Schmach der eignen Nation, eben um dieser
hohen Gaben willen am schärfsten und unauslöschlichsten
gezeichnet zu werden! —

Varnhagen von Ense.

Druck von F. A. Brockhaus in Leipzig.

www.ingramcontent.com/pod-product-compliance
Lightning Source LLC
Chambersburg PA
CBHW030906270326
41929CB00008B/593